现代服务礼仪

▶ 主　编◎刘江海

西南财经大学出版社
中国·成都

图书在版编目(CIP)数据

现代服务礼仪/ 刘江海主编.--成都:西南财经
大学出版社,2024.11.--ISBN 978-7-5504-6432-2
Ⅰ.F719
中国国家版本馆 CIP 数据核字第 2024KY7349 号

现代服务礼仪
XIANDAI FUWU LIYI

主编　刘江海

策划编辑:王琳
责任编辑:余尧
责任校对:张博
封面设计:墨创文化　张姗姗
责任印制:朱曼丽

出版发行	西南财经大学出版社(四川省成都市光华村街 55 号)
网　　址	http://cbs.swufe.edu.cn
电子邮件	bookcj@swufe.edu.cn
邮政编码	610074
电　　话	028-87353785
照　　排	四川胜翔数码印务设计有限公司
印　　刷	郫县犀浦印刷厂
成品尺寸	185 mm×260 mm
印　　张	12.375
字　　数	272 千字
版　　次	2024 年 11 月第 1 版
印　　次	2024 年 11 月第 1 次印刷
印　　数	1— 2000 册
书　　号	ISBN 978-7-5504-6432-2
定　　价	35.00 元

前言

伴随着经济的快速发展，人们的生活发生了翻天覆地的变化。与此同时，消费者对服务人员的服务技能及其职业素养的要求也越来越高。因此，职业教育工作者如何培养出更多符合行业需求的高技能应用型人才，以及服务业从业人员如何提供高质量的服务，成为了我们必须要面对的问题。

由于第三产业的蓬勃发展，礼仪课已成为众多高等院校的专业必修课程之一。《现代服务礼仪》作为服务类专业基础课程（“现代服务礼仪”）的配套教材，是按照高等职业教育培养应用型人才的要求，紧跟时代发展的需要，经过编者多年的修改与完善，具有一定的指导性和实用性。党的二十大报告明确指出：“提高全社会文明程度”“提高人民道德水准和文明素养”“增强中华文明传播力影响力”。服务礼仪是各服务行业人员必备的素质和基本条件。出于对客人的尊重与友好，服务人员在服务中要注重仪表、仪容、仪态和语言、操作的规范；而热情服务则要求服务员热忱地向客人主动提供周到的服务，从而表现出服务员良好的职业风度与素养，这既是全社会服务行业高质量发展的一种表现，也是实现人民对美好生活的向往和享受高质量服务的重要体现。为了适应和满足我国职业教育高质量发展的需要，编者依托校企合作建设的成果，结合当前行业动态，组织编写了《现代服务礼仪》一书。

本教材采用模块式编排，分项目任务驱动式，一共有5大模块、24个项目及50个任务点。5大模块分别为：走进服务礼仪，服务人员的基本礼仪，旅行社、酒店及会展服务礼仪，乘务服务礼仪和礼仪项目实训。教材内容既涵盖了服务业人员的通用礼仪，也对旅行社服务、酒店服务、会展服务，以及空乘、海乘及轨道交通等具体领域的乘务服务礼仪进行了全面系统的阐述。全书精练简洁、创新务实、编排完整。每个模块均配有学习目标、学习重点、学习难点及案例导入，在模块之后还配有思考与调研、案例赏析，并设置了专门的实训模块，同时附上各服务领域常用的英语口语。

本教材主要特点如下：

（1）体例新颖。全书在结构编排上采用模块式结构，分项目由具体工作任务驱动，内容上紧密联系服务行业的工作实际，并将最新的理念和研究成果导入教材之中。全书共5大模块，每个模块中又分为若干项目，每个项目由几个任务点组成，并辅以拓展知识，在模块之后还配有思考题、实践调研和案例分析，学生在课前、课后也能很好地实现自我学习。

（2）内容实用。全书编写充分考虑了行业人才培养的实际技能要求，细化技能环节，突出操作模块，使学生在学习过程中更直观、形象地掌握相关服务礼仪技能。模块内容加强了服务人员礼仪素养的培养，同时也注重提高具体行业的礼仪要求，并将相关内容融入教材之中。

（3）导向鲜明。全书贯穿高质量发展理念，以“提高人民道德水准和文明素养”“增强中华文明传播力影响力”“实现人民对美好生活的向往”为目标，将党的二十大精神融入课程，特别是课程思政元素的导入，强化了现代服务礼仪是满足人们对美好生活追求的重要组成部分，增强学习者对行业的信心和职业的认同。

本教材由江西青年职业学院刘江海担任主编，负责编制全书的基本框架和模块，并确定基本内容；江西青年职业学院李胜、戈丽娟，上饶职业技术学院胡小霞，江西省商务学校张光辉，嘉莱特国际饭店集团有限公司丁梦参与了本书的编写。其中，刘江海编写了模块一、模块二、模块三中的项目三和模块五，李胜编写了模块四中的项目二和项目三，戈丽娟编写了模块三中的项目一，胡小霞编写了模块四中的项目一，张光辉编写了模块三的项目二中的任务四、任务五和任务六，丁梦编写了模块三的项目二中的任务一、任务二和任务三。在本书编写的过程中，编者参阅了大量的书籍和网站，并参考了相关服务行业人员的意见和建议。在此，对所有直接或间接给予我们帮助的人员表达深深的谢意。

由于编者学识有限，书中难免有疏漏之处，恳请广大读者批评指正，我们期盼在今后的教学中进一步改进，使之日臻完善。联系方式：michaelliu198207@163.com。

编　者

2024年8月

目录

模块一 走进服务礼仪

■学习目标

通过本模块的学习，理解礼仪的内涵及其基本作用，掌握服务礼仪的基本理论、原则、特征，自觉提升道德修养，从思想上理解服务礼仪，树立正确的礼仪观。

■学习重点

1. 服务礼仪的内涵
2. 服务礼仪的原则
3. 服务礼仪的作用
4. 职业道德修养

■学习难点

1. 服务礼仪的内涵
2. 服务礼仪的作用

案例导入

张先生曾经去过一个大城市，在一家大型旅游综合体乘坐电梯。当电梯的门开了，这时候，走出来一位装扮优雅大方的女士，对着张先生说：“先生，电梯到了，请!”哎呀。张先生感觉乘坐一个电梯，都有这么好的服务礼仪。所以，张先生非常开心，就进入了电梯。这时候，电梯小姐也随后进来，问道：“先生，您到几楼?”……当张先生到了三楼之后，那位电梯小姐说：“电梯上行。”意思在引导其他的客人电梯上行。

这个过程，虽然只是一个简单的过程，但却是一个很好的典范。在我们的服务行业中，一个电梯服务生的服务礼仪，代表的就是整个企业的服务品质和品牌形象。

项目一　服务礼仪的内涵及其基本理论

任务一　服务礼仪的内涵

一、礼仪的内涵

礼仪是在人际交往中，以一定的、约定俗成的程序、方式来表示尊重对方的过程和手段。礼仪的基本内容是“约束自己，尊重他人”；礼仪的目的是让人们能轻松愉快地交往；礼仪的基本原则是“为他人着想”。“己欲立而立人，己欲达而达人”“己所不欲，勿施于人”则是礼仪的精髓。

从个人修养的角度来看，礼仪可以说是一个人内在修养和素质的外在表现。

从交际的角度来看，礼仪可以说是人际交往中适用的一种艺术、一种交际方式或交际方法，是人际交往中约定俗成的示人以尊重、友好的习惯做法。

从传播的角度来看，礼仪可以说是在人际交往中进行相互沟通的技巧。

如果分类，礼仪大致分为政务礼仪、商务礼仪、服务礼仪、社交礼仪、涉外礼仪五大分支。礼仪是一门综合性的学科，所谓的几大分支，是相对而言的，各分支礼仪内容都是相互交融的，具体有：着装礼仪、佩饰首饰礼仪、通联礼仪、馈赠礼仪、仪容礼仪、举止礼仪、沟通礼仪、表情礼仪、聚会和应酬礼仪、就餐礼仪、求职应聘礼仪、办公室礼仪、常用交往礼仪、会议礼仪、仪式礼仪、营业人员礼仪、涉外礼仪、习俗礼仪、电话礼仪、公务员礼仪、营销礼仪等。

礼仪的一个重要特点就是礼仪的对象化。也就是说，在不同的场合或面对不同的对象，对礼仪都有不同的要求，但大都有一个共同的规律。比如，对于餐饮业的礼仪，就基本相同，而不等同于其他行业的礼仪要求，但每个餐馆的工作人员情况不尽相同，所宣扬的企业文化和理念可能不一样，所以又有所区别。我们日常工作、生活中要切记这一点。

二、礼仪的主要功能

从个人的角度来看，礼仪有助于提高人们的自身修养；有助于美化自身、美化生活；有助于促进人们的社会交往，改善人们的人际关系；有助于净化社会风气。

从企业的角度来说，礼仪可以塑造企业形象，提高顾客满意度和美誉度，并最终达到提升企业品牌影响力的目的。从团体的角度来看，礼仪是企业文化、企业精神的重要内容，是企业形象的主要附着点。大凡国际化的企业，对于礼仪都有高标准的要求，都把礼仪作为企业文化的重要内容，同时也是获得国际认证的重要软实力。

所以，学习礼仪，不仅是内在素质和外在形象的具体体现，更是提升竞争力的现实所需。对于各级行政服务机关来说，礼仪是纠正日下老百姓普遍反映的“衙门的门难进、脸难看”的不良风气，端正文明行政的有效手段。对企业来说，礼仪是企业形象的重要组成部分，是企业文化的重要内涵，也是提高企业员工办文办事、工作效率的重要环节，更是达成企业认证和实现国际接轨的重要途径。

三、服务礼仪的内涵

什么是服务礼仪？服务礼仪就是员工在工作岗位上通过言谈、举止、行为等，对顾客表示尊重和友好的行为规范。具体地说，员工的服务行为包括在服务过程中遵守的服务道德、服务语言、服务态度、服务仪表、服务技能、服务质量、服务效率、服务纪律和为顾客提供服务过程中必须具备的站、行、坐等基本素质。简单地说，就是服务人员在工作场合适用的礼仪规范和工作艺术。服务礼仪是体现服务的具体过程和手段，使无形的服务有形化、规范化、系统化。有形、规范、系统的服务礼仪，不仅可以树立给顾客的良好形象，更可以提升受顾客欢迎的服务规范和服务技巧，能让员工在工作中赢得理解、好感和信任。所以，开展礼仪风貌月活动是非常有必要的，让员工学习和运用礼仪，已不仅是自身形象的需要，更是提高企业社会效益，提升企业竞争力的需要。

作为服务人员必须明确和掌握服务行为规范，认识到服务礼仪是各服务行业人员必备的素质和基本条件。出于对顾客的尊重与友好，在服务中要注重仪表、仪容、仪态和语言、操作的规范；热情服务则要求服务人员发自内心热忱地向顾客提供主动、周到的服务，从而表现出服务人员的良好风貌与素养。

任务二　服务礼仪的基本理论及其运用

一、服务礼仪的基本理论

（一）职业道德

职业道德，就是同人们的职业活动紧密联系的符合职业特点所要求的道德标准、道德情操与道德品质的总和，它既是对本职人员在职业活动中行为的要求，同时又是职业对社会所肩负的道德责任与义务。

（二）角色定位

每个人在日常工作和生活中，都会扮演不同的角色，并且会不断转换，所以在某一特定情况下，必须找准自己应该扮演的角色，有了明确的目标定位，以此来约束和指导个人行为，这就是通常所讲的角色定位。

（三）双向沟通

在双向沟通中，发送者和接收者之间的位置不断交换，且发送者是以协商和讨论的姿态面对接收者，信息发出以后还需及时听取反馈意见，必要时双方可进行多次反复商谈，直到双方达成共识和满意为止。

（四）白金法则

1987 年，美国学者亚历山大德拉博士和奥康纳博士发表论文阐述“白金法则”，有这样一句话：“在人际交往中要取得成功，就一定要做到交往对象需要什么，我们就要在合法的条件下满足对方什么”。“白金法则”有三个要点：一是行为合法，不能要什么给什么，做人、做事都需要底线；二是交往应以对方为中心，对方需要什么我们就要尽量满足对方；三是对方的需要是基本的标准，而不是说你想干什么就干什么。

（五）“三 A”法则

第一个 A，接受对方（accept）。所谓接受对方，就是要待人如己，宽以待人。不是原则问题，不要随便对别人进行判断。因为人们所站的位置不一样，考虑是不一样的。尝试去接受对方，包容对方。

第二个 A，重视对方（appreciate）。这个单词含有“欣赏”的意思。重视有很多种，此处所讲的重视，则是欣赏，就是要善于发现对方的优点。当你肯定别人的同时，实际上是在肯定自己，说明自己宽容、有层次、有涵养。

第三个 A，赞美对方（admire）。admire 的意思是在人际交往中，不仅要善于欣赏对方，而且要把对方的优点予以正面的肯定。实际上，你正面地肯定对方，会带给对方一种愉悦，而对方这种愉悦也会反馈给你。人际交往是互动的，当你善待别人的时候，别人就会善待你。反之亦然。

位置决定态度，当你和别人打交道时，摆正了自己的位置，你的心态就容易得到比较好的调整和控制。所以，服务业从业人员在日常工作中，在压力比较大的时候，要想一想“三 A”法则，要坚持接受对方、重视对方、赞美对方。这是一种教养，也是一种规范。如果能够做到这“三 A”的话，顾客一定会满意，服务质量也就提高了。如果我们每个人都能运用“三 A”法则来处理和别人的关系，那么大家的相处就会友善和谐、其乐融融。

（六）首因效应

首因效应是人与人在第一次交往中给人留下的印象，在对方的头脑中形成并占据着主导地位的效应。当人们第一次与某物或某人相接触时将会留下深刻印象，个体在社会认知过程中，通过“第一印象”最先输入的信息对客体以后的认知产生影响作用。第一印象作用最强，持续的时间也长，比以后得到的信息对于事物整个印象产生的作用都强。因此，服务业从业人员应该从礼仪上给顾客留下良好的第一印象。

（七）亲和效应

每一个人都有一定的心理定势。所谓心理定势，是指一个人在一定的时间内所形成的具有一定倾向性的心理趋势。即一个人在其过去的已有经验的影响下，心理上通常会处于一种准备的状态，从而使其在认识问题和解决问题的过程中带有一定的倾向性和专注性。

一般说来，在人际交往和认知过程中，人们的心理定势大致可分为肯定与否定两种形式。前者主要表现为对于交往的对象产生好感和积极意义的评价，后者则主要表现为对于交往的对象产生反感和消极意义上的评价。

人们在人际交往中往往存在一种倾向，即对于自己较为亲近的对象，会更加乐于接近。这里的“较为亲近的对象”，是指那些与自己存在某些共同之处的人。这种共同之处，可以是血缘、姻缘、地缘、学缘或者业缘关系，可以是志向、兴趣、爱好、利益，也可以是彼此共处于同一团体或同一组织。也就是说，人们在交际应酬中，往往会因为彼此之间存在着某种共同之处或者相似之处，从而感到相互之间更加容易接近。

这种接近会使双方萌生亲密感，进而促使双方进一步相互接近、相互体谅。我们通常把这些较为亲近的对象称为“自己人”。因此，在交往中交往双方都应当努力创造条件，形成双方的共同点，从而使彼此都处于自己人的情境之中。这就是亲和效应。

（八）末轮效应

末轮效应是相对于首轮效应而言的，强调服务结尾的完美和完善，即要“尽善尽美”。末轮效应的主要内容是：在人际交往之中，人们留给交往对象的最后印象，通常也是非常重要的。在许多情况下，它往往是一个单位或某个人所留给交往对象的整体印象的重要组成部分。有时，它甚至直接决定着该单位或个人的整体形象是否完美，以及完美的整体形象能否继续得以维持。末轮效应理论的核心思想，是要求人们在塑造单位或个人的整体形象时，必须有始有终，始终如一，在销售型服务领域，不能给顾客以“人走茶凉”的感觉。

（九）零度干扰

零度干扰是指使顾客不受到任何干扰。包括语言、表情、举止三方面，尽可能地避免打扰到顾客，如在一些超市或市场上被人“盯着”挑东西，以及遇到“过分”热情的服务员等，总之，不能让顾客感觉不自然、不自在的服务行为和举止。

二、服务礼仪基本理论的运用

（一）视顾客为亲友

只有用高质量的情感服务接待每一位顾客，才能使顾客以更大的热情对你的企业予以关注和支持，企业和顾客的关系才能步入良性循环轨道。在服务实践中，对顾客以亲友相待，应以微笑的面孔、百倍的热情欢迎每一位顾客的光临。在为顾客服务中，应该想顾客之所想，体察顾客心理，解决好顾客的各种难题。

（二）坚持“顾客永远是对的”理念

“顾客永远是对的”，这句话是伴随着市场经济的迅速发展、消费者权益运动的日益高涨，由西方企业界提出来的，是“顾客就是上帝”这句口号的具体体现。这句话真正的含义并不是说“顾客真是对的”，而应该让他觉得他是对的。

（三）用“心”去为顾客服务

保持积极、主动、热情的心态，用“心”去为顾客服务，想顾客所想，急顾客所急，做顾客所想做，坚持在合理而可能的前提下满足顾客的要求，用行为去感动顾客，提供我们的服务和产品。用心服务，心情会为之愉悦；用心服务，心弦会为之拨动；用心服务，心声也会为之同唱。

用心服务，客户就会感觉到被尊重，会因此而对我们消除戒备心理，从而对我们产生一种安全感、信任感。有些时候，顾客也许对你所提供的产品本身并不太满意，但是他们会为你的服务竖起大拇指。

用心服务，你就会抛开一切杂念，把客户的需求放在第一位，认认真真地去为他们提供力所能及的帮助。这样，自己就会有一种非常愉悦的工作感受，即使工作再苦再累也是乐意干的。根据客户提出的意见或建议，看到自身的不足，并努力改进，可以提高我们的工作能力，以使在将来的工作中获得更多的机会。客户的意见就是我们前进的动力！为客户提供更优质的服务，可以使客户更愿意选择我们。这样，我们就在客户中建立了良好的口碑，就等于是做了一个最好的活广告，从而使企业更具有竞争力。

（四）工作自律

在工作岗位上，赢得服务对象的尊重是取得成功的重要环节。要做到这一点，就必须勤勤恳恳，严于律己，维护好个人形象。因为个人在工作岗位上的仪表和言行，不仅关系到自己的形象，而且还被视为企业形象的具体化身。维护好个人的形象，既要注意自己的仪表、举止、着装，同时也要“一视同仁”“童叟无欺”，绝不“以貌取人”。

（五）强化现代服务理念，提升服务品位

理念支配人的行为，服务理念决定着企业的服务面貌。市场经济的发展，带来企业服务竞争的升级，迫切要求企业迅速更新理念，在现代服务理念支配下，把服务问题提高到战略高度来认识，在服务上不断追求高标准，提升服务品质，创造服务特色。

项目二　服务礼仪的原则、内容、特征及其作用

任务一　服务礼仪的原则

在服务礼仪中，有一些具有普遍性、共同性、指导性的礼仪规律。这些礼仪规律，即礼仪的原则。掌握礼仪的原则很重要，它是我们更好地学习礼仪和运用礼仪的重要的指导思想。

一、顾客取向原则

（1）满足顾客需求是服务人员的最高行为准则。服务关系是一种服务人员对顾客需求的单向满足关系，从内容上讲服务就是服务人员满足顾客需求的行为，因此，顾客的需求是服务行为的出发点，也是衡量服务行为是否合适的最后标准。只有符合顾客需求的行为才是正确的服务行为。

（2）善解人意。由于服务在本质上表现为服务提供者满足服务消费者需求的交往活动，因此，我们为顾客提供优质的服务，首先必须了解顾客需要什么、何时何处需要以及怎样需要，其次努力以顾客喜欢的方式为顾客提供他想要的服务。一位称职的服务人员必须能够设身处地地为顾客着想，关心顾客的需求，随时准备应对顾客提出的要求，并以顾客希望的方式作出回应。

（3）对顾客忠诚。由于服务的产生与服务的消费是同时进行的，因此，顾客一般不能在消费服务之前了解服务的质量。也就是说，只有当顾客消费了服务之后才能体验服务的质量，而有些服务甚至在消费之后也未必能完全确定服务的质量。服务消费的这一特点使得大多数顾客在消费服务时，有一种明显的不安全感，他们一方面无法确定所购买的服务是否正是自己需要的服务，或者无法对所需的服务作出正确的选择；另一方面又担心自己购买的服务或产品可能是质次价高的。只有服务人员的忠诚服务才能帮助顾客消除不安全感，使其在轻松愉快中获得所需服务。

（4）让顾客选择。当顾客不知道服务提供者究竟能提供什么服务时，服务人员应主动为顾客介绍；当顾客不知道何种服务适合自己需要时，服务人员可以真诚推荐。但服务人员在任何时候都没有权利代替顾客选择，只有顾客自己才有权决定是否购买服务，也只有顾客自己才有权选择需要什么服务。

（5）给顾客方便。顾客购买服务的原因之一是服务能带给自己方便和快捷。因此，顾客在接受服务时期待的是方便而不是麻烦。只有为顾客提供了可靠、迅速和准时的服务，才能留住顾客。

二、顾客满意原则

（1）宾至如归。宾至如归是指让顾客感觉像在自己家一样熟悉、安全、自在。顾客购买服务、消费服务是为了受到接待和尊敬，得到关心和帮助，获得安全和保证。因此，让顾客满意的服务，应首先设法为顾客营造一种“宾至如归”的感觉。这种“宾至如归”的感觉让顾客在熟悉、安全的氛围中体验轻松、愉快的服务。首先，让顾客觉得亲切；其次，让顾客觉得可以信赖。

（2）殷勤服务。殷勤服务就是服务人员充分考虑到顾客的各种需求，然后及时、主动地给予满足。尽可能地满足顾客提出的服务要求只是服务的基本，令顾客满意的优质服务应是主动地提供顾客需要但没有提出的服务，或是他们需要的但还没有意识到自己所需的服务。如果服务人员以顾客满意作为服务工作的目标，他们在为顾客服务的过程中，必然会主动、积极、尽心尽力地为顾客提供所需的服务。在服务之前，仔细研究和了解顾客的需求，为满足顾客可能有的各种需求预先做好充分而周全的准备。在服务过程中及时捕捉顾客的需求，并给予最及时的满足。

（3）尊重顾客。孔子说：“礼者，敬人也”，这是对礼仪的核心思想的高度概括。所谓尊重，就是要求我们在服务过程中，要将对顾客的重视、恭敬、友好放在第一位，这是礼仪的重点与核心。尊重顾客是对顾客与众不同方面的认可和欣赏。从人的心理需求来讲，人们总是首先需要集体的归属感，正是集体的归属感让人感到安全。但当人们的安全感得到满足以后，人们就会进一步寻求自我的展现和个性的发挥。以和蔼可亲的态度接待顾客是对顾客集体归属感需求的满足，而以欣赏的眼光去发现、认可顾客与众不同的地方，是对顾客自我张扬需求的满足。因此，令顾客满意的服务不仅要热情周到，而且还要能帮助顾客实现自我张扬，从而让顾客对他们自己满意。帮助顾客实现自我张扬就是让服务场所成为顾客自我表现的舞台，为顾客创造自我表现的机会，并让自己成为顾客自我表现的忠实观众。一方面，尊重顾客要从心底接受顾客，特别是与自己不同的方面；另一方面，尊重顾客还需要服务人员自觉抑制个人自我表现的欲望。在服务中，只要不失敬人之意，哪怕具体做法一时失当，也容易获得服务对象的谅解。尊重顾客，关心顾客，不但不是自我卑下，反而是一种高尚的礼仪。特别是对待出言不逊的顾客，同样应给予尊重，友善对待。对顾客友善、尊敬，是处理与顾客关系的重要原则。礼仪以尊重为第一原则，通过提供热情、周到的服务来体现。

（4）一视同仁。让每一位顾客都在你的服务下，感觉到自己和别人一样重要，甚至比别人更重要。对于服务人员来说，所有的顾客只有一种身份，即他们的服务对象，因此，每一位顾客都是服务人员应尽心尽力去服务的“上帝”。顾客的地位是同等的，不管他们是什么职业、性别、年龄、籍贯和种族，他们的需求应得到同等程度的重视和关心，决不能让顾客有被冷落、被歧视、受到不平等对待的感觉。当然，一视同仁并不意味着所有的顾客应得到完全一样的服务，它并不排斥对顾客的个性化服务。

(5) 认真对待顾客意见。尽管服务组织和服务人员竭力为每一位顾客都提供最好的服务，但却不能因此就保证能让每一位顾客都获得满意的服务。因此，在服务实践中，无论是在顾客实际存在的需求与服务提供者意识到的顾客需求之间，还是在已认识到的顾客需求与根据顾客的需求所设计的服务内容之间，以及制度上设计的服务与实际上提供的服务之间，都有可能存在着差距。

三、顾客至上原则

(1) 不拒绝顾客的要求。不拒绝顾客的要求意味着对于顾客提出的任何正当、合理的要求，服务人员都应想方设法、尽最大努力去满足。在确实没有办法满足顾客的要求时，绝对不能简单地对顾客说“不”字。由于条件限制，如果无法用顾客要求的特定方式或对象满足其需要，首先应考虑能否用替代的方式或对象满足顾客的需要。遇到无法以顾客要求的特定方式或对象来满足顾客的需要时，恰当的做法不是简单地拒绝顾客，而是应委婉礼貌地向顾客提出建议，试着以一种顾客可能接受的替代方式或对象去满足顾客的需要。事实上，人的同一种需求常常可以以不同的对象和不同的方式来满足。一个服务人员在任何情况下都应为不能满足顾客的需求而深感歉意。

(2) 顾客的事就是大家的事。在顾客与服务组织的接触中，顾客所遇到的任何不方便和不愉快都会影响到顾客对服务质量的整体感知。或者说，服务单位在为顾客提供服务时，任何一个细微环节的差错或忽视都会导致前功尽弃。因此，只有每一位员工都意识到顾客的事是大家的事，从而自觉地把顾客的事当作最重要的事来对待，才有可能为顾客提供令人满意的优质服务。

(3) 不给顾客带来任何不愉快。服务人员在与顾客交往时，自始至终都应保持愉快、亲切的服务态度，任何时候都不应该以生硬和冷漠的服务态度接待顾客，任何原因都不应成为服务人员发脾气、使性子、耍态度和失礼貌的理由。

(4) 不干扰顾客。顾客在接受服务时有权要求自己的清静和自由不受干扰。如果顾客对服务的享用是以不断被打扰为代价的，那么，这种服务就失去了意义。因此，不干扰顾客或零度干扰应是服务提供者努力追求的一个服务目标。

(5) 不冒犯顾客。服务人员与顾客之间的交往能否顺畅、愉快，在很大程度上取决于服务人员是否懂得如何去保护顾客的自尊心。因此，服务人员在工作过程中，绝不能有任何损害顾客自尊心的事。如果顾客对某些服务项目不太熟悉而表现得比较笨拙时，服务人员不应以优越者的身份告诉顾客应该怎么做，更不能因此嘲笑顾客；如果顾客的行为不符合公共场所的行为要求，应以温和的并略带歉意的语气去制止顾客，而不应对顾客进行厉声呵斥；如果顾客提出不合理的要求，服务人员只能礼貌地予以拒绝，而不能因顾客的无理而失去对顾客应有的礼貌；如果顾客对服务表现出不满意，服务人员应虚心接受，不能为自己“据理力争”；如果因顾客的不配合，造成工作的不便，也不能因此责怪、埋怨顾客；如果顾客行为偏激、情绪激动，服务人员不应“以牙还牙”，而应耐心地向顾客作解释；如果顾客有意为难服务人员，并表现出不友好的态度时，服务人员应表现出克制和忍耐，千万不能针锋相对。

（6）顾客就是上帝。“顾客就是上帝”最为生动形象地体现了顾客至上的服务原则。顾客之所以是上帝，因为顾客是企业的生存之本、发展之源。也就是说，顾客是我们的“衣食父母”，没有顾客的支持，一切都将无从谈起。因此，只有为顾客提供了令人满意的服务，服务组织和服务人员才有生存和发展的机会；也只有把最好的服务提供给顾客才能回报顾客的眷顾。正是从这个角度讲，顾客的需求、顾客的满意是至高无上的。

总之，为顾客着想，无论怎么样都不过分。“顾客总是对的”，因为，在服务工作中并不存在是非对错的问题，而只存在顾客是否得到了满意的服务的问题。无论怎样都应保持亲切愉快、热情周到的服务态度。

四、坚持适度原则

在交往中，理解、沟通是建立良好人际关系的重要条件，要善于把握尺度。适度的原则的含义，是要求应用礼仪时，为了保证取得成效，必须注意技巧，合乎规范，特别要注意把握分寸，认真得体。服务人员为顾客提供服务时，既要热情友好，尊重他人，殷勤接待，又要自尊自爱，端庄稳重，落落大方，体现平等公正，不卑不亢；既要彬彬有礼，又不能低三下四；既要热情大方，又不能轻浮、阿谀奉承。“适度”即掌握感情适度、举止适度、谈吐适度。这是因为凡事过犹不及。假如做得过了头，或者做得不到位，都不能正确地表达自己的自律、敬人之意。严格按照礼仪标准规范自己的言行。在工作中，行动上不出格，仪态上不失态，言语上不失礼。

任务二　服务礼仪的内容、特征及其作用

一、服务礼仪的内容

（一）礼貌、得体的语言

1. 礼貌的语言

礼貌的语言具体表现在：礼貌的语言内容（真实友善，详尽通俗易懂，不粗俗，不低级趣味）；礼貌的语言形式（语言规范，使用服务用语，语音语调亲切柔和，语气温和委婉）；礼貌的语言行为（认真倾听，谈吐谦和得体，不强词夺理，不蛮横无理）。

服务人员实行敬语服务，可以表现出对顾客的尊重，赢得顾客的好感，与顾客建立起良好的关系。诚挚尊敬，适应需求，简明质朴是敬语服务的要求。

诚挚尊敬是指在全方位服务中，服务人员通过敬语表现出对顾客的真诚，以礼敬人。“诚于中而形于外”，真诚的语言是从心底发出来的，充满着热情，洋溢着友爱，可以得到顾客的信任，可以使一些本来无法消除的矛盾得到缓解。

适应需求要求服务人员正确使用服务敬语，语言要适应不同顾客的特定语境，要适应不同的顾客，要注意顾客的年龄、性别、籍贯、职业、文化素养、风俗习惯，掌握不同语境的个性语言，适应特定的环境。掌握适人、适时、适地、适度的适应语境，是做好敬语服务的根本途径。要学会自然、灵活地运用礼貌用语。征询、商量的语气：

"您看这样解决行吗?""您还有什么要求?"以此得到顾客的理解,求得共识。"请把您的电话号码告诉我,好吗?"将命令变为征询、请求,能让顾客感到亲切、不生硬。

简明质朴是指要抓住事物的本质和主要特点。"言简意赅"的语言服务,要求服务人员头脑清醒,思维敏捷,善于表达。语言质朴平易,不是单调粗俗,而是独具匠心,做到平中见巧,淡中有味,语言明快不呆板,简约不多余。当与顾客发生矛盾,特别是我们有理时,切忌声高、气盛、咄咄逼人,同样应心平气和地与顾客交谈。

道歉语,如:"对不起,是我们的失误,谢谢您的提醒""对不起,麻烦您了"等。真诚的道歉,可以缓和紧张气氛,换得顾客的谅解。

委婉的语气,如:"您先等一下,好吗?我们会尽快解决""一旦可以办理,马上通知您,好吗?"委婉的话语让人容易接受。

切忌对顾客说"不""不清楚""不知道",更不能对顾客的感谢或道别置若罔闻。

2. 得体的语言艺术

服务人员在工作中应掌握语言艺术,自觉使用文明礼貌用语。使用敬语是衡量服务人员道德修养的重要标准。敬语服务是反映服务人员心灵美的标志。言为心声,语言是人们心灵的表现。中国有句俗话叫"一言兴邦,一言误国",充分说明语言表达的重要性。一句服务用语说得好坏,既可以令顾客欢喜,又可以使顾客大怒。所以,服务人员语言表达是否艺术会直接影响顾客的情绪。

语言艺术具有服务交际的功能。服务人员在服务中,与顾客进行沟通和联系,都是通过语言来进行的。无论是有声语言,还是无声语言,同是信息载体,离开语言,服务就成了一句空话。

语言艺术具有服务价值的功能。马克思说:"对于提供这些服务的生产者来说,服务就是商品。服务具有一定的使用价值和交换价值。"根据这一理论,服务也是劳动产品,服务劳动离不开语言,因为服务人员的服务是需要与顾客进行沟通才能完成的。如何说话?如何服务?怎样做有利于企业信誉?这就是一个服务人员掌握语言艺术的问题。

语言艺术具有优质高效的功能。服务人员可通过看、听、想、说四个方面提高语言艺术。即看顾客的情况,听顾客的话语,想顾客之所想,说出顾客的需要。细心揣摩,将心比心,满足顾客的要求,这样才能争取客源,赢得市场。

总之,得体的语言艺术应该是真挚、热情、平易、礼貌的,而言语粗俗,甚至以训斥的口气"教育"顾客,则暴露了一个人缺乏修养的面目,也伤害了顾客的自尊心。

(二)得体的行为举止

说到得体的行为举止就要先说说优美的体态语。与人交往中的效果,20%取决于有声的语言,80%取决于无声的神态和动作。显然神态和动作是一种无声的语言。在服务活动中,服务人员对顾客的手势、表情、体姿甚至是位置、距离都会表达出特定的含义。美国著名的人类学家霍尔说过:"一个成功的交际者,不但需要理解他人的有声语言,更重要的是能够观察他人的无声信号,并且能在不同场合正确使用这种信号。"因此,服务人员要将文明敬语与优美的体态语成功地结合在一起,创造一种最佳的表达效果:优美的体态语言包括表情语言、手势语言、肢体语言。

1. 丰富的表情语言

服务人员通过眉毛、眼神、嘴唇、脸色变化构成丰富的面部表情语言。俗语道"喜在眉梢"。服务人员要通过喜眉、扬眉、展眉给顾客以欢快和欣慰，通过明澈、坦荡的眼神给顾客以正直、热情，通过嘴唇的细腻变化给顾客以灵敏、轻松，通过笑容满面的面部表情给顾客以舒服安定的感觉。

2. 适度的手势语言

手势语言是运用手的动作变化表达一种无声的语言。"心有所思，手有所指"意思是如果说眼睛是人心灵的窗户，手就是人心灵的触角，也可以说手是人的第二双眼睛。在顾客服务工作中恰当运用手势，可以体现对顾客的热情。如伸出右臂，掌心向上前倾 45 度欢迎顾客；鼓掌表示赞扬或欢迎，以烘托热情的氛围等。

3. 优美的肢体语言

优美的肢体语言是通过身体姿态表达情意的，是对有声语言的强化和补充，直接反映内心情感的变化。服务人员站姿要庄重平稳，坐姿要端庄平直，步姿要轻盈适速，点头要自然适度，起立要快慢适宜，欠身要尊敬得体。从各方面给顾客留下举止文明高雅的美好印象。

精神饱满、神态庄重，态度和颜悦色，面带微笑，目光柔和亲切，自然地注视着对方，认真倾听，这样与顾客交流，才能获得好的效果。反之，冷淡、漫不经心或极不耐烦的样子，显然是拒绝服务，拒顾客于千里之外。服务人员在工作中应举止稳重、端庄，落落大方，姿态优雅；交谈中用手势助于表达，但要适度，避免指指点点；递接物品用双手；修饰应避人。语言、语气、神态、举止应和谐一致，否则言不由衷，表里不一，更不用说让顾客满意了。

（三）良好的个人形象

在顾客服务工作中，一个人的形象不但可以体现他的文化修养，也可以反映他的审美趣味。穿着得体，不仅能赢得他人的信赖，给人留下良好的印象，而且还能够提高与人交往的能力。相反，穿着不当，举止不雅，往往会降低服务人员的身份，也有可能损害公司的形象。由此可见，仪表是一门艺术，它既要讲究协调、色彩，也要注意场合、身份，同时它又是一种文化的体现。

1. 整洁的仪容

这是仪表的基本要素之一。被誉为"推销之神"的日本人原一平说过："什么是魅力？它可能是指一个人具有声望与感化力，这并非一蹴而就，而是个人长期努力的结果。其妙就妙在它会先显露在一个人的容貌上。"这里的"容貌"是指一个人的仪容。它是可以经过修饰、完善与自我塑造的。整洁的仪容可以产生魅力，是人际交往中取得成功的手段。服务人员（这里指女士）应施淡妆上岗，给人以健康美的感觉，不可浓妆艳抹，以免失去信任感。

2. 得体的服装、服饰

我们的仪表应注意根据不同的场合来进行着装，喜庆场合、庄重场合及悲伤场合应注意有不同的服装、服饰，要遵循不同的规范与风俗。统一着装，标志着企业规范化、标准化的服务，同时增强了工作人员的自豪感和责任感。任意着装，服饰不得体，将服务窗口当成服装服饰的展示台，给人一种轻佻、华而不实的感觉，降低了顾客对企业的依赖程度，也说明企业管理涣散。得体的服装、服饰显示了服务人员的自尊，由此也获得了顾客的尊重。

二、服务礼仪的特征

1. 规范性

服务礼仪是服务人员在自己的工作岗位上应当严格遵守的行为规范。这种规范，不仅要求服务单位及员工要按照一定的礼仪规范做好服务工作，而且也约束着服务人员在服务过程中的言谈话语、行为举止要合乎礼仪。尽管不同领域的服务程序和接待规范上存在着差异，但都是在服务人员与顾客相互之间最一般关系的，其利益基本内涵是一致的。“宾客至上”“把尊贵让给客人”应该是服务行业全体成员共同遵守的人际交往和社会交往准则。

2. 灵活性

在规范性的基础上注重灵活性。培根说：“礼仪是微妙的东西，它既是人们交际所不可或缺的，又是不可过于计较的。”服务礼仪的规范是具体的，但不是死板的教条，它是灵活的、可变的。服务要求以人为本，强调站在顾客的角度考虑问题。不仅在不同的服务场合有着不同的服务流程与要求；在面对来自不同国家、地区、民族的顾客时，要注意其在文化背景、风俗习惯甚至宗教信仰上的差异，充分尊重他们的礼俗禁忌，从而更加体贴周到地为每一位顾客提供优质的服务。

三、服务礼仪的作用

服务礼仪是服务行业的从业人员给予服务对象的是一种心灵感受，也是服务企业文化的现实表现，更是员工个人品位、信心、仪态、形象、修养的具体反映。注重服务礼仪，按服务礼仪要求服务，是服务型企业从业人员的最基本要求。

1. 注重服务礼仪可以提升服务人员的个人素质

礼仪在行为美学方面指导着人们不断地充实和完善自我，并潜移默化地熏陶着人们的心灵。它能帮助个人树立良好的形象，提升个人的素养，使人们的谈吐变得越来越文明，举止仪态越来越优雅，装饰打扮更符合大众的审美原则，体现出时代的特色和精神风貌。礼仪会使人变得情趣高尚、气质优雅、风度潇洒、受人欢迎。比尔·盖茨曾说过：“在市场竞争条件下，企业竞争首先是员工素质的竞争。”他认为员工素质的高低反映了一个公司的整体水平和可信程度。教养体现于细节，细节展示了素质。因此，加强服务礼仪培养，有助于提高服务行业从业人员的个人素养和自身的职业竞争力。

2. 注重服务礼仪可以调解服务过程中的人际关系

社会是一部庞大的、高速运转的机器。它的正常运转，以人与人之间、部门与部门之间、组织与组织之间的协调及有序性为前提。礼仪好像是一种润滑剂，使错综复杂的人际关系减少一点摩擦。在人际交往过程中，人们一般对尊重自己的人有一种本能的亲切感和认同感，尊重可以使对方在心理需要上感到满足、愉悦，从而产生好感和信任。在服务交往中，尊重是相互的。一般来说，人们受到尊重、礼遇、赞同和帮助就会产生吸引心理形成和增进友谊；反之，则会产生敌对、抵触、反感，甚至憎恶的心理。当你向对方表示尊敬和敬意时，对方也会还之以礼，即礼尚往来。服务礼仪是服务关系和谐发展的调节器、润滑剂，注重服务礼仪有利于促使服务各方保持冷静，缓和、避免不必要的服务矛盾冲突和情感对立，有助于建立起和谐的服务关系，从而使人们之间的服务交往获得成功。因此，服务礼仪有助于满足顾客的心理需求，使从业人员与顾客之间能够更好地进行服务交流与沟通，有助于妥善处理服务纠纷问题。

3. 注重服务礼仪能塑造企业良好的服务形象

当今社会，形象就是对外交往的门面和窗口，良好的企业形象可以给企业带来良好的经济效益和社会效益。在现代企业管理中，企业特别注重员工的内在素质和外部形象，要求每一位员工都要有强烈的形象意识，认识到个人形象代表企业形象，个人的所作所为就是本企业典型的活体广告，是企业形象、文化、员工修养素质的综合体现，只有具备良好的服务礼仪素养才有利于企业提升形象。让顾客满意，为顾客提供优质的产品和服务，是良好企业形象的基本要求。服务的过程不仅是商品货币的交换过程，也是人的情感交流的过程。一句亲切的问候，一次理解的微笑，犹如春风吹暖顾客的心，缩短了与顾客的距离。在一定意义上，规范化的礼仪服务，能够最大限度地满足顾客在服务中的精神需求。服务礼仪展示了企业的文明程度、管理风格、道德水准，从而塑造了企业的良好服务形象。

4. 注重服务礼仪能提高企业产品竞争的附加值

现代市场竞争是一种形象竞争。对于服务性行业，高素质的员工提供的高质量的服务有助于企业创造更好的经济效益和社会效益，同时有利于提升企业的文化内涵和品牌效应。因此，每一位员工的礼仪修养无疑会起着十分重要的作用。许多企业家认为：企业活力=商品力+服务力。在产品差异化越来越小的今天，服务的特色已越来越成为许多企业的核心竞争力之一。而服务礼仪不仅可以强化企业的道德要求，还可以树立优质服务的企业形象。虽然服务是无形的，但是可以体现在服务人员的一举一动、一笑一言之中。因此，服务礼仪是企业无形的广告，在提高服务质量的同时，可以树立良好的企业形象，提高企业产品竞争的附加值。

随着科技的发展，信息的发达，企业的技术、产品、营销策略等很容易被竞争对手模仿，而代表公司形象和服务意识，由每一位员工所表达出来的思想、意识和行为是不可模仿的。也就是说，在市场条件下，商品的竞争就是服务的竞争，服务的竞争就是企业对顾客的尊重与重视的礼仪文化之间的竞争。

项目三　服务人员的职业道德

任务一　职业道德的内涵

一、职业道德的涵义

俗话说：“百行德为首”“学艺先学德”。职业道德是人们在一定的职业活动范围内所遵守的行为规范的总和。教师要教书育人，为人师表，不能误人子弟；医生要救死扶伤、治病救人，不能见死不救、乘人之危；商人要文明经商、童叟无欺，不能唯利是图、赚昧心钱；法官要秉公执法、文明办案，不能“大盖帽吃了原告吃被告”；公务员要勤政廉洁、依法行政，不能贪赃枉法、以权谋私。

职业道德的涵义包括以下八个方面：①职业道德是一种职业规范，受社会普遍的认可；②职业道德是长期以来自然形成的；③职业道德没有确定的形式，通常体现为观念、习惯、信念等；④职业道德依靠文化、内心信念和习惯，通过员工的自律实现；⑤职业道德大多没有实质的约束力和强制力；⑥职业道德的主要内容是对员工义务的要求；⑦职业道德标准多元化，不同企业具有不同的价值观；⑧职业道德承载着企业文化和凝聚力，影响深远。

不论从事哪种职业，在职业活动中都要遵守职业道德。要理解职业道德需要掌握以下四点：

首先，在内容方面，职业道德总是要鲜明地表达职业义务、职业责任以及职业行为上的道德准则。它不是一般地反映社会道德和阶级道德的要求，而是要反映职业、行业以至产业特殊利益的要求；它不是在一般意义上的社会实践基础上形成的，而是在特定的职业实践的基础上形成的，因而它往往表现为某一职业特有的道德传统和道德习惯，表现为从事某一职业的人们所特有的道德心理和道德品质，甚至造成从事不同职业的人们在道德品貌上的差异。如人们常说，某人有“军人作风”“工人性格”“农民意识”“干部派头”“学生味”“学究气”“商人习气”等特质。

其次，在表现形式方面，职业道德往往比较具体、灵活、多样。它总是从本职业的实际交流活动出发，采用制度、守则、公约、承诺、誓言、条例，以至标语口号之类的形式，这些灵活的形式既易于从业人员所接受和实行，又易于形成一种职业的道德习惯。

再次，从调节的范围来看，职业道德一方面是用来调节从业人员内部关系，加强职业、行业内部人员的凝聚力；另一方面，它也是用来调节从业人员与其服务对象之间的关系，以此塑造本职业从业人员的形象。

最后，从产生的效果来看，职业道德既能使一定的社会或阶级的道德原则和规范“职业化”，又能使个人道德品质“成熟化”。职业道德是在特定的职业生活中形成的，其主要表现在实际从事一定职业的成人的意识和行为中，是道德意识和道德行为成熟的阶段。职业道德与各种职业要求和职业实际相结合，具有较强的稳定性和连续性，形成比较稳定的职业心理和职业习惯，以致在很大程度上影响着道德主体的精神风貌。

二、职业道德的核心思想与原则

社会主义职业道德以为人民服务为核心、集体主义为原则，把社会公德、职业品德、家庭美德作为着力点。

首先，以为人民服务为核心的职业道德是社会主义本质所决定的。在建设社会主义市场经济的活动中，所有的职业活动都要以为人民服务为核心。为人民服务的精神是社会主义伦理道德的组成部分，社会主义市场经济的发展需要能代表先进文化的精神文明，只有用先进的文化去鼓舞人，才能使劳动者始终保持奋发向上、积极进取的昂扬斗志。

其次，商品本身包含着为他人服务的属性。不管商品生产者的主观动机和目的如何，如果自己的产品或经营的产品、服务项目不能首先满足社会的需要和广大消费者的需要，他所追求的利润就不能实现。社会主义市场经济的企业应当自觉地服务人民、奉献社会，以取得最佳的社会效益和经济效益。

再次，社会主义社会的从业者既是服务者，也是被服务的对象。这是因为从本质上讲，社会主义市场经济中的广大劳动群众仍然是国家的主人，每个劳动者既要主动为他人服务，也要享受他人的服务，因此，我们要大力提倡“我为人人，人人为我”的道德风尚。在社会主义市场经济的建设中，无论在什么岗位，无论职务大小，都是为人民服务，每一位从业人员在自己的岗位上都要自觉地为人民服务。

最后，集体主义是职业道德的指导原则，集体主义集中反映了广大劳动人民的根本利益。作为现代服务业从业人员，要充分意识到自己的工作也是实现人民对美好生活向往的重要组成部分，是有重大意义和价值的。

三、服务人员职业道德

1. 忠于职守，热爱本职工作

克服职业偏见，树立正确的择业观。干一行，爱一行，专一行，有事业心和责任感。如20世纪60年代的时传祥“宁可一人脏，换来万家净”的掏粪劳模。目前，我国人才流动合理，优胜劣汰，英雄有用武之地。我们要反对“当一天和尚撞一天钟”、见利忘义、见钱眼开，拒绝玩忽职守、渎职失职等。

2. 热忱服务，文明生产

热忱服务是“我为人人，人人为我”的统一。即要求从业人员服务时态度要好，反对冷漠、麻木、高傲、粗鲁的恶劣态度。

3. 讲究质量，注重信誉

“诚招天下客，誉从信中来”。质量第一，精益求精，赤诚相待，言而有信。

4. 钻研业务，提高技能

假若营业员不会算账，医生不能对症下药，车床工人生产零件不合格，操作员不会控制机器，后果不堪设想。因此，我们需要不断地勤学苦练，努力提高业务技能。

5. 遵纪守法，廉洁奉公

遵守公共道德规范，保持廉洁自律，严格要求自己，一心为公，不谋私利，做到“常在河边走，就是不湿鞋”。不能有“近水楼台先得月”“不拿白不拿，拿了也白拿”“你给我好处，我给你办事”等不良的思想和行为；要贯彻“勿以恶小而为之，勿以善小而不为”的观念。

6. 积极进取，勇于竞争

保持积极的态度，不畏困难，追求进步。敢于冒尖、敢为人先、百折不挠。别人做得到的，我也做得到；别人做不到的，我也要力争做到。

7. 锐意改革，开拓创新

勇于突破，敢走前人没有走过的路，勤于探索，不断学习，不空谈，重实干，一切围绕顾客的体验展开。

8. 团结协作，互相友爱

人心齐、泰山移。要识大体、顾大局，与同事们一起同心协力，共同努力，相互支持，做好对客户的服务工作。

9. 艰苦奋斗，厉行节约

要有主人翁的精神，把企业当作自己的企业，不铺张、不浪费。

任务二 职业道德基本规范

一、爱岗敬业

爱岗敬业是为人民服务的具体化，是爱自己、爱祖国、爱人民的统一。它要求从业者既要热爱自己所从事的职业，又要以恭敬的态度对待自己的工作岗位，爱岗敬业是职责，也是成才的内在要求。

所谓爱岗，就是热爱自己的本职工作，并为做好本职工作尽心竭力。爱岗是对人们工作态度的一种普遍要求，即要求职业工作者以正确的态度对待各种职业劳动，努力培养热爱自己所从事工作的幸福感、荣誉感。

所谓敬业，就是用一种恭敬严肃的态度来对待自己的职业。用人单位任何时候都会倾向于选择那些既有真才实学，又踏踏实实工作，保持良好态度工作的人。这就要求从业者只有养成干一行、爱一行、钻一行的职业精神，专心致志工作，才能实现敬业的深层次含义，并在平凡的岗位上创造出奇迹。一个人如果看不起本职岗位，心浮气躁，好高骛远，不仅违背了职业道德规范，而且会失去自身发展的机遇。虽然社会上各种职业在外部表现上存在差异性，但只要从业者热爱自己的本职，并能在自己的岗位上兢兢业业工作，终会有机会创出非凡的业绩。

爱岗敬业是职业道德的基础，是社会主义职业道德所倡导的首要规范。爱岗就是热爱自己的本职工作，忠于职守，对本职工作尽心尽力；敬业是爱岗的升华，是以恭敬严肃的态度对待自己的职业，对本职工作一丝不苟。爱岗敬业，是对自己的工作要专心、认真、负责任，为实现职业上的奋斗目标而努力。

歌德有句名言“责任就是对自己所做的事情有一种爱”。干一行就要爱一行。一要乐业。在职业情感方面，热爱并热心于自己所从事的职业和岗位，把工作做好，乐在其中，李素丽说得好：“不管有多少烦心事儿，只要一坐在票台前为乘客服务，我就特别开心，什么烦恼都忘了”。在职业行为方面，时传祥“宁肯一人脏，换来万人净”“辛苦我一个，造福千万家”，以苦为荣，以苦为乐，尽职尽责，无怨无悔，默默奉献。二要勤业。忠于职守即在任何时候，任何情况下都能坚守岗位。认真负责即“专心致志以事其业”。如“杂交水稻之父”的袁隆平，他勤奋刻苦，不懈努力，终于成为中国杂交水稻的奠基人和领军人物。三要精业。要好学进取，不断追求“高质量”，开拓创新，有所进步，有所创造，有所发明。如精练各行业的技术能力，“一口清”“一把刀”“问不倒”“活辞海”“活地图”，等等。

二、诚实守信

诚实守信是各行各业的生存之道。北京同仁堂是一家具有 300 多年历史的老字号药店，长盛不衰，经受住风风雨雨，靠的是“德”“诚”“信”。药店有对联：“炮制虽繁从不敢省人工，品位虽贵必不敢减物力”“但愿世间人无病，何妨架上药生尘”。

“诚实”就是实事求是地待人做事，不弄虚作假。在职业行为中最基本的体现就是诚实劳动。每一名从业者，只有为社会多工作、多创造物质或精神财富，并付出卓有成效的劳动，社会所给予的回报才会越多，即“多劳多得”。

“守信”，即讲求信誉，信守诺言。要求每名从业者在工作中严格遵守国家的法律、法规和本职工作的条例、纪律；做到秉公办事，坚持原则，不以权谋私；做到实事求是、信守诺言；对工作精益求精，注重产品质量和服务质量；并同弄虚作假、坑害人民的行为进行坚决的斗争。

诚实守信也是市场经济体制下人们在人际交往和经济活动中必须遵守的一项基本的道德规范。一要诚信无欺。“人无信不立，国无德不兴”，真诚赢得信誉，信誉才能带来效益。不能缺斤少两、以次充好、以假乱真、坑蒙拐骗。二要讲究质量。质量求生存，质量第一；质量成就事业，质量赢得市场。三要信守合同。忠实地遵守依法订立的合同、协议。

三、办事公道

公道即公平、公正，恰如其分地对待人与事。所谓办事公道，是指从业人员在办事情或处理问题时，要站在公正的立场上，按照同一标准和同一原则处理的职业道德规范。即处理各种职业事务要公道正派、不偏不倚、客观公正、公平公开。对不同的服务对象一视同仁、秉公办事，不因职位高低、贫富亲疏的差别而区别对待。如服务员接待顾客不应以貌取人，无论对于衣着华贵的大老板还是面对着装平平的普通人，面对不同国籍、不同肤色、不同民族的顾客都能一视同仁，同样热情服务，这就是办事公道。无论是对于一次购买上万元商品的大客户，还是对于一次只买几元钱小商品的普通人，同样周到接待，这就是办事公道。

办事公道要公事公办，不徇私情，不刮“人情风”，不“走后门”，不做“权钱交易”，不“以权谋私”。有公心才有公道。一要客观公正。客观就是按照事物的本来面目去考察，不加个人偏见，公正就是正直，没有偏私。二要照章办事。严格按章程、制度办事，不打折扣，不徇私情，不能“不给好处不办事”。三要以人为本。不管官位高低、权力大小，一视同仁，依法办事，按章办事，公平待人，不以好恶待人，不以衣貌取人，不以长相看人。

四、服务顾客

服务顾客是指听取顾客意见，了解顾客需求，为顾客着想，端正服务态度，改进服务措施，提高服务质量。做好本职工作是服务顾客最直接的体现。要有效地履职尽责，必须坚持工作的高标准。工作的高标准是单位建设的客观需要，是强烈的事业心、责任感的具体体现，也是履行岗位责任的必然要求。市场经济呼唤服务精神。例如：海尔集团“文明服务”口号有：“用户是我们的衣食父母”“用户永远是对的”“产品合格不是标准用户满意才是目的”“真诚到永远”等。服务顾客要热情周到，宾至如归，不是亲人胜似亲人。例如：天津中原公司特等劳模年景林，三十多年如一日地热情工作，他提出的“三心”：接待顾客热心、刻苦学习专心、帮助顾客诚心；“五个劲儿”：顾客少时有主动劲儿、顾客多时有精神劲儿、出售俏货时有麻利劲儿、对退货顾客有亲切劲儿、与顾客矛盾时有沉着劲儿。这些都是服务意识的体现。

五、奉献社会

奉献社会是社会主义职业道德的最高境界和最终目标，也是职业道德的出发点和归宿。奉献社会就是要履行对社会、对他人的义务，自觉地、努力地为社会、为他人作出贡献。当社会利益与局部利益、个人利益发生冲突时，要求每一个从业人员要把社会利益放在首位。奉献社会是一种对事业忘我的全身心投入，这不仅需要有崇高的信念，更需要有明确的行动。当一个人任劳任怨，不计较个人得失，甚至不惜献出自己的生命从事某种事业时，他关注的其实是这一事业对人类、对社会的意义。奉献社会是一种忘我无私的精神，是职业道德的最高境界，也应该是每个从业者的最终目标。

任务三　职业道德修养

一、职业道德修养内涵

职业道德修养是指从事各种职业活动的人员，按照职业道德基本原则和规范，在职业活动中所进行的自我教育、自我改造、自我完善，使自己形成良好的职业道德品质。它是一种自律行为，是从业人员在道德意识和道德行为方面的自我锻炼及自我改造中所形成的职业道德品质以及达到的职业道德境界。其关键在于“自我锻炼”和“自我改造”。任何一个从业人员，职业道德素质的提高，一方面靠他律，即社会的培养和组织的教育；另一方面取决于自己的主观努力，即自我修养。两个方面是缺一不可的，而且后者更加重要。

二、职业道德修养提升的路径

（1）坚持学习马克思主义的伦理观。在马克思主义的历史唯物主义中，论述了许多关于道德以及社会主义道德和职业道德的科学观点，是我们职业道德修养的指导方针，有利于从业人员树立科学的世界观、人生观和价值观，学习马克思主义的伦理观，必须坚持理论联系实际。

（2）向先进模范人物学习。榜样的力量是无穷的，学习先进模范人物的高尚品德和崇高精神，使之在全社会发扬光大，成为激励和鼓舞广大群众前进的精神力量，是社会主义精神文明建设的重要内容，也是从业人员加强职业道德修养，提高自身职业道德水平的必由之路。学习先进模范人物还要密切结合自己职业活动和职业道德的实际，注重实效，自觉抵制拜金主义、享乐主义、极端个人主义等腐朽思想侵蚀，大力弘扬新时期的创业精神，提高职业道德水平，立志在本岗位上多做贡献。

（3）坚持“慎独”。鲁迅说“我的确时时解剖别人，然而更多的是更无情面地解剖我自己。”东汉时，杨震赴任途经昌邑，昌邑县令王密深夜拜访，以十金相送，杨震拒绝收受，王密说“暮夜无知者”，杨震却说“天知、地知、我知、子知。何谓无知?”一个有道德的人在独自一人，无人监督时，也是小心谨慎地不做任何不道德的事。

坚持“慎独”，重在自律，即在道德上自我约束。“慎独”既是加强职业道德修养的行之有效的重要方法和途径，也是一种崇高的思想道德境界。高尚的道德人格和道德品质，不是一夜之间能够养成的，它需要一个长期的积善过程。只有不弃小善，才能积成大善；只有能积众善，才能有高尚的品德。同时，还要“防微杜渐”。在职业道德修养领域中善恶之别，泾渭分明。善虽小，仍然不失其为善；恶虽小，也终究是恶。所以，从业人员对自己任何不符合职业道德的言行，都务必注意克制，将其消灭在萌芽状态之中。

拓展阅读：

修养是第一课

有一批应届毕业生22个人，实习时被导师带到北京的某部委实验室里参观。全体学生坐在会议室里等待部长的到来，这时有秘书给大家倒水，同学们表情木然地看着她忙活，其中一个还问了句：“有绿茶吗？天太热了。”秘书回答说：“抱歉，刚刚用完了。”林然看着有点别扭，心里嘀咕：“人家给你水还挑三拣四。”轮到他时，他轻声说：“谢谢，大热天的，辛苦了。”秘书抬头看了他一眼，满含着惊奇，虽然这是很普通的客气话，却是她今天唯一听到的一句。

门开了，部长走进来和大家打招呼，不知怎么回事，静悄悄的，没有一个人回应。林然左右看了看，犹犹豫豫地鼓了几下掌，同学们这才稀稀落落地跟着拍手，由于不齐，越发显得零乱起来。部长挥了挥手：“欢迎同学们到这里来参观。平时这些事一般都是由办公室负责接待，因为我和你们的导师是老同学，非常要好，所以这次我来给大家讲一些有关情况。我看同学们好像都没有带笔记本，这样吧，王秘书，请你去拿一些我们部里印的纪念手册，送给同学们作纪念。”接下来，更尴尬的事情发生了，大家都坐在那里，很随意地用一只手接过部长双手递过来的手册。部长脸色越来越难看，来到林然面前时，已经快要没有耐心了。就在这时，林然礼貌地站起来，身体微倾，双手握住手册，恭敬地说了一声：“谢谢您！”部长闻听此言，不觉眼前一亮，伸手拍了拍林然的肩膀：“你叫什么名字？”林然照实作答，部长微笑点头，回到自己的座位上。早已汗颜的导师看到此景，才微微松了一口气。

两个月后，同学们各奔东西，林然的去向栏里赫然写着某部委实验室。有几位颇感不满的同学找到导师：“林然的学习成绩最多算是中等，凭什么推荐他而没有推荐我们？”导师看了看这几张尚属稚嫩的脸，笑道：“是人家点名来要的。其实你们的机会是完全一样的，你们的成绩甚至比林然还要好，但是除了学习之外，你们需要学的东西太多了，修养是第一课。”

思考与调研

1. 思考。

（1）服务礼仪的内涵。

（2）服务礼仪的作用。

2. 调研。

分小组，到当地商场等服务场所，观察其中工作人员的服务礼仪，有哪些做得比较好，哪些需要改进，并撰写一篇调研报告。

案例赏析

景泰蓝食筷

在一家涉外宾馆的中餐厅里，正是中午时分，用餐的客人很多，服务小姐忙碌地在餐台间穿梭着。

有一桌的客人中有好几位外宾，其中一位外宾在用完餐后，顺手将自己用过的一双精美的景泰蓝食筷放入了随身带的皮包里。服务小姐在一旁将此景看在眼里，不动声色地转入后堂，不一会儿，捧着一只绣有精致花案的绸面小匣，走到这位外宾身边说："先生，您好，我们发现你在用餐时，对我国传统的工艺品——景泰蓝食筷表现出极大的兴趣，简直爱不释手。为了表达我们对您如此欣赏中国工艺品的感谢，餐厅经理决定将您用过的这双景泰蓝食筷赠送给您，这是与之配套的锦盒，请笑纳。"

这位外宾见此状，听此言，自然明白自己刚才的举动已被服务小姐尽收眼底，颇为惭愧。只好解释说，自己多喝了一点，无意间误将食筷放入了包中，感激之余，更执意表示希望能出钱购下这双景泰蓝食筷，作为此行的纪念。餐厅经理亦顺水推舟，按最优惠的价格，记入了主人的账上。

【分析】聪明的服务小姐既没有让餐厅受损失，也没有令客人难堪，圆满地解决了事情，并收到了良好的交际效果。

模块二 服务人员的基本礼仪

■学习目标

通过本模块的学习，掌握服务人员的基本礼仪，懂得如何热情、大方、得体地在顾客面前展示企业形象，提供优质的礼仪服务，做一个优秀的服务人员。

■学习重点

1. 服务人员的形象礼仪
2. 服务人员的表情礼仪
3. 服务人员的仪态礼仪
4. 服务人员的语言礼仪
5. 服务人员的社交礼仪

■学习难点

1. 服务人员的表情礼仪
2. 服务人员的语言礼仪

案例导入

小郑刚参加工作不久，公司举办了一次大型的产品发布会，邀请国内很多知名企业人士参加。小郑被安排在接待工作岗位上。接待当天，小郑早早来到机场，当等到来参加发布会的人时，他便开口说："您好！是来参加发布会的吗？请问您的单位及姓名，以便我们安排好就餐与住宿问题。"小郑有条不紊地做好了记录。后来在会场，小郑帮客人引路，一直小心翼翼，虽然自己一向走路很快，但是他放慢步伐，很注意与客人的距离不能太远，一路带着客人，电梯上下，也是走在前面，做好带路工作。原本心想很简单的事情，却几次被上司批评。

在迎接礼仪中，小郑与客人职位和身份并不相当，他应主动向客人做出礼貌的解释。而小郑没有做出任何解释，容易引起客人误会。接到客人后要主动打招呼，握手表示欢迎，同时说些寒暄辞令、礼貌用语等，而小郑没有事先了解要接待客人的相关信息，张口就问，十分不礼貌。在引导客人时，应主动配合客人步伐，保持一定距离。在出电梯时，应改为客人先走出电梯，自己在后面，以保证客人安全，而小郑出电梯时，自己走在前面也是不恰当的。礼仪无小事，作为一名接待的服务人员，需要从每一个细节做到礼仪待客。

项目一　服务人员的形象礼仪

任务一　形象礼仪的内涵及要素

一、形象礼仪的内涵

几千年的人类文明史证明，人们对文雅的仪风和悦人的仪态一直孜孜以求。随着现代社会人际交往的日渐频繁，人们对个人的形象礼仪倍加关注。从表面看，个人形象礼仪仅仅涉及个人穿着打扮、举手投足之类细节小事，但细节之处显精神，举止言谈见文化。个人形象礼仪，作为一种社会文化，不仅事及个人，而且事关全局。若置个人形象礼仪规范而不顾，自以为是，我行我素，必然授人以话柄，小到影响个人的自身形象，大到足以影响社会组织乃至国家和民族的整体形象。强调形象礼仪，倡导现代文明，旨在提高整个组织的礼貌素养。强化服务人员良好的礼仪风范，出众的形象风采，是企业立足、立业之源。形象礼仪作为个人乃至企业内涵的外在表现方式，每时每刻都在展示着个人和企业的品位与修养。形象礼仪是现代服务业的重要组成部分，已经受到越来越多人的关注。

人是礼仪的行为主体，所以讲形象礼仪首先应该从个人形象开始。个人形象主要包括个人形体礼仪、仪态仪表礼仪修养、服饰装饰艺术等方面。俗话说得好："人靠衣装，佛靠金装"，形象礼仪的真实目的应是为现实的工作和生活服务，从某种程度上来说，服务人员规范的形象礼仪就是企业的形象识别标识，是企业在竞争中得以发展的核心优势。西方有句谚语："你可以先穿成那个样子，直到你成为那个样子"。由此可见，形象礼仪首先是从外在的改造开始的。形象礼仪的内涵不仅包括外在形式，如服饰、化妆等，而且也包括内在修养的提升，如气质、举止、谈吐、生活习惯等。对于外在的改造或重建可以在较短的时间内完成，但内涵的提升并非一朝一夕之事，需要长期的积累才能实现。

现代社会，人与人之间的交流越来越密切，世界日益联结成一个不可分割的整体。我们生活在服务国际化的社会之中，更应该注意彼此之间的沟通与往来。一个人外在的装束，是一种文明礼仪，也是在交往中对他人尊重的一种表现。因此，面对不同国家、不同语言的顾客，服务人员的形象就成为互相尊重的文明形象的标志。

二、个人形象礼仪的要素

随着社会经济的发展，人们的生活质量也在不断提高，越来越多的人开始认识到，真正的形象美在于充分地展示自己的个性，创造一个属于自己的，有特色的个人整体形象才是更高的境界。人们对美的关注也不再仅仅局限于一张脸，而开始讲求从发式、化妆到服饰的整体和谐以及个人气质的培养。个人形象设计要素包括以下方面：体型要素、发型要素、化妆要素、服装要素、饰品配件要素、个性要素、心理要素、文化修养要素。

（一）体型要素

体型要素是形象设计诸要素中最重要的要素之一。完美的体形固然要靠先天的遗传，但后天的塑造也是相当重要的。长期的健身护体、合理饮食、性情宽容豁达，将有利于长久地保持良好的形体。体型是很重要的因素，但不是唯一的因素，只有在其他诸要素都达到统一和谐的情况下，才能得到完美的形象。

在做个人形象设计的时候，应注意服饰色彩与体形的搭配，色彩在实际应用时，还应注意膨胀与收缩的视觉感受。一般情况下，纯度高的颜色带给人膨胀的感觉，纯度低的颜色带给人收缩的感觉；明亮度高的颜色带给人膨胀的感觉，明亮度低的颜色带给人收缩的感觉。

（1）标准型身材。拥有平均身高、胸围和臀围相等，腰部大约比胸围小 25 厘米。体型弥补的目的就是让身材看上去接近标准型的身材，色彩修正是较为容易的方法之一。在适合一个人的色彩群中，有膨胀色，也有收缩色，合理地使用会修正弱点或强调优点，达到完美的效果；如果使用不当的话，本来适合的颜色反而突出了一个人的弱点，漂亮的颜色在身上的位置不当，整体色彩形象失去平衡，就达不到预期的效果了。

（2）梨型身材。身材特征：肩部窄，腰部粗，臀部大；弥补方法：胸部以上用浅淡或鲜艳的颜色，使视线忽略下半身；注意事项：上半身和下半身的用色不宜强烈对比。

（3）倒三角型身材。身材特征：肩部宽，腰部细，臀部小；弥补方法：上半身色彩要简单，腰部周围可以出对比色；注意事项：避免上半身用鲜艳的颜色，对比的颜色。

（4）圆润型身材。身材特征：肩部窄，腰部和臀部圆润；弥补方法：领口部位用明亮鲜艳的颜色，身上的颜色要偏深，最好是一种颜色或渐变搭配；注意事项：身上的颜色不宜过多或鲜艳。

（5）窄型身材。身材特征：整体骨架窄瘦，肩部、腰部、臀部尺寸相似；弥补方法：适合多使用明亮的或浅淡的颜色，可使用对比色搭配；注意事项：不宜用深色、暗色。

（6）扁平型身材。身材特征：胸围与腰围相近，臀围正常或偏大；弥补方法：用鲜艳明亮的丝巾或胸针装饰，将视线向上引导；注意事项：不宜用深色装饰腰部。

（二）发型要素

随着科学的发展，美发工具的更新，各种染发剂、定型液、发胶层出不穷，为塑造千姿百态的发型式样提供了条件，而发型的式样和风格又将很好地体现出人物的性格及精神面貌，符合个人形象特色的发型还能够修饰脸型，使人显得更年轻时尚。

（三）化妆要素

化妆是传统、简便的美容手段，化妆用品的不断更新，使过去简单的化妆扩展到当今的化妆保健，使化妆有了更多的内涵。“淡妆浓抹总相宜”，从古至今人们都偏爱梳妆打扮，特别是逢年过节和喜庆之日，更注重梳头和化妆，可见化妆对展示自我的重要性。淡妆高雅、随意，彩妆艳丽、浓重。施以不同的化妆，与服饰、发式和谐统一，将更好地展示自我、表现自我，化妆在形象设计中起着画龙点睛的作用。

（四）服装要素

服装在人物形象中占据着很大视觉空间，因此，也是形象设计中的“重头戏”。除了选择服装款式、颜色、材质，还要充分考虑视觉、触觉与人所产生的心理、生理反应。服装能体现年龄、职业、性格、时代、民族等特征，同时也能充分展示这些特征。当今社会，人们对服装的要求已不仅限于整洁保暖，而且增加了审美的因素。形象打造需要在了解服装的款式造型设计原理，以及服装的美学和人体工程学的相关知识的前提下，将服装的设计元素在形象设计中运用得当，使人的体形扬长避短，整体形象更符合个人所处的场合与社会角色需要。

（五）饰品配件要素

饰品、配件的种类很多，颈饰、发饰、首饰、胸针、帽、鞋、包等都是人们在穿着服装时的搭配单品。由于每一类饰配所选择的材质和色泽的不同，设计出的造型也千姿百态，能恰到好处地点缀服饰和人物的整体造型，充分体现人的穿着品位和艺术修养，使灰暗变得亮丽，使平淡增添韵味。

（六）个性要素

在进行全方位包装设计时，要考虑一个重要的因素，即个性要素。目光、微笑、站、坐、行都会流露出人的个性特点。只有当“形”与“神”达到和谐时，才能创造一个自然得体的新形象，忽略人的气质、性情等个性条件，一味地追求穿着的时髦，佩饰的华贵，只能打造出不符合个人特质的形象。

（七）心理要素

人的个性有着先天的遗传和后天的塑造，而心理要素完全取决于后天的培养和完善。高尚的品质、健康的心理、充分的自信，再配以服饰效果，是人们迈向事业成功的第一步。

（八）文化修养要素

人与社会、人与环境、人与人之间是有着相互联系的，在社交中，谈吐、举止与外在形象同等重要。良好的外在形象是建立在自身的文化修养基础之上的，而人的个性及心理素质则要靠丰富的文化修养来调节。具备一定的文化修养，才能使自身的形象更加丰满、完善。在形象设计中，如果将体形要素、服饰要素比作硬件的话，那么文化修养及心理要素则是软件。硬件可以借助形象设计师来塑造和变化，而软件则需要靠自身的不断学习和修炼。“硬件”和“软件”合二为一时，才能达到形象设计的最佳效果。

任务二　仪容礼仪

一、仪容的内涵

仪容，通常是指人的外观、外貌。其中的重点，则是指人的容貌。在人际交往中，每个人的仪容都会引起交往对象的特别关注，并将影响到对方对自己的整体评价。在个人的仪表问题之中，仪容是重点之中的重点。

二、仪容礼仪的内涵

仪容礼仪包括个人卫生礼仪 、举止礼仪 、美容美发礼仪，是人类为维系社会正常生活而要求人们共同遵守的最基本的道德规范，它是人们在长期共同生活和相互交往中逐渐形成，并且以风俗、习惯和传统等方式固定下来的。对一个人来说，仪容礼仪是一个人的思想和道德水平、文化修养、交际能力的外在表现，对一个社会来说，仪容礼仪是一个国家社会文明程度、道德风尚和生活习惯的反映。

三、仪容礼仪规范

在对客户服务中，仪容是最为引人注意的地方，服务人员在工作岗位上必须对自己的仪容修饰予以高度的重视。

（一）男士仪容修饰要点

（1）卫生。每天洗澡及更换衣服，勿在服务中出现口臭、汗臭、狐臭等异味。

（2）剃须。若无特殊的宗教信仰或民族习惯，要养成每日修面剃须的好习惯，切忌胡子拉碴地在工作岗位上抛头露面。

（3）美观。修剪好鼻毛和耳毛，勿使其外现。

（4）发型。男士的发型要长短适当。要求做到：前发不覆额，侧发不掩耳，后发不触领。不允许在工作之时长发披肩，或者梳起发辫。

（二）女士仪容修饰规范

1. 面部修饰规范

（1）洁净。工作中务必要保持自己的面部干净、清爽。

（2）卫生。要求其注意自己面容的健康状况；防止由于个人不讲究卫生而使面部经常疙疙瘩瘩；避免在服务中出现汗臭、狐臭等异味。

（3）自然。面部的修饰要自然，工作中要求化淡妆，切忌浓妆艳抹，要使“秀于外”与“慧于中”二者并举。

（4）口部的修饰。注意口腔的洁净，防止产生口臭等异味。服务前应忌食葱、蒜、韭菜、烈酒以及吸烟。

2. 肢体修饰规范

（1）注意保持手部的干净清洁。

（2）不留长指甲，不要涂鲜艳的指甲油以及在指甲上彩绘。

（3）不要腋毛外露。因为工作的特殊需要，必须穿着肩部外露的服装（如无袖旗袍）上岗服务时，则切记剃去自己的腋毛。

（4）工作中，不能穿露脚趾的凉鞋或拖鞋，以免显得过于散漫。穿着短裙时应穿长筒或连裤丝袜。

3. 发型修饰规范

（1）整洁。对任何人而言，在人际交往中其头发能否保持整洁，都直接会影响到他人对自己的评价。

（2）长短适当。女性应将过长的头发盘起来，或是束起来，或是置于工作帽之内，不可以披头散发。

（3）对于时尚流行的染发，作为服务人员不可以把头发染得五彩斑斓，这与服务者的身份是不相符的。

4. 化妆的规范

（1）服务人员面容化妆的原则。

服务人员特别是女员工一般应进行适当的化妆，这一基本要求，被归纳为“化妆上岗，淡妆上岗”。所谓“化妆上岗”，即要求服务人员在上岗之前，应当根据岗位及接待礼仪的要求进行化妆。所谓“淡妆上岗”，则是要求服务人员在上岗之前的个人化妆，应以淡雅为主要风格。

（2）“扬长避短”原则。

服务人员应当明确化妆的目的和作用：扬长避短、讲究和谐、强调自然美。

面容化妆要根据自己的工作性质、面容特征来化妆。一定要讲究得体和谐，一味地浓妆艳抹，矫揉造作，会令人生厌。

要使化妆符合审美的原则，应注意以下三点：

①讲究色彩的合理搭配。色彩要求鲜明、丰富、和谐统一，给人以美的享受。要根据自己的面部肤色，选择化妆品。女士一般希望面部化妆白一点，但不可化妆以后改变肤色，应与自己原有肤色恰当的结合，才会显得自然、协调。因此，最好选择接近或略深于自己肤色的颜色来涂抹，这样比较符合当今人们追求的自然美。

②依据自己的脸型合理调配。如脸宽者，色彩可集中一些，描眉、画眼、涂口红、抹腮红都尽量集中在中间，以收拢缩小面积，使脸型显得好看。眼皮薄者，眼线描浓些会显得眼皮厚；描深些，会显得更有精神。涂抹胭脂时，脸型长者宜横着涂；脸型宽者宜竖着涂；瓜子形脸则应以面颊中偏上处为重点，然后向四周散开。

③强调自然美。如眉毛天然整齐细长，浓淡适中，化妆时可以不描眉；脸型和眼睛形状较好的可不画眼。如果有一双又黑又亮的大眼睛和长长的睫毛，就没有必要对眼睛大加修饰，因为自然就有一种魅力。

（3）化妆的“3W”原则（when 什么时间；where 什么场合；what 做什么）。

不同场合化不同的妆容，是得体形象的定位和诠释。

现今的社交礼仪中，化妆是一个基本的礼仪表达，它不仅是个人形象的修饰，更是对他人的尊重和重视。素颜面对他人，尤其在生病、熬夜、身体不适等情况下，素面往往只会真实地表现你的憔悴，难以给人留下好感。相反，一个精致的妆容方显你的美丽和对对方的尊重和重视。但是，不分场合的浓妆也是不礼貌的，比如正式商洽签约场合时化前卫冷傲的妆容，会给人傲慢无礼轻浮的印象，而在聚会 party 中，不施亮彩，妆容过于素淡，则可能显得缺乏热情参与。

妆容，对于大多数女性来讲，可以分为“基础妆”和“时尚妆”两种。基础妆是比较正统的、原则性的，适宜一些隆重的场合，突出个人的身份和格调。时尚妆则是具备现代气息和包含了“时髦”的意思，一方面是前卫醒目的，另一方面也带有个人冒险的性质，是纯粹享受化妆乐趣的选择。因此，不同场合应有相符的妆容，才能显示你的教养和礼貌，为你的仪态加分。

化妆的浓淡并不是随意的，而是要根据不同的时间、季节和场合来选择。例如，白天是工作的时间，一般应以化淡妆为宜。如果白天也浓妆艳抹，香气四溢，难免给人的印象欠佳。比如在夜晚的娱乐时间、舞会和聚会，不论浓妆还是淡抹都是比较适宜的。

（4）讲究科学性原则。

①科学选择化妆品。化妆品一般可分为美容、润肤、芳香和美发四大类，它们各有特点和功效，化妆时必须正确合理地选择和使用，避免有害化妆品的危害。对待任何一种化妆品，都要先了解其成分、特点、功效，然后根据自己皮肤的特点，合理选择使用。经过一段时间后，把选用的化妆品相对固定。这样做既能起到美容的作用，又避免了化妆品对皮肤的伤害，以求自然美和修饰美的完美统一。

②讲究科学的化妆技法。在化妆时，若技法出现了明显的差错，将会暴露出自己在美容素质方面的不足，从而贻笑大方。

（5）专用原则。

专用原则即不可随意使用他人的化妆品。表现在两个方面：一是每个女人的化妆盒都具有隐私性，随便使用他人的化妆品便是侵犯别人的私人空间，是非常不礼貌的；二是出于健康考虑，随意使用她人的化妆品是非常不卫生的，容易造成皮肤的疾病。

（6）“修饰避人”的原则。

不在公共场合化妆和补妆。在公共场合（尤其是在工作岗位上）化妆是极为失礼的，这样既不尊重别人，也不尊重自己，给人以轻佻、浮夸的感觉，从而影响个人形象。在西方，一般来说，当街描眉化妆通常会被认为是风尘女子的象征。

（7）不以残妆示人。

残妆，是指由于出汗之后、休息之后或用餐之后妆容出现了残缺。长时间的脸部残妆会给人懒散、邋遢之感。所以，在上班时酒店员工不但要注意坚持化妆，而且要注意及时地进行检查和补妆。

（三）仪容的修饰注意事项

（1）仪容应当干净。要勤洗澡、勤洗脸，脖颈、手都应干干净净，并经常注意去除眼角、口角及鼻孔的分泌物。勤换衣物，消除身体异味。

（2）仪容应当整洁。整洁，即整齐洁净、清爽。要使仪容整洁，重在持之以恒，这一条与自我形象的优劣关系极大。

（3）仪容应当卫生。讲究卫生，是公民的义务，注意口腔卫生，早晚刷牙，饭后漱口，不能当着客人面嚼口香糖；指甲、头发要按时修剪，不得蓬头垢面、体味熏人，这是每个人都应当自觉做好的。

（4）仪容应当简约。仪容既要修饰，又忌讳标新立异、“一鸣惊人”，简练、朴素才是最好。

（5）仪容应当端庄。仪容庄重大方、斯文雅气，不仅会给人以美感，而且易于使自己赢得他人的信任。相比之下，将仪容修饰得花里胡哨、轻浮怪诞，是得不偿失的。

四、正确使用香水及肌肤的护理

（一）正确使用香水

香水是美容的化妆品之一，香水不仅能除臭、添香等，而且还能刺激大脑，使人兴奋，消除疲劳。使用香水有以下注意事项：

（1）最好将香水洒在手腕、颈部、耳后、太阳穴、臂弯里、喉咙两旁、膝盖等不完全暴露的部位，这样香味随着脉搏跳动、肢体转动而飘溢散发。为避免香水对皮肤的刺激，也可洒在衣领、手帕处。

（2）不要在毛皮衣服上洒香水，因为它的酒精成分会使毛皮失去光泽。如果将香水洒在浅色衣服上，日晒后会出现色斑。所以，尽量避免将香水直接洒在衣服上。

（3）不可将香水喷在首饰上，应该先让香水风干以后，再戴项链之类的饰物，否则会影响饰物的颜色及光泽。

（4）香水不宜喷洒得太多、太集中，最好在离身体 20 厘米处喷射。如果在 3 米以外还可以嗅到身上的香水味，则表明用得太多。

（5）喷用香水后不宜晒太阳，阳光的紫外线会使接触过香水的部位发生化学反应，严重的会引起皮肤红肿或刺痛，甚至诱发皮炎。

（6）不要同时将不同牌子的香水混用，因为那样会使香水变味或无效。

（7）夏日出汗后不宜再用香水，否则汗味和香味混杂在一起，给人留下污浊、不清新的感觉。因此多脂多汗处忌洒香水，以免怪味刺鼻。

（8）患有支气管哮喘或过敏性鼻炎的人，最好不要用浓香的香水。

拓展阅读：

女性美容化妆技巧

化妆是生活中的一门艺术，适度而得体的化妆，可以体现女性端庄、美丽、温柔、大方的独特气质。女性在政务、商务和社交生活中，用化妆品及艺术描绘手法来装扮自己，以达到振奋精神和尊重他人的目的。

（二）肌肤的基本护理

1. 面部的清洁

清洗面部可以去除新陈代谢产生的老化物质、空气污染、卸妆等残留物，同时也可以清洁肌肤。

洗脸时应遵守以下要点：

（1）使用洗面奶的方法：将适量洗面奶放在手上揉搓起泡，泡沫越细腻越不会刺激肌肤，泡沫需揉搓至奶油般细腻才算合格，再让绵密的泡沫在肌肤上移动以吸附污垢，而不是用手去搓揉。

（2）从皮脂分泌较多的“T”字区开始清洗，额头中心部位皮脂特别发达，要仔细清洗。手指不要过分用力，轻轻地由内朝外画圆圈滑动清洗。

（3）用指尖轻柔仔细地清洗皮脂腺分泌旺盛的鼻翼及鼻梁两侧，这一部分洗不干净将导致脱妆及肌肤出现油光。

（4）鼻子下方容易长青春痘，须仔细洗净多余的皮脂，用无名指轻轻画轮廓，既不会刺激肌肤又可完全去除污垢。

（5）嘴巴四周也要清洗，脸部是否仔细洗净，重点在于有没有注意细小的部位，清洗时以按摩手法从内朝外轻柔描画圆弧状。

（6）下巴和“T”字区一样，也容易长青春痘及粉刺。不但如此，这还是洗脸时，往往容易忽略的部位。洗脸时应由内朝外不断画圈，使污垢浮上表面。

（7）面积较大的脸颊部位需要特别仔细地关照。清洗面颊的诀窍是，不要用指尖接触皮肤，而是用指腹，使指腹仅有的面积充分接触脸颊的皮肤，以起到按摩清洁的作用，洗脸的重要技巧是在于不要太用力，以免给肌肤带来不必要的负担。

（8）洗脸时要记得洗到脖子部位，下巴底部、耳下等也要仔细洗净，粉底霜没有去除干净将使肌肤引发各种问题。

（9）冲洗时用流水（水龙头不关）充分地去除泡沫，冲洗次数要适度，在较冷的季节，需使用温水，以免毛细孔紧闭而影响了清洗效果。

（10）洗脸后用毛巾擦拭脸上水渍时，不可用力揉搓，以免伤害肌肤。正确使用毛巾的方法：将毛巾轻贴在脸颊上，让毛巾自然吸干水分。

2. 面部营养的补充

通过卸妆及洗脸去除污垢后，便是补充随污垢一起流失的水分、油脂、角质层内的天然保湿因子（NMF）等物质，使肌肤恢复原来的状态，化妆水和乳液可以发挥它们的功效。

化妆水的任务是补充水分，它的首要职责是补充洗脸时失去的水分，用充足的水分紧锁肌肤，使它变得柔软，紧接在其后的乳液才容易渗入。

用化妆水充分补充洗脸所失去的水分后，再用乳液补足水分、油分，使肌肤完全恢复原来的状态，这点相当重要。乳液有水分、油分、保湿肌肤必要的三种成分，而且这三种成分调配得十分均匀，是肌肤每日保养不可缺少的产品，它的主要目的是恢复肌肤的柔软性，并为接下来的化妆做好准备。

化妆水的使用方法：

（1）将两片化妆棉重叠，倒入充足的化妆水，使水分刚好浸透整片棉花。

（2）两指各夹一片沾满化妆水的化妆棉，按在整个脸上，使肌肤感受到冰凉感。每半边脸用一片化妆棉。

（3）由两中心朝外侧浸染，接着浸湿易流汗的“T”字区及鼻翼四周，然后由下而上拍打整个脸部，直到肌肤觉得冰凉为止。

（4）容易因水分不足而干燥的眼部周围要集中浸染，唇部也要补充水分，眼睛四周及唇部在白天也要记得用化妆水补充水分。

乳液的使用方法：

（1）先用手掌温热使毛细孔较易张开，乳液也容易浸透且能加强滑润感。

（2）分别贴在脸上 5 处部位，由中央朝外、由下朝上的画圆至涂抹均匀。

（3）轻柔地按摩眼睛四周的敏感部位，脸部都涂好后，用手掌裹住脸部，让乳液渗入并去除黏腻感。

除去化妆水与乳液以外，面霜也是一种护肤的佳品。面霜的目的是在肌肤渗入含有水分的保湿剂后，制造油分保护膜，使它继续保持湿润。因此，一般认为它是替皮脂分泌少的干性皮肤补充人工皮脂膜，但它对天然皮脂膜十分充裕的皮肤也是不无益处的。特别是脂多但水分相当缺乏的油性皮肤，面霜更是帮助皮肤保持水分的良好营养品。

（三）肌肤的特殊护理

按摩是对肌肤护理最便捷有效的方法。按摩最大的效果是促进新陈代谢，加强血液循环。因为夏天强烈的紫外线及户外空气与冷暖气房间内的温差所引起的生理机能下降，会引起肤色暗沉、肌肤干燥等有碍肌肤健康的现象。按摩的确是有效的保养法，不但如此，要使化妆品充分融合，按摩是最适宜的手段。

有些人认为按摩是产生皱纹的主要因素，其实他们所担心的是过度按摩会对肌肤造成负担。利用毛细孔张开，皮肤柔软的沐浴时间，在3~5分钟内边放松心情边按摩，不会给肌肤带来任何副作用。按摩的诀窍是手肘尽量伸展，手平行地朝内拉回，指尖不要太用力，手指横向移动，自然能防止肌肤产生皱纹。手指由下到上、自内向外轻轻触摸，以逆时针方向做螺旋状动作。整个手掌推压皮肤，对深部皮肤施压，可加速血液流动，也能收到效果。

按摩的步骤是：

（1）将适量的按摩面霜取出；

（2）先用手掌温热面霜，然后迅速点在额、两颊、鼻、下巴等几个部位；

（3）以中指及无名指，两手同时从下巴朝脸颊处画螺旋状，颊部面积大，可分两个阶段进行；

（4）从额中心朝太阳穴画螺旋状，左右两边同时进行，应以双手的中指及无名指按摩；

（5）鼻翼力量需强一些，作圆形运动，凹凸的细部仅用中指即可；

（6）由下巴处朝左右脸侧分开，经过嘴唇边直达鼻子中央处；

（7）左右中指与无名指交互使用，由鼻梁上端抚到鼻梁下端，鼻侧也用同样的方法；

（8）上眼睑由眼端移向太阳穴，下眼睑由眼端接向眼尾，眼端及太阳穴轻压即可；

（9）脖子朝下巴处轻抚，由于皱纹容易沿横方向出现，所以按摩方法是往上轻抚。

（四）面部化妆

脸部化妆一方面要突出面部五官最美的部分，使其更加美丽，另一方面要掩盖或矫正缺陷或弥补不足的部分。经过化妆品修饰的美有两种：一种是趋于自然的美，另一种是艳丽的美。前者是通过恰当的淡妆来实现的，它给人以大方、悦目、清新的感觉，适合在家或平时上班时使用。后者是通过浓妆来实现的，它给人以庄重高贵的印象。可出现在晚宴、演出等特殊的社交场合。无论是淡妆还是浓妆，都要利用各种技术，恰当使用化妆品，通过一定的艺术处理，才能达到美化形象的目的。

1. 不同脸型的化妆技巧

（1）椭圆脸型的化妆。

椭圆脸可谓公认的理想脸型，化妆时宜注意保持其自然形状，突出其可爱之处，不必通过化妆去改变脸型。胭脂，应涂在颊部颧骨的最高处，再向上向外揉化开去。唇膏，除嘴唇唇形有缺陷外，尽量按自然唇形涂抹。眉毛，可顺着眼睛的轮廓修成弧形，眉头应与内眼角齐平，眉尾可稍长于外眼角。正因为椭圆形脸是无需太多掩饰的，所以化妆时一定要找出脸部最动人、最美丽的部位，而后突出之，以免给人平平淡淡、毫无特点的印象。

（2）长脸型的化妆。

长脸型的人，在化妆时力求达到的效果应是增加面部的宽度。胭脂应注意离鼻子稍远些，在视觉上拉宽面部。抹时，可沿颧骨的最高处与太阳穴下方所构成的曲线部位，向外、向上涂抹。若双颊下陷或者额部窄小，应在双颊和额部涂以浅色调的粉底，造成光影，使之变得丰满一些。眉毛修正时应令其成弧形，切不可有棱有角。眉毛的位置不宜太高，眉毛尾部切忌高翘。

（3）圆脸型的化妆。

圆脸型予人可爱、玲珑之感，若要修正为椭圆形并不十分困难。胭脂，可从颧骨起始涂至下颌部，注意不能简单地在颧骨突出部位涂成圆形。唇膏，可在上嘴唇涂成浅浅的弓形，不能涂成圆形的小嘴状，以免有圆上加圆之感。粉底，可用来在两颊造阴影，使圆脸削瘦一点。选用暗色调粉底，沿额头靠近发际处起向下窄窄地涂抹，至颧骨部下可加宽涂抹的面积，造成脸部亮度自颧骨以下逐步集中于鼻子、嘴唇、下巴附近部位。眉毛，可修成自然的弧形，可作少许弯曲，不可太平直或有棱角，也不可过于弯曲。

（4）方脸型的化妆。

方脸型的人以双颊骨突出为特点，因而在化妆时，要设法加以掩蔽，增加柔和感。胭脂，宜涂抹与眼部平行，切忌涂在颧骨最突出处，可抹在颧骨稍下处并往外揉开。粉底，可用暗色调在颧骨最宽处造成阴影，令其方正感减弱。下颚部宜用大面积的暗色调粉底造阴影，以改变面部轮廓。唇膏，可涂丰满一些，强调柔和感。眉毛，应修得稍宽一些，眉形可稍带弯曲，不宜有角。

（5）三角脸型的化妆。

三角脸的特点是额部较窄而两腮较阔，整个脸部呈上小下宽状。化妆时应将下部宽角“削”去，把脸型变为椭圆状。胭脂，可由外眼角处起始，向下抹涂，令脸部上半部分拉宽一些。粉底，可用较深色调的粉底在两腮部位涂抹、掩饰。眉毛，宜保持自然状态，不可太平直或太弯曲。

（6）倒三角脸型的化妆。

倒三角脸型的特点是额部较宽大而两腮较窄小，呈上阔下窄状。人们常说的“瓜子脸”“心形脸”，即指这种脸型。化妆时，掌握的诀窍恰恰与三角脸相似，需要修饰部分则正好相反。胭脂，应涂在颧骨最突出处，而后向上、向外揉开。粉底，可用较深色调的粉底涂在过宽的额头两侧，而用较浅的粉底涂抹在两腮及下巴处，造成掩饰上部、突出下部的效果。唇膏，宜用稍亮些的唇膏以加强柔和感，唇形宜稍宽厚些。眉毛，应顺着眼部轮廓修成自然的眉形，眉尾不可上翘，描时从眉心到眉尾宜由深渐浅。

2. 不同年龄阶段的化妆技巧

（1）少女化妆。

少女妆的特点应在于自然，予人以青春朝气和不加修饰之感。由于少女的皮肤细腻、娇嫩而富有弹性和光泽，在化妆时宜突出两颊和嘴唇处，不宜描眉、涂眼影和涂抹较夸张的粉底。在技巧上，应清淡自然、似有若无，切忌浓妆艳抹。

具体的方法是：清洁皮肤，一定要彻底洗净，因为青春期皮肤油脂分泌较多，若不保持清洁，易生粉刺等。涂上润肤剂，以轻拍方式施以化妆水，以整理肌肤；涂上一层薄薄的浅色调的粉底，双颊扫以淡淡的棕红色胭脂；唇部画好唇形后，宜涂上粉红色、橙色等富有朝气色彩的唇膏；睫毛上可涂上淡淡的黑色睫毛膏，强调明亮的双眼；在整个以粉红色和棕色为基调的脸部，还可略施薄薄的透明状松粉，更显露出柔和鲜艳的肤色。清新而艳丽是少女化妆的目标。

（2）少妇化妆。

有人说：少妇时期是女性最为迷人的阶段，既保有青春的活力，又添加了成熟之美。此话确有道理。但女性到了这一时期，皮肤已或多或少地出现细小的皱纹，肤色也没有了少女时的红润和光泽，因而要展示成熟的美感，需掌握恰当的化妆的技巧。

少妇化妆的原则是，白天讲究化妆的整体淡雅，晚间则可稍微浓重一些。具体操作时，则应视五官不同情况强调优点、掩饰缺点。选择粉底时，建议选用稍带粉红色调的，以增添面部的青春气息；使用的香粉则应是淡紫色调的，可令皮肤色泽更柔和白皙。涂抹胭脂时，宜面对镜子做微笑状，找出脸颊鼓起的最高处施以胭脂，胭脂的色调宜与自然肤色相近，以求淡雅效果。少妇化妆时，最忌效仿少女妆，而应重在展现其青春活力犹存、成熟之美初生的风姿。

（3）中年妇女化妆。

由于中年妇女面部普遍布有皱纹，因而化妆重在掩饰。可选用稍暗色调的粉底，在有皱纹的地方轻轻涂抹，应沿着皱纹纹路的起向轻涂，否则垂直涂抹粉底会使之存留于皱纹之中，使皱纹更为明显。粉底宜涂得薄而均匀。为进一步掩饰皱纹，必须降低皮肤的亮度，所以应用质好细腻的香粉扑面。选用胭脂时应视面部的不同情况而定。液状胭脂有湿润作用，粉状胭脂则能掩饰粗大的毛孔。中年妇女的化妆宜突出自然、优雅之感。

（4）50 岁以上的妇女化妆。

50 岁以上的妇女，尤其是过了 60 岁的妇女，已步入老年行列。我国的老年妇女大多不加打扮，认为人老珠黄再美容化妆会惹人说笑。然而，这是极为错误的观念。其实，即使老年人，也可借助巧妙的化妆技巧来美化自己。展现“黄昏”之美，白发红颜更予人强烈的美感。老年妇女，应选用接近自然肤色的粉底，过深或过浅色调的粉底反而会使皱纹更为显眼；眼影不可选用油质的或带有闪光的，否则会使眼部油腻无神而显浮肿；唇膏宜选用颜色柔和的，忌用过于艳丽的色彩，最为经常使用的是滋润型唇膏，另外，在涂唇膏时不宜画唇线；在修正眉形时，可将眉毛稍稍描一下。在穿衣时，老年妇女的装饰应上下统一而协调，给人高雅之感，与面部化妆效果相得益彰。

3. 不同季节的化妆技巧

（1）夏季化妆。

夏季的化妆品宜用耐汗和不怕水的，以褐色色调为主调；粉底宜选用较肤色低一至二度的色调，可用海绵搽涂，比较容易出汗的皮肤及油性皮肤还可扑上暗色彩的香粉；双颊宜用乳霜状或粉状的褐色胭脂搽涂；用褐色系唇笔描出唇形，宜用褐色或橙色、红色的唇膏；可用蓝、绿、紫色眼影与夏季服装的华美色彩配合，上眼睑中央、下眼睑可用褐色眼影，眼角宜用绿色；眼线的颜色宜与眼影相同；眉毛宜保持自然形状。

（2）冬季化妆。

冬季万物凋零，人们衣着打扮也以暗色调为主，因而冬季的化妆不宜过于艳丽，应与衣着的颜色、风格相一致。冬季化妆宜选用暗色调的粉底，薄薄施上一层；宜选用有防止水分、油脂丢失作用的润肤剂；双颊可用玫瑰红、明亮的桃红色或琥珀色、肉色胭脂涂抹，前者可产生温暖感，后者则有严峻之感；嘴唇可选用既有防干裂又有美化作用的稍暗色调的唇膏；眼线用黑色较好；眉毛宜保持自然形状。

4. 化妆注意事项

（1）忌洗澡后急于化妆。洗澡水的温度、水质和湿度会使正常皮肤的酸碱度发生改变。正常人的皮肤呈酸性，可以防止细菌的侵入，保护皮肤。洗澡后，皮肤酸碱度改变，若急于化妆，使用化妆品会使皮肤产生不良反应。应在洗澡后 1 小时，待皮肤酸碱度恢复正常后再化妆为宜。

（2）经常戴眼镜的人，在化妆上应别于不戴眼镜者。应注意眼镜框的上边是否与眉形相配合，以上边线与眉平行为佳，切不可框线下垂而眉形上扬。画眉毛的眉笔色调应与镜框的颜色尽量相配。应选用较明亮的眼影色及浓密一些的假睫毛或深色的睫毛膏。由于近视往往会使眼睛显得小些，所以应在上睫毛下画上较深色的眼线。胭脂、口红的颜色应与镜框的颜色相协调，深色镜框需配以较深色的口红；反之，则较淡些。胭脂应抹得低些，以免被眼镜遮住。发型应以简单为宜。额前的刘海不要太多、太长。选择佩戴饰物时，应考虑到与眼镜的配合。

任务三　仪表礼仪

一、仪表的涵义

仪表，即人的外表，包括容貌、举止、姿态、风度等。在人际交往中，一个人的仪表不但可以体现他的文化修养，也可以反映他的审美趣味。穿着得体，不仅能赢得他人的信赖，给人留下良好印象。相反，穿着不当，举止不雅，往往会降低你的身份，损害你的形象。由此可见，仪表是一门艺术，它既要讲究协调、色彩搭配，也要注意场合、身份，同时它又是一种文化的体现。具体来说，就是着装要得体。

二、仪表礼仪的基本要素

（1）卫生。清洁卫生是仪容美的关键，是礼仪的基本要求。不管长相多好，服饰多华贵，若满脸污垢，浑身异味，那必然破坏一个人的美感。因此，每个人都应该养成良好的卫生习惯，做到勤洗脸脚，早晚、饭后勤刷牙，经常洗头洗澡，讲究个人卫生，勤换衣物。不要当众“打扫”个人卫生。比如剔牙齿、掏鼻孔、挖耳屎、修指甲、搓泥垢等，这些行为都应该避开他人进行，否则，不仅不雅观，也不尊重他人。与人谈话时应保持一定距离，声音不要太大，不要对人口沫四溅。

（2）服饰。服饰反映了一个人文化素质之高低，审美情趣之雅俗。

三、仪表礼仪的具体要求

（1）着装。具体要求如下：①整洁干净，经常清洗；②熨烫平整，无破损，无污渍；③整齐大方，流露出自豪感；④不依个人喜好而修改制服；⑤领带、领结佩戴位置正确，自然美观；⑥铭牌佩戴在左胸前；⑦着装整体自然，衣领、袖口、衣摆、扣子、裤腰、裤边、皮鞋等清洁整齐；⑧男员工袜子应是深色，女员工袜子应是肉色（丝袜平时应注意避免挂丝）；⑨擦亮工鞋，无异味；⑩镜子前审视穿着是否得体。

（2）头发。具体要求如下：①梳理整齐，无头皮屑，无异味，无奇异染色；②男员工头发前不遮眉，侧不过耳，后不及领，应适当做定型处理使人看起来更精神；③女员工头发刘海不遮眉，不留新潮、怪异的发型，头发过肩应统一使用发网盘起。

四、着装及饰品佩戴礼仪

（一）穿着的礼仪哲学

1. 穿着的 TPO 原则

TPO 是西方人提出的服饰穿戴原则，分别是英文中时间（time）、地点（place）、场合（occasion）三个单词的缩写。穿着的 TPO 原则，要求人们在着装时以时间、地点、场合三项因素为准。

（1）时间原则。

时间既指每一天的早、中、晚三个时间段，也包括每年春夏秋冬的季节更替，以及人生的不同年龄阶段。时间原则要求着装考虑时间因素，做到随“时”更衣。比如：通常人们在家中或进行户外活动，着装应方便、随意，可以选择运动服、便装、休闲服。而工作时间的着装则应根据工作特点和性质，以服务于工作、庄重大方为原则。

另外，服饰还应当随着一年四季的变化而更替变换，不宜标新立异、打破常规。夏季以凉爽、轻柔、简洁为着装格调，在使自己凉爽舒服的同时，让服饰色彩与款式给予他人视觉和心理上的良好感受。夏天，层叠皱褶过多、色彩浓重的服饰不仅使人燥热难耐，而一旦出汗就会影响面部的化妆效果。冬季应以保暖、轻便为着装原则，避免臃肿不堪，也要避免要风度不要温度，为形体美观而着装太单薄。

（2）地点原则。

地点原则代表地方、场所、位置不同，着装应有所区别，特定的环境应配以与之相适应、相协调的服饰，才能获得视觉和心理的和谐美感。比如，穿着职业正装去娱乐、购物、休闲、观光，或者穿着牛仔服、网球裙、运动衣、休闲服进入办公场所和社交场地，都是与环境不和谐的表现。我们无法想象在静谧严肃的办公室穿着一身很随意的休闲服和拖鞋，或者在绿草如茵的运动场上穿着一身笔挺的西装和皮鞋，这样肯定会被讥讽为不懂穿衣原则。

（3）场合原则。

不同的场合有不同的服饰要求，只有与特定场合的气氛相一致、相融合的服饰，才能产生和谐的审美效果，实现人景相融的最佳效应。例如，在办公室或外出处理一般类型的公务，服饰应是符合一般的职业正装要求。在庄重场合，比如参加会议、庆典仪式、正式宴会、商务或外事谈判、会见外宾等隆重庄严的活动，服饰应当力求庄重、典雅，凡是请柬上规定穿礼服的，都须按要求着装。国外的礼仪规范，有一般礼服、社交礼服、晨礼服、大礼服、小礼服的区分。在我国，一般以中山装套装、西服套装、旗袍等充当礼服。庄重场合，一般不宜穿夹克衫、牛仔裤等便装，更不能穿短裤或背心。而且，正式场合穿着应严格符合规范。比如，男子穿西装，一定要系领带，西装里面有背心的话，应将领带放在背心里面。西装应熨得平整，裤子要熨出裤线，衣领袖口要干净，皮鞋要锃亮。女子不宜赤脚穿凉鞋，如果穿长筒袜子，袜子口不要露在衣裙外面。

2. 穿着与形体肤色相协调

人的身材有高矮胖瘦之分，肤色有深浅之差，这是遗传基因决定的，我们不能选择，但我们可以选择服饰的质地、色彩、图案、造型工艺，弥补某些不足，达到美化自己的目的。比如，胖子穿横条衣服会显得更肥胖；身材矮小者适宜穿造型简洁、色彩明快、小花形图案的服装；脖子短的人穿低领或无领衣物可以使脖子显得稍长。另外，中国人的皮肤颜色大致可以分为白净、偏黑、发红、偏黄和苍白等几种，穿着必须与肤色在色彩上相协调。肤色白净者，适合穿各色服装；肤色偏黑或发红者，忌穿深色服装；肤色偏黄或苍白的人，最适合穿浅色服装。

3. 服饰的色彩哲学

色彩因其物理特质，常对人的生理感觉形成刺激，诱发人们的心理定势和联想等心理活动，色彩还具有某种社会象征性，许多色彩象征着某种性格、情感、追求，等等。例如：

黑色，象征神秘、悲哀、静寂、死亡、刚强、坚定、冷峻，等等；

白色，象征纯洁、明亮、朴素、神圣、高雅、怡淡、空虚、无望，等等；

黄色，象征炽热、光明、庄严、明丽、希望、高贵、权威，等等；

大红，象征活力、热烈、激情、奔放、喜庆、福禄、爱情、革命，等等；

粉红，象征柔和、温馨、温情，等等；

紫色，象征高贵、华贵、庄重、优越，等等；

橙色，象征快乐、热情、活跃，等等；

褐色，象征谦和、平静、沉稳、亲切，等等；

绿色，象征生命、新鲜、青春、新生、自然、朝气，等等；

浅蓝，象征纯洁、清爽、文静、梦幻，等等；

深蓝，象征自信、沉静、平稳、深邃，等等；

灰色是中间色，象征中立、和气、文雅，等等。

服饰的色彩搭配的基本方法一般包括同色搭配法、相似搭配法和主辅搭配法三种。同色搭配法是指把同一颜色按深浅、明暗不同进行搭配，例如：浅灰配深灰、墨绿配浅绿等；相似搭配法是指邻近色的搭配，例如：橙色配黄色、黄色配草绿、白色配灰色等；主辅搭配法是指以一种色彩为整体的基调，再适当辅以一定的其他色的搭配。但无论如何，服饰配色都要坚持一条最基本的原则，即调和。一般来说，黑、白、灰三色是配色中的安全色，容易与其他色彩搭配以取得调和的效果。另外值得注意的是，服饰色彩还需与一个人的身材、肤色等协调一致，如深色有收缩感，适宜肥胖者穿戴；而浅色的料子有扩张性，身材瘦小者穿上后有丰腴的效果。

（二）饰品佩戴礼仪

饰品是指能够起到装饰点缀作用的物件，主要包括服装配件（帽子、领带、手套等）和首饰佩戴（戒指、胸花、项链、眼镜等）两类。我们这里主要讲的是服务人员（酒店员工）首饰佩戴的基本原则。

（1）服务人员饰品佩戴总的原则——“符合身份，以少为佳”。

（2）数量原则。选择佩戴饰品应当起到锦上添花、画龙点睛的作用，而不应过分炫耀，刻意堆砌，切忌“画蛇添足”。对于服务人员，我们提倡不戴饰品，如果在特定场合需要佩戴，则不超过三样。

（3）质色原则。人际交往中，女士佩戴两种或两种以上的首饰，怎样表现出自己的品位和水准？——“同质同色”，即质地色彩相同。

（4）搭配原则。首先，饰品的佩戴应讲求整体的效果，要和服装相协调。一般穿考究的服装时，才佩戴昂贵的饰品，服装轻盈飘逸，饰品也应玲珑精致，穿运动装、工作服时不宜佩戴饰品。其次，饰品的佩戴还应考虑所处的季节、场合、环境等因素。这些因素不同，其佩戴方式和佩戴取舍也不同。如春秋季可选戴耳环、别针，夏季选择项链和手链，冬季则不宜选用太多的饰品，因为冬天着装过于臃肿，饰品过多反而不佳。上班、运动或旅游时不戴或少戴饰品，在交际应酬的时候，佩戴饰品可以展示自己时尚个性魅力的一面。

（5）扬长避短原则。饰品的佩戴应与自身条件相协调，如体形、肤色、脸型、发型、年龄、气质等。

（6）习俗原则。饰品佩戴要注意寓意和习俗。如戒指、手镯、玉坠等的佩戴，通常有某些约定俗成的寓意。

（三）男子西装礼仪

西装是一种国际性服装，给人一种彬彬有礼、潇洒大方的深刻印象，所以现在越来越多地被用于正式场合，各星级酒店也更多以西装为职业装。此处重点介绍一下男子着西装的礼仪。

1. 西装的款式

（1）按西装的件数来划分：①两件套（上装和下装）；②套装西装；③三件套（上装、下装、西装背心）；④单件西装。

（2）按西装的纽扣来划分：①单排扣西装（1 粒、2 粒、3 粒）；②双排扣西装（2 粒、4 粒、6 粒）。

（3）按适用场合不同来划分：①正装西装；②休闲西装。

2. 搭配西装的衬衫

与西装配套的衬衫应为“正装衬衫”。一般来讲，正装衬衫具有以下特征：

（1）面料。应为高质精纺的纯棉、纯毛面料，或以棉、毛为主要成分的混纺衬衫。条绒布、水洗布、化纤布、真丝、纯麻皆不宜选。

（2）颜色。必须为单一色。白色为首选，蓝色、灰色、棕色、黑色亦可；杂色或过于艳丽的颜色（红、粉、紫、绿、黄、橙等）有失庄重，不宜选。

（3）图案。以无图案为最佳，在商务交往中有时候也可以选择有较细竖条纹的衬衫。但是，切忌将竖条纹衬衫配竖条纹西装或方格衬衫搭配方格西装。

（4）领型。以方领为宜，扣领、立领、翼领、异色领不宜选。衬衫的质地有软质和硬质之分，穿西装要配硬质衬衫。尤其是衬衫的领头要硬实挺括，要干净，不能太软或满是油渍斑斑，否则穿着最好的西装也会被拉低档次。

（5）衣袖。正装衬衫应为长袖衬衫。

（6）穿法。

衣扣：衬衫的第一粒纽扣，穿西装打领带时一定要系好，否则松松垮垮，给人极不正规的感觉。相反，不打领带时，一定要解开，否则给人感觉好像忘记了打领带。另外，打领带时衬衫袖口的扣子一定要系好，而且绝对不能把袖口挽起来。

袖长：衬衫的袖口一般以露出西装袖口以外 1.5 厘米为宜。这样既美观又干净，但要注意衬衫袖口不要露出太长，那样就是过犹不及了。

下摆：衬衫的下摆不可过长，而且下摆要塞到裤子里。我们经常见到某些服务行业的女员工，穿着统一的制式衬衫，系着领结，衬衫的下摆却没有塞到裤裙中去，给人一种不伦不类，很不正规的感觉。

不穿西装外套只穿衬衫打领带仅限室内，而且正式场合不允许。

3. 领带

领带是男士在正式场合的必备服装配件之一，它是男士西装的重要装饰品，对西装起着画龙点睛的重要作用。所以，领带通常被称作“男士服饰的灵魂”。

（1）面料。质地一般以真丝、纯毛为宜，档次稍低点就是尼龙的，绝不能选择棉、麻、绒、皮革等质地的领带。

（2）颜色。一般来说，服务人员尤其是酒店从业者应选用与自己制服颜色相称，光泽柔和，典雅朴素的领带为宜。不要选用那些过于显眼花哨的领带。所以，颜色一般选择单色（蓝、灰、棕、黑、紫色等）较为理想，多色的则不应多于三种颜色，而且尽量不要选择浅色、艳色。

另外，在涉外场合，我们与不同国家友人交往时应注意不同的礼仪。一般来讲，与英国人交往时，不要系带条纹的领带。另外，阿拉伯人从来不买绿色领带，荷兰人从来不戴橙色领带，法国人不戴红、白、蓝三色混合的领带。

（3）图案。领带图案的选择则要坚持庄重、典雅、保守的基本原则，一般为单色无图案，宜选择蓝色、灰色、咖啡色或紫色，或者选择点纹或条纹等几何图案。

（4）款式。不能选择简易式领带。

（5）质量。外形美观、平整、无挑丝、无疵点、无线头、衬里毛料不变形、悬垂挺括、较为厚重。

（6）打结方法。

注意场合：打领带意味着郑重其事，为重要场合。

（7）打领带还应注意以下五点：

①性别：领带为男性专用饰物，女性一般不用，除非制服或作装饰用。

②长度：领带的长度以大箭头自然下垂至皮带扣处为宜，过长过短都不合适。领

带系好后，一般是两端自然下垂，宽的一片应略长于窄的一片，绝不能相反，也不能长出太多，如穿西装背心时，领带尖不要露出背心。

③领带夹：领带夹有各种型号款式，他们的用法虽然各异，功能却一致，无非是固定领带。我们选择领带夹时，一定要用高质量的。质地粗劣的廉价品不但会损坏领带，而且会降低自己的身份。正确使用领带夹，要注意夹的部位。一般来讲，对于五粒扣的衬衫，将领带夹夹在第三粒与第四粒纽扣之间；六粒扣的衬衫，夹在第四粒与第五粒扣子之间。还有一条规则，就是系上西装的第一粒纽扣时，尽量不要露出领带夹。现在，越来越多的白领人士不用领带夹，他们选择把窄的一片放到宽的一片背部的商标里。因为，无论多么高级的领带夹，使用不当，都有可能损坏领带。

④结形：挺括、端正、外观呈倒三角形。

⑤与之配套的服装：西装套装非打不可，夹克等则不能打。

4. 西裤

（1）因西装讲究线条美，所以西裤必须要有中折线。

（2）西裤长度以前面能盖住脚背，后面能遮住 1 厘米以上的鞋帮为宜。

（3）不能随意将西裤裤管挽起来。

5. 皮鞋和袜子

（1）皮鞋。

首先，穿整套西装一定要穿皮鞋，不能穿旅游鞋、便鞋、布鞋或凉鞋，否则会显得不伦不类。其次，在正式场合穿西装，一般穿黑色或咖啡色皮鞋较为正规。最后，需要注意的是，黑色皮鞋可以配任何颜色的西装套装，而咖啡色皮鞋只能配咖啡色西装套装。白色、米黄色等其他颜色的皮鞋均为休闲皮鞋，只能在游乐、休闲的时候穿着。

（2）袜子。

穿整套西装一定要穿与西裤、皮鞋颜色相同或较深的袜子，一般为黑色、深蓝色或藏青色，绝对不能穿花色袜子或白色袜子。

6. 西装的扣子

西装的扣子有单排扣与双排扣之分。单排扣有 1 粒、2 粒、3 粒；双排扣有 2 粒、4 粒和 6 粒。单排扣的西装穿着时可以敞开，也可以扣上扣子。照规矩，西装上衣的扣子在站着的时候应该扣上，坐下时才可以敞开。单排扣西装的扣子并不是每一粒都要系好的：单排扣 1 粒的扣与不扣都无关紧要，但正式场合应当扣上。单排扣 2 粒的应扣上上面的一粒，底下的一粒为样扣，不用扣。对于 2 粒扣子的单排扣西装有这么四句话，可以帮助我们记忆："系上面一粒是正规，不系是潇洒，两个都系上是土气，只系下面一粒是流气。"单排扣 3 粒的扣上中间一粒，上下各一粒不用扣。双排扣的西装要把扣子全系上。双排扣西装最早出现于美国，曾经在意大利、德国、法国等欧洲国家很流行，不过现在已经不多见了。现在穿双排扣西装比较多的应当数日本了。

西装背心的扣子。西装背心有 6 粒扣与 5 粒扣之分，6 粒扣的最底下的那粒可以不扣，而 5 粒扣的则要全部都扣上。

7. 西装的口袋

西装讲求以笔直为美。所以，西装上面有很多口袋为装饰袋，是不能够装东西的。

我们知道，男性也有许多小东西，如果在穿西装时不注意，一个劲地往口袋里装，显得鼓鼓囊囊，这样会破坏西装直线的美感，既不美观，又有失礼仪。

上衣口袋。穿西装尤其强调平整、挺括的外观，即线条轮廓清楚，服帖合身。这就要求上衣口袋只作装饰，不可以用来装任何东西，但必要时可装折好花式的手帕。

西装左胸内侧衣袋，可以装票夹（钱夹）、小日记本或笔。右侧内侧衣袋，可以装名片、香烟、打火机等。裤兜也与上衣袋一样，不能装物，以求裤型美观。但裤子后兜可以装手帕、零用钱等。

需要注意的是，西装的衣袋和裤袋里，不宜放太多的东西，不要装得鼓鼓囊囊。而且，把两手随意插在西装衣袋和裤袋里，也是有失风度的。如要携带一些必需物品，可以装在手提袋或手提箱里，这样不但看起来干净利落，也能防止衣服变形。

8. 男子着西装的“三三原则”

商务交往、正式社交等场合，男士着西装如何体现自身的身份和品位？“三三原则”必须坚持，即：

三色原则。正式场合，着西装套装全身上下不超过三种颜色。

三一定律。着西装正装，腰带、皮鞋、公文包应保持同一颜色——黑色。

三大禁忌。西装左袖的商标没有拆；穿白色袜子、尼龙袜子出现在正式场合；领带的打法不要出现错误，如避免不雅的打法并注意领带长短的适宜等。

（四）女子西装套裙

女子套裙分为两种基本类型：一为“随意型”套裙，即以女士西装上衣同随便的一条裙子进行自由搭配与组合；二为“成套型”“标准型”套裙，女士西装上衣和与之同时穿着的裙子为成套设计制作而成的。严格地讲，套裙事实上指的仅仅是后一种类型。套裙的款式可分为两件套、三件套两种。

1. 套裙的选择

（1）面料：女子套裙面料选择的余地要比男子西装大得多，宜选纯天然质地且质量上乘的面料。上衣、裙子、背心要求同一面料。讲究均匀、平整、滑润、光洁、丰厚、柔软、悬垂、挺括，不仅要求弹性好、手感好，而且不起皱、不起毛、不起球。可选纯毛面料（薄花呢、人字呢、女士呢、华达呢、凡尔丁、法兰绒）、府绸、丝绸、亚麻、麻纱、毛涤、化纤面料，绝对不可以选皮质面料。

（2）颜色：以冷色调为主，以体现着装者典雅、端庄、稳重的气质，颜色要求清新、雅气而庄重，忌鲜艳色、流行色。与男士西装不同，女子套裙不一定非要深色。各种加入了一定灰色的颜色都可选，如藏青、炭黑、烟灰、雪青、茶褐、土黄、紫红等。且不受单一色限制，可上浅下深、下浅上深。但需要注意的是，全身颜色不应超过三种。

（3）图案：讲究朴素简洁，以无图案最佳，或选格子、圆点、条纹等图案。

（4）点缀：不宜添加过多点缀，以免琐碎、杂乱、低俗、小气，有失稳重。有贴布、绣花、花边、金线、彩条、扣链、亮片、珍珠、皮革等点缀的不选。

（5）尺寸：包括长短和宽窄两方面。传统观点认为，裙短则不雅，裙长则无神。欧美国家的公司女职员：上衣不宜过长，下裙不宜过短。

目前，套裙整体有四种基本形式：上长下长式、上长下短式、上短下长式、上短下短式。从宽窄的角度讲，上衣可分为松身式、紧身式（倒梯形造型）两种，前者时髦，后者比较正式。裙子有三种形式：及膝式、过膝式、超短式。一般白领女性超短裙裙长应不短于膝盖以上 15 厘米。

（6）造型：通常有“HXAY”四种造型：

“H”型。上衣宽松，裙子为筒式（让着装者显得优雅、含蓄，为身材肥胖者避短）。

“X”型。上衣紧身，裙子为喇叭状（上宽下松突出腰部纤细）。

“A”型。上身紧身，下裙宽松式（展现上半身的身材优势，又适当掩盖下半身的身材劣势）。

“Y”型。上身松身式，裙子紧身式（以筒式为主，可遮掩上半身短处，展现下半身长处）。

（7）款式：衣领多样，衣扣多样（无扣式、单排式、双排式、明扣式、暗扣式），裙子形式多样（西装裙、一步裙、围裹裙、筒式裙、百褶裙、旗袍裙、开衩裙、A 字裙、喇叭裙）。

2. 套裙的穿法

（1）大小适度：上衣最短齐腰，裙子可达小腿中部，袖长刚好盖住手腕；整体不过于肥大、紧身。

（2）穿着到位：衣扣要全部扣好，不得随意解开或脱掉上衣。

（3）考虑场合：商务场合适宜，宴会、休闲等场合不宜。

（4）协调妆饰：高层次的穿着打扮，讲究着装、化妆和配饰风格的统一。

（5）举止得体：穿着套裙时，应注意自身言行举止，做到优雅大方。

3. 套裙的搭配

（1）衬衫：面料应轻薄柔软（宜真丝、麻纱、府绸、罗布、涤棉等），颜色应雅致端庄（宜白色，或单色不鲜艳），无图案，款式保守。另须注意：衬衫在下摆掖入裙内，纽扣系好，衬衫在公共场合不能直接外穿。

（2）内衣、衬裙：不外露、不外透、颜色一致、外深内浅。

（3）鞋袜：鞋子应以黑色牛皮为首选，鞋袜颜色应与套裙颜色一致（鲜红、明黄、艳绿、浅紫等不宜），袜子应为单色，肉色为首选，还可选黑色、浅灰、浅棕等。

4. 职业女性裙装穿着“五不准”

商务交往中，职业女性着裙装容易出现的贻笑大方的错误。以下是裙装穿着“五不准”：

（1）黑色皮裙不能穿；

（2）正式的、高级的场合不光腿，尤其是隆重正式的庆典仪式；

（3）袜子不能出现残破；

（4）不准鞋袜不配套；

（5）不能出现“三截腿”。

五、服务业从业人员着装的基本要求

服务业从业人员着装的基本要求如下：

（1）在工作岗位上要穿制服。

服务业从业人员上班在岗必须要穿制服，这是一般的行业要求。制服外衣、衬衫、鞋袜须配套，要注意整洁美观。

（2）穿制服要佩戴工号牌或企业徽章（左胸上方）。

（3）制服要整齐挺括。

制服必须合身，遵循“四长”原则（袖长至手腕、衣长至虎口、裤长至脚面、裙长至膝盖）、注意“四围”的合适度（领围以插入一指大小为宜，上衣的胸围、腰围以及裤裙的臀围以穿着一套羊毛衣裤的松紧为宜）；内衣不能外露；不挽袖卷裤；不漏扣，不掉扣；领带、领结与衬衫领口的搭配需紧密且端正；衣裤不起皱，穿前熨平，穿后挂好。做到上衣平整、裤线笔直，款式简练、高雅，线条自然流畅，便于从事接待工作。

（4）制服应注意整洁。

制服的美观整洁既突出了接待人员的精神面貌，也反映了企业的管理水平和品牌形象。穿制服要特别注意衣领和袖口的洁净，做到衣裤无油渍、污垢、异味。如果所穿的制服又脏又皱，就会引起宾客的反感，容易使宾客产生不好的联想，对于一些习惯于用制服是否整洁来判断整个服务水准的宾客来说，制服平整洁净的意义显得尤为重要。

（5）鞋袜须合适。

鞋是制服的一部分。每天应当把皮鞋擦得干净、光亮，破损的鞋子应及时修理或调换。通常男员工的袜子应与鞋子的颜色和谐，以黑色深灰色最为普遍。女员工应穿与肤色相近的丝袜，袜口不要露在裤子或裙子外边。

（6）注意职场着装的禁忌。

接待人员身着制服上岗时要展现自己文明高雅的气质，职场着装有以下几个方面的禁忌：过分杂乱；过分鲜艳；过分暴露（胸部、腹部、腋下、大腿是公认的身着正装时不能外露的四大部位）；过分透视（身着制服若是过于单薄或透亮，弄不好就会让自己的内衣甚至身体的敏感部位“公诸于众”，使人十分难堪）；过分肥大或短小（员工的工作制服，肥瘦大小必须合身。制服若是过分的肥大，会显得松松垮垮、无精打采；若是过分的瘦小，则又有可能捉襟见肘，工作不便）；过分紧身。

拓展阅读：

日常着装的基本要求

（1）整洁合体。保持干净整洁，熨烫平整，穿着合体，纽扣齐全。

（2）搭配协调。款式、色彩、配饰相互协调，不同款式、风格的服装和配饰，不应搭配在一起。

（3）体现个性。与个人性格、职业、身份、体型和肤色等特质相适应。

（4）随境而变。着装应该随着环境的不同而有所变化。同一个人在不同时间、不同场合，其着装款式和风格也应有所不同。

（5）遵守常规。遵循约定俗成的着装规矩。例如：西装应在拆除袖口上的商标之后才可以穿着；西装外袋不存放随身物件。

（6）不可以在公众场合光膀子、卷裤腿、穿睡衣。女性在办公场所不宜穿着吊带装、露脐装、超短裙、短裤等。

（7）脖子比较短的人不适合穿着高领衫，体形较胖的人应尽量避免穿着横格子的上衣。

（8）佩戴饰物要尊重文化和习俗。

项目二　服务人员的表情礼仪

任务一　表情与神态

表情神态是指人通过面部形态变化所表达的内心的思想感情，以及表现出来的神情态度。服务人员在服务过程中的表情神态应当是谦恭的、友好的、真诚的。

心理学家和行为学家通过研究，发现了一个令人警醒的信息传递公式：信息传递的整体效果=个人表情神态（55%）+声音（38%）+文字（7%），即“55387 法则”，指决定沟通效果的55%是视觉，38%是听觉，7%是内容。可见，表情与神态在信息传递中所占的分量。

一、眼神

在对顾客服务过程中，难免要与服务对象进行目光的交流，此时，特别要注意注视对方的部位。依照服务礼仪的规定，在注视对方面部时，一般以注视对方的眼睛或眼睛到下巴之间三角区域为好，表示全神贯注和洗耳恭听。在问候对方、听取诉说、征求意见、强调要点、表示诚意或与人道别时，皆可采用这样的注视方式。但是，时间不宜过久。当与服务对象相距较远时，一般应以对方的全身为注视点。

二、笑容

表情是一种特殊的“情绪语言”，它可以和有声的语言及行动相配合，沟通人们的心灵，架起友谊的桥梁，给人以美的享受。

微笑是礼仪的基础，微笑是对客人热情友好的表示，真诚欢迎的象征，是实现“客人至上，优质服务”宗旨的具体体现。微笑是客人感情的需要，是传递友好的信号，可使客人感到出门在外处处有“亲人”，消除异乡客地的陌生感、疲劳感和紧张感，从而产生心理上的安全感、亲切感和愉悦感。

服务时要满面笑容，主要意在为服务对象创造出一种令人倍感轻松的氛围，同时也表现出服务人员对服务对象的重视与照顾。因此，服务中要保持微笑，善于微笑。

微笑的基本做法是：先要放松自己的面部肌肉，然后使自己的嘴角微微向上翘起，让嘴唇略呈弧形，在不牵动鼻子、不发出笑声、不露出牙齿的前提下，轻轻一笑。但在问候、致意、与人交谈时，以露出上排八颗牙齿的笑容比较亲和。

任务二　微笑训练

一、微笑的作用

微笑是社交场合最富有吸引力、最有价值的面部表情。它表现着人际关系友善、真诚、谦恭、和蔼、融洽等美好的感情因素，所以它已成为各国宾客都理解的心理性“语言”。

微笑是一种无声的语言，它是沟通的开端，是人际交往的魔力开关，只要你轻轻一笑，就胜过万语千言。灿烂的微笑能给人赏心悦目的感觉，营造一个充满微笑的温暖空间，让顾客接受服务时能感到温馨的气息，服务人员的亲和力让顾客感觉到这不仅仅是一个消费的场所，更是一个撒播欢乐和关爱的地方。微笑服务是一种特殊的情绪语言，是服务工作的润滑剂，是服务人员与顾客建立感情的基础，也是服务行业的职业道德的重要内容，在很多时候，它可以代替语言上的欢迎。

拓展阅读：

微笑服务

希尔顿号称美国“旅馆之王”，是世界上非常有名气的酒店业者，是国际酒店的第一个管理者，也是最长久的一个。从1919年到1976年，57年时间美国希尔顿旅馆从1家扩展到70家，遍布世界五大洲的各大城市，成为全球最大规模的旅馆之一。希尔顿旅馆生意如此之好，财富增加得如此之快，其成功的秘诀之一，就在于服务人员微笑的魅力。

希尔顿于1919年把父亲留给他的1.2万美元连同自己挣来的几千美元投资出去，开始了他雄心勃勃的旅馆经营事业。当他的资产从1万多美元奇迹般地增值到几千万美元的时候，他欣喜自豪地把这一成就告诉母亲，想不到母亲却淡然地说：“依我看，你跟以前根本没有什么两样……事实上你必须把握比几万美元更值钱的东西。除了对顾客诚实之外，还要想办法使来希尔顿旅馆的人住过了还想再来住，你要想出这样的简单、容易、不花本钱而行之久远的办法去吸引顾客，这样你的旅馆才有前途。”

母亲的忠告使希尔顿陷入迷惘：究竟什么办法才具备母亲指出的“简单、容易、不花本钱而行之久远”这几大条件呢？他冥思苦想，不得其解。于是他逛商店、串旅店，以自己作为一个顾客的亲身感受，得出了准确的答案——“微笑服务”。只有它才实实在在地同时具备母亲提出的几大条件。

从此，希尔顿实行了微笑服务这一独创的经营策略。每天他对服务员的第一句话是：“你对顾客微笑了没有？”他要求每个员工不论工作如何辛苦，都要对顾客投以微笑。

1930年西方经济全面危机，也是美国经济萧条严重的一年。在这一年，全美旅馆倒闭了80%。希尔顿的旅馆也一家接一家地亏损不堪，曾一度负债50亿美元。困难时期，旅馆老板希尔顿并不灰心，而是充满信心地对员工说：“目前正值旅馆亏空靠借债度日时期，我决定强渡难关，请各位记住，千万不可把愁云挂到脸上，无论旅馆本身遭遇的困难如何，希尔顿旅馆服务员的微笑永远是顾客的阳光。”因此，在经济危机中纷纷倒闭后幸存的20%的旅馆中，只有希尔顿旅馆服务员的脸上始终带着微笑。当经济萧条刚过，希尔顿旅馆就率先进入新的繁荣时期，跨入黄金时代。

（1）微笑可以调控自我情绪。微笑有助于防止情绪的大幅度波动，能很好地缓解情绪。微笑不仅是献给别人的，也要给予自己，因为它本身就是一种自我调控心境的手段。某位优秀的女服务人员脸上总带着真诚的微笑。一次与人聊天中，朋友问她：“你一天到晚地笑着，难道就没有不顺心的事吗？”她说：“世上谁没有烦恼？关键是不要，也不应该被烦恼所支配。到单位上班，我将烦恼留在家里；回到家里，我就把烦恼留在单位，这样，我就总能有个轻松愉快的心情。”

（2）微笑是良好的润滑剂。微笑是一种礼貌和涵养的表现。工作中偶尔会出现一些可能引发不愉快情绪的事，在此情况下，为避免出现更大的摩擦，最好的办法是微笑面对。怒拳不打笑脸人，微笑的好处不言而喻。

（3）保持微笑可以使顾客成为我们忠实的朋友。微笑服务能够促进服务事业的发展。自称“微笑之邦”的泰国，一切服务工作都是在微笑中进行。正是由于拥有微笑这一服务制胜的法宝，泰国的“东方大饭店”才多次在世界十佳酒店评比中名列榜首，成为酒店服务行业的一面旗帜。

二、微笑服务的“九个一样”

微笑服务要始终如一，一视同仁，要坚持在接待服务的全过程各个环节中，落实到每个服务人员身上。因此，应做到“九个一样”：

（1）领导在场与不在场一个样。

（2）内宾与外宾一个样。

（3）本地客与外地客一个样。

（4）生客与熟客一个样。

（5）大人与小孩一个样。

（6）生意大与小一个样。

（7）买与不买一个样。

（8）购物与退货一个样。

（9）主观心境好与坏一个样。

“九个一样”体现了对客人要一视同仁，服务工作一定要遵循“先到先服务”（first come，first served）的原则。不管面对年轻美貌的客人，还是老年客人，都应当一视同仁。厚此薄彼最易引起客人的反感，而且也违反服务人员应有的职业道德。

三、正确运用微笑

（1）掌握好微笑的要领。微笑的基本做法是不发声、不露齿，肌肉放松，嘴角两端向上略微扬起，面含笑意，使人如沐春风。

（2）注意整体的配合。微笑应当与仪表和举止相结合。站立服务，双脚并拢，双手相握于前身或交叉于背后面带微笑，亲切、自然。

（3）力求表里如一。微笑要发自内心，发自肺腑，无任何做作之态，防止虚伪的笑。只有笑得真诚，才显得亲切自然，与你交往的人才能感到轻松愉快。

四、微笑训练

微笑服务，从心开始，是文明优质服务的具体体现。正如一位哲人所说：“微笑，它不花费什么，但却能成就许多。它丰富了那些接受的人，而又不使给予的人变得贫瘠。他在一刹那间产生，却给人留下永恒的记忆。”同时，微笑也是可以进行技术性训练的。

第一步：念“一”。

因为人们微笑时，嘴角两端向上翘起。所以，练习时，为使双颊肌肉向上抬，嘴里可念着普通话的“一”字音，用力抬高嘴角两端，但要注意下唇不要太用力。

第二步：口眼结合。

眼睛会“说话”，也会用眼睛笑，如果内心充满温和、善良和厚爱时，那眼睛的笑容一定非常感人，否则眼睛强作的笑容是不美的。要学会用眼睛的笑容与顾客交流。

眼睛的笑容，一是“眼形笑”，二是“眼神笑”。可以这样练习：取一张厚纸遮住眼睛下边部位，对着镜子，心里想着最让你高兴的情景，鼓动起双颊，嘴角两端做出微笑的口型。这时，你的眼睛便会露出自然的微笑，然后再放松面肌，嘴唇也恢复原样，可目光仍旧含笑脉脉，这是眼神在笑。学会用眼神与客人交流，这样的微笑才会更传神亲切。

第三步：笑与语言结合。

微笑地说：“早上好”“您好”“欢迎光临”等礼貌用语。

日本航空公司的空中乘务员，只是微笑这一项，就要训练半年。可见，冰冻三尺非一日之寒。每个服务人员都可以清晨起床后对着镜子冲自己来一个动人的微笑，念一声“一”，这不仅可作为一天的良好开端，也可以琢磨怎样的微笑服务才能使客人舒服。另外，时时保持健康愉悦的心情，遇到烦恼勿发愁，以乐观的态度正确对待，这样才会笑得甜美，笑得真诚。同时，把自己比作一名出色的演员，当你穿上制服走上岗位时，要清醒地意识到自己已进入角色，进入工作状态，生活中的一切喜怒哀乐全抛开了。

总之，微笑服务是对由语言、动作、姿态、体态等方面构成的服务态度的更高要求，它既是对客人的尊重，也是对自身价值的肯定，它不是一种形式，而是要建立起员工与顾客之间的情感联系，体现出宾至如归、温暖如春，从而让客人开心，让客人再来，让单位的竞争实力更上一层楼。要把微笑服务贯穿于日常工作之中，热爱自己的本职工作，因为只有热爱生活、热爱自己工作的人，才能保持并永久拥有那种落落大方而又恬静优雅的微笑服务，这才是我们所追求的最终目标。

任务三　眼神的交流

表情礼仪中最重要的是眼神。眼睛是人类面部的感觉器官之一，最能有效地传递信息和表情达意。服务人员在社交活动中，眼神运用要符合一定的礼仪规范，不了解它，往往被人视为无理，给人留下不好的印象。眼神交流处于人际交往的重要位置，日常生活中人们相互间的信息交流，总是以眼神交流为起点。服务人员要学会用眼神传递心神，但不能老盯着对方。英国人体语言学家莫里斯说："眼对眼的凝视只发生于强烈的爱或恨之时，因为大多数人在一般场合中都不习惯于被人直视。"

在服务工作中，有时也会因为实际需要，而对服务对象身体的某一部分多加注视。例如，在递接物品时，应注视对方手部。特别需要说明的是，如果没有任何理由，而去注视打量服务对象的头顶、胸部、腹部、臀部或大腿，都是失礼的表现。因此，在一般社交场合不宜使用凝视。研究表明，交谈时，目光接触对方脸部的时间宜占全部谈话时间的30%~60%。但是集会中的独白式发言，如演讲、作报告、发布新闻、产品宣传等则不一样，因为在这些场合讲话者与听众的空间距离大、受众面广，必须持续不断地将目光投向听众，或平视，或扫视，或点视，或虚视，才能跟听众建立持续不断的联系，以收到更好的效果。

一、人际交往中的注视范围

与人交谈时，目光应该注视着对方。但应使目光局限于上至对方额头，下至对方衬衣的第二粒纽扣以上，左右以两肩为准的方框中。在这个方框中，一般有三种注视方式：

一是公务注视。一般用于洽谈、磋商等场合，注视的位置在对方的双眼与额头之间的三角区域。

二是社交注视。一般在社交场合，如舞会、酒会上使用。注视的位置在对方的双眼与嘴唇之间的三角区域。

三是亲密注视。一般在亲人之间、恋人之间、家庭成员等亲近人员之间使用，注视的位置在对方的双眼和胸部之间。

二、注视的角度

在工作中，既要方便服务工作，又不至于引起服务对象的误解，就需要有正确的注视角度。

（1）正视对方。在注视他人的时候，与之正面相向，同时还须将身体前部朝向对方。正视对方是交往中的一种基本礼貌，其含义表示重视对方。

（2）平视对方。在注视他人的时候，目光与对方相比处于相似的高度。在服务工作中，平视服务对象可以表现出双方地位平等和不卑不亢的精神面貌。

（3）仰视对方。在注视他人的时候，本人所处的位置比对方低，就需要抬头向上仰望对方。在仰视对方的情况下，往往可以给对方留下信任、重视的感觉。

（4）兼顾对方。在工作岗位上，服务人员为互不相识的多位客人服务时，需要按照先来后到的顺序对每个客人多加注视，又要同时以略带歉意、安慰的眼神环视等候在身旁的客人。巧妙地运用这种兼顾多方的眼神，可以对每一位服务对象给予兼顾，表现出善解人意的优秀服务水准。

三、注视时间的长短

一般在对客交流过程中不易长时间注视客人，但也要有一定的眼神交流。总体来说，每次注视的时间不宜超过三秒，总的时长应当是总交谈时间的三分之一左右。

四、眼神礼仪的禁忌

（1）不能对顾客长时间凝视。这被视为一种无礼行为，这也是全世界范围内通行的礼仪。眼神的礼仪要求是，除了亲密的关系外（如恋人的长时间对视），凝视的对象只能是职业行为主体（如演员）或非人（如艺术作品）。但是在谈判和辩论时，就不要轻易移开目光，直到逼迫对方目光转移为止。

（2）不能不看对方。正确的眼神礼仪是：眼睛看对方眼睛到嘴巴的“三角区”，标准注视时间是交谈时间的30%~60%，这叫“社交注视”。

（3）不能超时型注视。眼睛注视对方的时间超过整个交谈时间的60%，属于超时型注视，一般使用这种眼神看人是失礼的。

（4）不能低时型注视。眼睛注视对方的时间低于整个交谈时间的30%，属低时型注视，一般也是失礼的注视，表明他的内心自卑或企图掩饰什么或对人对话题都不感兴趣。

（5）眼睛转动幅度不能过快或过慢。眼睛转动幅度的快慢必须遵循一个“度”，不要太快或太慢，眼睛转动稍快表示聪明、有活力，但如果太快则表示不诚实、不成熟，给人轻浮、不庄重的印象，如“挤眉弄眼”“贼眉鼠眼”指的就是这种情况。但是，眼睛也不能转得太慢，否则就如同“死鱼眼睛”。眼睛转动的范围也要适度，范围过大给人以白眼多的感觉；过小则显得木讷。

（6）不能眯视、斜视、瞟视、瞥视。总的来说，这几种注视方法都是不正确的。眯视除了给人有睥睨与傲视的感觉外，也是一种漠然的语态。在西方，对异性眯起一只眼睛，并眨两下眼皮，是一种调情的动作。眼睛的语言，展现着一个人的品质与修养。

（7）当对方说了错误的话正在拘谨尴尬时，不要马上转移自己的视线，而要用亲切、柔和、理解的目光继续看着对方，否则对方会误认为你高傲，或是在讽刺和嘲笑他。

项目三 服务人员的仪态礼仪

任务一 仪态礼仪的内涵与价值

一、仪态礼仪的内涵

仪态，是人的举止行为的统称，是人的气质的外在表现，也是现代人的职业文明标志。它是人在行为中的姿势和风度，虽属小节，但滴水藏海，能以小见大。它从细微处见精神，透过现象看本质，对建立和维系良好的人际关系有不可小觑的作用。推销员的推销效果则可以见证。推销高手一定都是从穿着打扮和条例外表着手，从头到脚，处处都要有推销高手的形象。你若看到的是一位庄重认真，自信十足的推销人员，光看一眼，就晓得他是一位可亲可信的行家。

二、仪态礼仪的价值

培根曾说，在美方面，相貌的美高于色泽的美，而优雅得体的动作之美又高于相貌的美。这是美的精华，是绘画所表现不出来的。

仪态属于人的行为美学范畴。它既依赖于人的内在气质的支撑，同时又取决于其是否接受过规范和严格的体态训练。在人际沟通与交往过程中，它用一种无声的体态语言向人们展示出一个人的道德品质、礼貌修养、人文学识、文化品位等方面的素质与能力。仪态的美丑，往往还是鉴别一个人的高雅还是粗俗、严谨还是轻浮的标准之一。仪态的许多方面，不仅是待人接物、为人处世的礼节规范要求，同时它也将一个人的风度尽显其中。所以，服务人员无论在工作岗位，还是在社交场合，都应注重仪态美。

任务二 站姿

站姿是人们生活交往中的一种最基本的举止。站姿是人静态的造型动作，优美、典雅的站姿是发展人的不同动态美的基础和起点。优美的站姿能显示个人的自信，衬托出美好的气质和风度，并给他人留下美好的印象。

一、站姿规范

（一）基本站姿

基本站姿要领：脚跟并拢，脚尖分开（女士 30 度左右，男士 45 度左右），收腹挺胸，提臀立腰，双臂下垂（自然贴于身体两侧），虎口向前，宽肩下沉，头正颈直，下颌微收，目光平视。

在服务过程中，男性与女性通常根据各自不同的性别特点，在遵守基本站姿的基础上，还可以各有一些局部的变化，主要表现在其手位与脚位有时会存在一些不同。

男性在站立时，要力求表现阳刚之美。具体来讲，在站立时，可以将一只手（一般为右手）握住另一只手的外侧面，叠放于腹前，或者相握于身后。双脚可以叉开，大致上以其与肩部同宽，为双脚叉开后两脚之间相距的极限。但需要注意的是，在郑重地向客人致意的时候，必须脚跟并拢，双手叠放于腹前。

女性在站立时，要力求表现阴柔之美，在遵守基本站姿的基础上，可将双手虎口相交叠放于腹前。

要特别注意的是，在服务时，不论是男性还是女性，站立时一定要正面面对服务对象，切不可将自己的背部对着对方。

（1）正确的站姿要领：头正；肩平；提臀；躯挺；腿并；身体重心主要支撑于脚掌、脚弓上；微收下颌，两眼平视前方；嘴微闭，表情自然，稍带微笑；从侧面看，头部、肩部、上体与下肢应在一条垂直线上。

（2）站立时，双手可取下列之一手位：双手置于身体两侧；右手搭在左手上叠放于体前；双手叠放于体后；一手放于体前一手背在体后。

（3）站立时可采取以下几种脚位："V"形；双脚平行分开不超过肩宽；小"丁"字形。

（二）男士、女士常用站姿

1. 男士的常用站姿

（1）身体立直，抬头挺胸，下颌微收，双目平视，嘴角微闭，双手自然垂直于身体两侧，双膝并拢，两腿绷直，脚跟靠紧，脚尖分开呈"V"字形。

（2）身体立直，抬头挺胸，下颌微收，双目平视，嘴角微闭，双脚平行分开，两脚间距离不超过肩宽，一般以 20 厘米为宜，双手手指自然并拢，右手搭在左手上，轻贴于腹部，不要挺腹或后仰。

（3）身体立直，抬头挺胸，下颌微收，双目平视，嘴角微闭，双脚平行分开，两脚之间距离不超过肩宽，一般以 20 厘米为宜，双手在身后交叉，右手搭在左手上，贴于臀部。

2. 女士的常用站姿

（1）身体立直，抬头挺胸，下颌微收，双目平视，嘴角微闭，面带微笑，双手自然垂直于身体两侧，双膝并拢，两腿绷直，脚跟靠紧，脚尖分开呈"V"字形。

（2）身体立直，抬头挺胸，下颌微收，双目平视，嘴角微闭，面带微笑，两脚尖略分开，右脚在前，将右脚跟靠在左脚脚弓处，两脚尖呈"V"字形，双手自然并拢，右手搭在左手上，轻贴于腹前，身体重心可放在两脚上，也可放在一脚上，并通过重心的移动减轻疲劳。

（三）迎宾时的站姿

迎宾时的站姿是规范、标准的站姿，即采用上文谈到的基本站姿，双手相叠于腹前丹田处，表示对他人的尊重。宾客经过时，迎宾人员要面带微笑，并向客人行欠身礼或鞠躬礼。

（四）服务时的站姿

为客人服务时，头部可以微微侧向客人，但一定要保持面部的微笑，手臂可以持物，也可以自然地下垂。在手臂垂放时，从肩部至中指应当呈现出一条自然的垂线。

（五）待客时的站姿

待客时站姿的技巧有五个要点：一是手脚可以适当地进行放松，不必始终保持高度紧张的状态；二是可以在以一条腿为重心的同时，将另外一条腿向外侧稍稍伸出一些，使双脚呈叉开之状；三是双手可以采用体后背手站姿稍做放松；四是双膝要伸直，不能出现弯曲；五是在肩、臂自由放松时要伸直脊背。兼顾上述五点，服务人员既可以不失仪态美，又可以减缓疲劳。

二、站立禁忌

对服务行业的工作人员来说，站立时最忌讳的是：

（1）东倒西歪。工作时东倒西歪，站没站相，坐没坐相，无精打采，或懒散地倚靠在墙上、桌子上，很不雅观。

（2）耸肩勾背。耸肩勾背或者懒洋洋地倚靠在墙上或椅子上，这些将会破坏自己和企业的形象。

（3）双手乱放。将手插在裤袋里，随随便便，悠闲散漫，这是不允许的。双手交叉在胸前，这种姿势容易使客人有受压迫之感，倘若能将手臂放下，用两手相握在前身，立刻就能让对方感受轻松舒适多了。另外，双手抱于脑后、双肘支于某处、双手托住下巴、手持私人物品皆不可取。

（4）脚位不当。“人”字步、蹬踏式、双腿大叉都是不允许的，注意两脚之间的距离不可过大，不要挺腹翘臀。

（5）做小动作。下意识地做小动作，如摆弄打火机、香烟盒、玩弄衣服、发辫、咬手指甲等，这样不但显得拘谨，给人以缺乏自信感觉，而且有失仪表的庄重。

三、站姿训练

（1）背靠墙。把身体背着墙站好，使你的后脑、肩、臂部及足跟均能与墙壁紧密接触，这说明你的站立姿势是正确的，假若无法接触，那就是你的站立姿势不正确。

（2）两人背靠背。

（3）头顶书本，练习站立的稳定性。

（4）对镜训练，自我纠正。

任务三　走姿

一、走姿规范

（一）走姿的基本要点

1. 走姿的规范要求

（1）上身挺直，双肩平稳，目光平视，下颌微收，面带微笑。

（2）挺胸、收腹，使身体略微上提。

（3）手臂伸直放松，手指自然弯曲，双臂自然摆动。摆动时，以肩关节为轴，上臂带动前臂，双臂前后摆动时，摆幅以30度至35度为宜，肘关节略弯曲，前臂不要向上甩动。

（4）步幅不要太大，跨步时两脚间的距离适中，以一个脚长为宜，步速保持相对稳定，既不要太快，也不能太慢（60~100 步/分钟）。

（5）女士行走时，走直线交叉步，上身不要晃动，尽量保持双肩水平。

2. 职业装的走姿规范要求

穿西装的走姿要求。西服以直线为主，应当走出穿着者的挺拔、优雅的风度。穿西装时，后背保持平正，两脚立直，走路的步幅可略大些，手臂放松伸直摆动，手势简洁大方。行走时，男士不要晃动，女士不要左右摆髋。

西服套裙的走姿要求。西服套裙多以半长筒裙与西装上衣搭配，所以着装时应尽量表现出这套职业装的干练、洒脱的风格特点，这套服装要求步履轻盈、敏捷、活泼、步幅不宜过大，可用稍快的步速节奏来调整，使走姿活泼灵巧。

穿旗袍的走姿要求。旗袍作为东方晚礼服的杰出代表，在世人眼里拥有着经久不衰的美丽。所以，酒店行业通常将其作为迎宾、引位或者中式宴会的职业服装。着这款服装，最重要的是要表现出东方女性温柔、含蓄的柔美风韵，以及身材的曲线美。所以穿旗袍时要求身体挺拔，胸微含，下颌微收；塌腰撅臀是着旗袍的大忌。旗袍必须搭配高跟或中跟皮鞋才走得出这款服装的韵味。行走时，走交叉步直线，步幅适中，步子要稳，双手自然摆动，髋部可随着身体重心的转移，稍有摆动，但上身决不可跟着晃动。总之，穿旗袍应尽力表现出一种柔和、妩媚、含蓄、典雅的东方女性美。

穿高跟鞋的走姿要求。女士在正式场合经常穿着黑色高跟鞋，行走要保持身体平衡。具体做法：直膝立腰、收腹收臀、挺胸抬头。为避免膝关节前屈导致臀部向后撅的不雅姿态，行走时一定要把踝关节、膝关节、髋关节挺直，只有这样才能保持挺拔向上的形体。行走时步幅不宜过大，每一步要走实、走稳，这样步态才会有弹性并富有美感。

3. 走姿的注意事项

（1）切忌身体摇摆。行走时切忌晃肩摇头，上体左右摆动，给人以庸俗、无知和轻薄的印象，脚尖不要向内或向外，晃着“鸭子”步，或者弯腰弓背，低头无神，步履蹒跚，给人以压抑、疲倦、老态龙钟的感觉。

（2）双手不可乱放。工作时，无论男女走路的时候，不可把手插在衣服口袋里，尤其不可插在裤袋里，也不要叉腰或倒背着手，因为这样不美观，走路时，两臂应前后均匀随步伐摆动。

（3）目光注视前方。走路时眼睛注视前方，不要左顾右盼，不要回头张望，不要老是盯住行人乱打量，更不要一边走路，一边指指点点地对别人评头论足，这不仅有伤大雅 ，而且不礼貌。

（4）脚步干净利索。走路脚步要干净利索，有鲜明的节奏感，不可拖泥带水，抬不起脚来，也不可重如打锤，砸得地动楼响。

（5）有急事莫奔跑。如果碰到有急事，可以加快脚步，但切忌奔跑，特别是在楼里。

（6）同行不要排成行。几个人在一起走路时，不要勾肩搭背，不要拍拍打打。多人在一起走的话，不要排成行。

（7）走路要用腰力。走路时腰部松懈，会有吃重的感觉，不美观，拖着脚走路，更显得难看。走路的美感产生于下肢的频繁运动与上体稳定之间所形成的对比和谐，以及身体的平衡对称。要做到出步和落地时脚尖都正对前方，抬头挺胸，迈步向前。穿裙子时要走成一条直线，使裙子下摆与脚的动作显出优美的韵律感。

（二）下楼梯的行姿

（1）要走专门指定的楼梯。有些服务单位为方便客人，往往规定服务人员不得与客人走同一个楼梯。如有此规定，且又非进行引导、陪同服务时，服务人员必须严格遵守。在搬运货物时，特别要注意这一点。让货物碰撞到客人，永远都是不对的。

（2）要减少在楼梯上的停留。楼梯多是人来人往之处，所以不要停留在楼梯上休息、站在楼梯上与人交谈或是在楼梯上慢慢悠悠地行走。

（3）要坚持“靠右走”原则。上下楼梯时，均不要并排行走，而应当靠右侧而上或下。这样一来，有急事的人便可得以从左侧快速超越。

（4）要注意礼让服务对象。上下楼梯时，千万不要同服务对象抢行。出于礼貌，在平路可请对方先行。当自己陪同引导客人时，则应该上下楼梯时先行在前引导。

（三）进出电梯的行姿

服务人员在高楼大厦里面工作时，免不了经常需要使用电梯。在使用电梯时，应注意以下问题：

（1）要遵守“先出后进”原则。乘电梯时，一般的规矩是：里面的人出来之后，外面的人方可进去。不守此规，出入电梯时人一旦过多了，就会出现混乱的场面。

（2）照顾好服务对象。在乘电梯时碰上了并不相识的客人，也要以礼相待，请对方先进先出。若是负责陪同引导对方时，则乘电梯时还有特殊的要求。乘坐无值守人员操作的电梯时，服务人员须自己先进后出，以便控制电梯。乘坐有人操作的电梯时，服务人员应当后进后出。

（3）要尊重周围的乘客。进出电梯时，大都要侧身而行，免得碰撞、踩踏别人。进入电梯后，应尽量站在里边，人多的话，最好面向内侧，或与他人侧身相向。需在大楼中段出电梯前，先要做好准备，提前换到电梯门口。

（四）出入房门的姿势

在服务中有时需要进入或离开客人房间，应注意如下细节：

（1）要先通报。在出入房门时，尤其是在进入房门前，一定要采取叩门（一般以中指轻叩三下）、按铃的方式，向房内之人进行通报。

（2）要以手开关。出入房门时，务必要用手来开门或关门。在开关房门时，用肘部顶、用膝盖拱、用臀部撞、用脚尖踢、用脚跟蹬等，都是不可以采用的。

（3）要面向他人。出入房门，特别是在出入一个较小的房间，而房内有客人时，最好是反手关门，反手开门，并且始终注意面向对方，而不是把背部朝向对方。

（4）要“后入后出”。与他人一起先后出入房门时，为了表示自己的礼貌，一般应当自己后进门、后出门，而请对方先进门、先出门。

（5）要为客人拉门。在陪同引导他人时，服务人员还有义务在出入房门时替对方拉门。

（五）陪同、引导服务的注意事项

陪同，是指陪伴着别人一同行进；引导，是指在行进之中为人引路。服务人员在服务顾客过程中，经常会陪同或引导服务对象。

（1）本人所处的方位。若双方并排行进时，服务人员应居于左侧。若双方单行行进时，则服务人员应居于左前方约一米的位置，采用右手五指并拢，掌心向上的方式为其指引方向。当服务对象不熟悉行进方向时，一般不应请其先行，同时也不应让其走在外侧。

（2）协调的行进速度。在陪同引导服务对象时，本人行进的速度须与对方相协调，切勿我行我素。

（3）及时关照提醒。陪同引导服务对象时，一定要处处以对方为中心。每当经过拐角、楼梯或道路坎坷、照明欠佳之处时须提醒对方留意。绝不可以不吭一声，而让对方茫然无知或不知所措。

（4）采用正确的体位。陪同引导客人时，有必要采取一些特殊的体位。如请对方开始行进时，应面向对方，稍许欠身。在行进中与对方交谈或答复其提问时，应以头部、上身转向对方。

二、走姿训练

（一）正确的走姿要求

（1）头正；

（2）肩平；

（3）躯挺；

（4）步位直；

（5）步幅适度；

（6）步速平稳。

（二）基本动作训练

（1）摆臂训练；

（2）步位步幅训练；

（3）稳定性训练；

（4）协调性训练。

（三）变向时的行走规范

1. 后退步

向他人告辞时，应先向后退两三步，再转身离去。退步时，脚要轻擦地面，不可高抬小腿，后退的步幅要小。转体时要先转身体，头稍候再转。

2. 侧身步

当走在前面引导来宾时，应尽量走在宾客的左前方。髋部朝向前行的方向，上身稍向右转体，左肩稍前，右肩稍后，侧身向着来宾，与来宾保持两三步的距离。当走在较窄的路面或楼道中与人相遇时，也要采用侧身步，两肩一前一后，并将胸部转向他人，不可将后背转向他人。

（四）走姿练习

采用头顶书本走路的方法。这对于走路时喜欢低头看地，头部歪向一方，肩膀习惯前后晃动的人，是一种很好的纠正。

任务四　坐姿

在服务工作中，服务人员必须先明确两点：一是允许自己采用坐姿时，才可以坐下。二是在坐下之后，尤其是在客人面前坐下时，务必要自觉地采用正确的坐姿。

一、坐姿规范

（一）坐姿的规范要求

坐姿大有讲究。中国古代就有端坐、危坐、斜坐、跪坐和盘坐之分。现代没有太多的讲究，但是坐正是非常必要的。从医学角度来说，正确的坐姿有利于健康；从交际角度来讲，正确的坐姿有利于个人的形象；从礼仪角度来讲，正确的坐姿是对别人的尊重。

正确的坐姿是身后没有任何倚靠时，上身应正直而稍向前倾，头平正，两肩放松，下巴向内收，脖子挺直，胸部挺起，并使背部与臀部成一直角，双膝并拢，双手自然地放在双膝上，或放在椅子上。这样显得比较精神，但不宜过于死板、僵硬。背后有倚靠时，在正式社交场合里，也不能随意地把头向后仰靠，显出很懒散的样子。

（二）服务工作中几种常用的坐姿

（1）“正襟危坐”式，适用于最正规的场合。主要要求是：上身与大腿、大腿与小腿，都应当形成直角，小腿垂直于地面。双膝、双脚包括两脚的跟部，都要完全并拢。

（2）垂腿开膝式，它多为男性所用，亦较为正规。主要要求是：上身与大腿、大腿与小腿皆为直角，小腿垂直于地面。双膝分开，但不得超过肩宽。

（3）双腿斜放式，适于穿裙子的女士在较低处就座所用。主要要求是：双腿首先并拢，然后双脚向左或向右侧斜放，一般使斜放后的腿部与地面呈45度夹角。

（4）双脚交叉式，适用于各种场合，男女皆可选用。主要要求是：双膝先要并拢，然后双脚在踝部交叉。需要注意的是，交叉后的双脚可以内收，也可以斜放，但不宜向前方远远地伸出去。

（5）女士坐姿类型。

①标准式：轻缓地走到座位前，转身后两脚成小“丁”字步，左前右后，两膝并拢的同时上身前倾，向下落座。如果穿的是裙装，在落座时要用双手在后边从上往下把裙子拢一下，以防坐出皱褶或因裙子被打折坐住，而使脚部裸露过多。

坐下后，上身挺直，两肩平正，两肩自然弯曲，两手交叉叠放在两腿中部，并靠近小腹。两膝并拢，小腿垂直于地面，两脚保持小“丁”字步。

②侧点式：两小腿向左斜出，两膝并拢，右脚跟靠拢左脚内侧，右脚掌着地，左脚尖着地，头和身躯向左斜。注意大腿小腿要成90度，小腿要充分伸直，尽量显示小腿长度。

③前交叉式：在前伸式坐姿的基础上，右脚后缩，与左脚交叉，两踝关节重叠，

两脚尖着地。

④后点式：两小腿后屈，脚尖着地，双膝并拢。

⑤曲直式：右脚前伸，左小腿屈回，大腿靠紧，两脚前脚掌着地，并在一条直线上。

⑥侧挂式：在侧点式的基础上，左小腿后屈，脚绷直，脚掌内侧着地，右脚提起，用脚面贴住左踝，膝和小腿并拢，上身右转。

⑦重叠式：重叠式也叫“二郎腿”或“标准式架腿”等。

在标准式的基础上，两腿向前，一条腿提起，脚窝落在另一条腿的膝关节上边。要注意上边的腿向内收，贴住另一条腿，脚尖向下。

重叠式还有正身、侧身之分，手部也可交叉、托肋、扶把手等多种变化。

“二郎腿”一般被认为是一种带有不严肃、不庄重的坐姿，尤其是女子不宜采用。其实，这种坐姿常常被采用，因为只要注意上边的小腿往回收，脚尖向下这两个要求，不仅外观优美文雅，大方自然，富有亲切感，而且还可以充分展示女子的风采和魅力。

（6）男士坐姿类型。

①标准式：上身正直上挺，双肩平正，两手放在两腿或扶手上，双膝并拢，小腿垂直地落在地面，两脚自然分开成45度。

②前伸式：在标准式的基础上，两小脚前伸一脚的长度，左脚向前半脚，脚尖不要翘起。

③前交叉式：小腿前伸，两脚踝部交叉。

④交叉后点式：两小腿交叉向左斜出，上体向右倾，右肘放在扶手上，左手扶把手。

⑤曲直式：左小腿回屈，前脚掌着地，右脚前伸，双膝并拢。

⑥重叠式：右腿叠在左腿膝上部，右小腿内收、贴向左腿，脚尖自然下垂。

（7）坐姿手臂位置的摆放。

①放在两条大腿上。双手各自放在一条大腿上。

②放在一条大腿上。侧身与人交谈时，宜将双手置自己所侧一方的那条大腿上，双手叠放或双手相握。

③放在皮包文件上。当穿短裙的女士面对男士而坐，而身前没有屏障时，为避免“走光”，一般可将自己随身携带的皮包或文件放在并拢的大腿上。随后，即可将双手或扶、或叠、或握于后置于其上。

④放在身前桌子上。双手平扶在桌子边沿上、双手相握置于桌上或双手叠放在桌上。

（三）入座的要求

（1）先请对方入座。这是待人以礼的表现。

（2）在适当之处就座。在大庭广众之处就座时，要注意座位的尊卑并且主动将上座相让于人。

（3）从座位左侧就座。假若条件允许，在就座时最好从座椅的左侧接近它。这样做，是一种礼貌，而且也易于就座。

（4）毫无声息地就座。就座时，要减慢速度，放松动作，尽量避免座椅发出嘈音，以免扰人。

（5）坐下后调整体位。为使自己坐得舒适，可在坐下之后调整一下体位或整理下衣服。但是这一动作不可与就座同时进行。

（四）离座的要求

（1）先有表示。离开座椅时，身旁如有人在座，须以语言或动作向其先示意，随后方可站起身来。一蹦而起，有时会令人受到惊扰。

（2）注意先后。与他人同时离座，须注意起身的先后次序。地位低于对方时，应稍后离座，地位高于对方时，则可首先离座，双方身份相似时，可同时起身离座。

（3）起身缓慢。起身离座时，最好动作轻缓，避免弄响座椅，或将椅垫、椅罩弄掉在地上。

（4）从左离开。有可能时，起身后，宜从左侧离去。与“左入”一样，“左出”也是一种礼节。

（五）九种不规范的坐姿

（1）双腿叉开过大。

（2）架腿方式欠妥，如将一条小腿横架在另一条大腿上的“二郎腿”。

（3）双腿直伸出去。

（4）将腿放上桌椅。

（5）双手抱在腿上。这是一种惬意、放松的休息姿势，在工作之中不可取。

（6）将手夹在腿间。这一动作显得胆怯或害羞。

（7）腿部抖动摇晃。这不仅会令他人心烦意乱，而且也会给人以极不稳重的印象。

（8）脚尖指向他人。这做法是非常失礼的。

（9）脱鞋、脱袜或以手触摸脚部。

拓展阅读：

坐姿注意事项

（1）入座轻缓，起座稳重。入座时走到座位前再转身，转身后右脚略向后退，轻稳入座。着裙装的女士入座时，应将裙子向前拢一下；站立时，右脚先向后收半步，然后站起。（“左入左出”的原则）

（2）女子落座双膝必须并拢，双手自然弯曲放在膝盖和大腿上。如坐在有扶手的沙发上，男士可将双手分别搭在扶手上，而女士最好只搭一边，以示高雅。

（3）不要坐满椅子。可就座的服务员，无论坐在椅子或沙发上，最好不要坐满，只坐满椅子的一半或三分之二，注意不要坐在椅子边上，在餐桌上，注意膝盖不要顶着桌子。

（4）切忌脚尖朝天。最好不要随意跷二郎腿，即使跷二郎腿，也不要跷得太高，脚尖朝天。这在泰国会被人认为是有意将别人踩在脚下，认为是盛气凌人，是一种侮辱性举止。

（5）切忌坐椅时前俯后仰、东倒西歪。

（6）不可摇腿、抖脚。坐立时，腿部不可上下抖动，左右摇晃。这是非常不礼貌的。

（7）忌双脚直伸出去。
（8）忌以手触摸脚部。
（9）忌以脚自脱鞋袜。
（10）忌脚放上桌椅。
（11）忌手部置于桌下。双手应在身前，有桌时可置于其上。
（12）忌手夹于两腿间或双手抱在腿上。
（13）忌肘部支于桌上。
（14）忌头部靠于椅背。
（15）坐累了如何正确倚靠。坐的时间长了可以靠在沙发背上，但不可把脚一伸，半躺半坐，更不可歪歪斜斜地瘫坐在沙发上。

二、坐姿训练

（1）两人一组，面对面练习，并指出对方的不足。
（2）坐在镜子前面，按照坐姿的要求进行自我纠正，重点检查手位、腿位、脚位。
（3）每次训练时间为20分钟左右，可配音乐进行。

任务五　蹲姿

一、蹲姿规范

（一）常见需要蹲姿的情形

服务人员在工作中通常不采用蹲姿，只有遇上了下述几种比较特殊的情况，才允许酌情采用蹲的姿势。

（1）整理工作环境。在需要对自己的工作岗位进行收拾、清理时，可采取蹲的姿势。

（2）给予客人帮助。需要以下蹲之姿帮助客人时，可以这样做。

（3）提供必要服务。如当客人座位较低，以站姿为其服务既不文明、不方便，又显得高高在上、失敬于人。

（4）捡拾地面物品。

（二）蹲姿的要求

常见蹲姿有：交叉式和半蹲式两种。

在服务中确有必要采用蹲姿时，通常可以采用交叉式蹲姿。其主要要求：下蹲之时，左脚在前，右脚稍后。左脚应完全着地，小腿基本上垂直于地面；右脚则应脚掌着地，脚跟提起。此刻右膝须低于左膝，右膝内侧可靠于小腿的内侧，形成左膝高右膝低之态。女性应靠紧两腿，男性则可适度地将其分开。臀部向下，基本上以右腿支撑身体。

半蹲式蹲姿的主要要求：双脚一前一后，双膝一高一低，女士双腿应尽量靠紧，男士双腿可以微分。下蹲合影或者捡拾物品的时候，要做到单腿下蹲，双腿下蹲是不体面的做法。女士如果穿着职业套裙需要下蹲的时候，由于裙子比较短而没有办法单腿下蹲，应该把两条腿并拢斜向一侧，避免两腿中间正面向人。

二、蹲姿训练

（1）在原立式站姿的基础上，后撤一只脚，上身保持直立，自然下蹲。女士如果着裙装，在下蹲时需先抚裙。

（2）下蹲后，上半身仍然保持头正、肩平、背挺直。女士双腿应尽量靠紧；男士双腿可以微微分开。女士双手重叠放于高的膝盖上面；男士双手自然放于双膝上面。

任务六　手势

手是传情达意的最有力的手段，正确适当地运用手势，可以增强感情的表达。手势是酒店服务工作中必不可少的一种体态语言，服务业员工手势的运用应当规范适度，且符合礼仪。

一、手势的基本原则

（1）使用规范化的手势。谈到自己的时候，不要用大拇指指自己的鼻头，应用右手按自己的左胸，那样才会显得端庄、大方；谈到别人的时候，不要用手指指点他人，在清点客人时，应采用掌心向上的方式用右手掌来数。

（2）注意区域性的差异。即注意不同的地域、民族"手语"的差异。

（3）手势运用应适度，宜少忌多。与客人交谈时，手势不宜单调重复，也不能做得太多、幅度过大，要给人一种优雅、含蓄和彬彬有礼的感觉。

二、常见的手势

（1）垂放。双手自然下垂向内，掌心叠放或相握于腹前；双手伸直下垂，掌心向内，分别贴于大腿内侧（男士握手腕，女士握手掌）。

（2）持物。用一只手，或双手拿东西时动作要自然，五指并拢，用力均匀（即使是女性也不要翘起无名指与小指，以避免作态之嫌）。

（3）递物、接物。双手为宜（至少用右手）、递于手中、主动上前（主动走近接物者，坐着时应站立）、方便接拿、尖刃向内。

（4）举手致意手势。这也叫挥手致意，用来向他人表示问候、致敬、感谢（掌心向外、面向对方、指尖朝向上方、千万不要忘记伸开手掌）。

①招手：向远距离的人招手时，伸出右手，右胳膊伸直高举，掌心朝着对方，轻轻摆动。不可以向上级和长辈招手。

②打招呼：在西方国家，路上和人打招呼时，常常要取下帽子表示致意。现在一般已简化为抬一下帽子，甚至只是摸一下帽檐。

（5）指示手势。用以引导来宾，指示方向的手势。手掌自然伸直，掌心向内向上，手指并拢，拇指稍稍自然分开，手腕伸直，使手与小臂成一直线，肘关节自然弯曲，大小臂的弯曲以140度为宜。

（6）鼓掌。鼓掌是表示欢迎、祝贺、支持的一种姿势。右手掌心向下，有节奏地拍击掌心向上的左掌，一般是采取左手较被动，右手较主动的方式。

三、引导及指示的手势

（1）横摆式：手臂向外侧横向摆动抬自腰部或齐胸的高度，指尖指向被引导或指示的方向。它多适用于请人行进或为人指示方向。以右手为例：将五指伸直并拢，手心不要凹陷，手与地面呈45度角，手心向斜上方。腕关节微屈，低于肘关节。动作时，手从腹前抬起，至横膈膜处，然后以肘关节为轴向右摆动，到身体右侧稍前的地方停住。同时，双脚形成右丁字步，左手下垂，目视来宾，面带微笑。这是在门的入口处常用的谦让礼的姿势。

（2）直臂式：要求右手臂向外侧横向摆动，指尖指向前方。与前者不同的是，它要将手臂抬至肩高，而非齐胸。它适用于引导方位或指示物品所在之处。

（3）屈臂式：手臂弯曲，由体侧向体前摆动，手臂高度在胸以下。当一只手拿着东西，扶着电梯门或房门，同时要做出“请”的手势时，可采用屈臂手势。以右手为例：五指伸直并拢，从身体的侧前方，向上抬起，至上臂离开身体的高度，然后以肘关节为轴，手臂由体侧向体前摆动，摆到手与身体相距20厘米处停止，面向右侧，目视来宾。

（4）斜臂式：手臂由上向下斜伸摆动，多适用于请人就座。请来宾入座时，手势要斜向下方。首先用双手将椅子向后拉开，然后一只手屈臂由前抬起，再以肘关节为轴，前臂由上向下摆动，使手臂向下成一斜线，并微笑点头示意来宾。

以上四种手势，一般都使用右手，且五指自然并拢，掌心向上。左手臂此时最佳的位置，应为垂在身体一侧，或背于身后。

四、递接物品的手势

递接物品时，应注意的问题有：

（1）双手为宜。双手递物于人，不方便双手并用时，也要采用右手。以左手递物，通常被视为失礼之举。尤其是面对亚洲国家的客人。

（2）递于手中。递给他人的物品，要直接交到对方手中。不到万不得已，不要将所递的物品放在他处。

（3）主动上前。若双方相距较远，递物者应当主动走近接物者。假如自己坐着的话，还应在递物时起身站立。

（4）方便接拿。在递物于人时，应为对方留出便于接取物品的地方，不要让对方感到接物时无从下手。将带有文字的物品递交他人时，还须使之正面面对对方。

（5）尖、刃向内。将带尖、带刃或其他易于伤人的物品递于他人时，切勿以尖、刃直指对方。合乎服务礼仪的做法是，应当使其朝向自己，或是朝向他处。

（6）接取物品时，应注意目视对方，不要只顾注视物品，一定要用双手或右手，绝不能单用左手。必要时，应当起身而立，并主动走近对方。

五、敬茶的手势

敬茶时应双手，右手握住杯耳，左手垫于杯底，把茶杯置于客人座位的右上方，并注意把杯耳朝向客人的右边，同时右手五指并拢，指尖朝下，做一个“请用茶”的示意。

六、展示物品的手势

服务人员在工作中如需要将物品向他人进行展示时，有三点注意事项。

(1) 便于观看。要将被展示之物正面面对对方，举至一定的高度，并令其所用的时间能让观众感到满足。当四周皆有观众时，展示物品还须变换不同方位。

(2) 操作标准。展示物品时，不论是口头介绍还是动手操作，均应符合有关标准。解说时，要口齿清晰，语速舒缓。动手操作时，则应手法干净、利索，速度适宜，并进行必要的重复。

(3) 手位正确。在展示物品时，手位的共同之处，是应使物品在身体一侧展示，不宜挡住本人头部。具体而言，一是将物品举至高于双眼之处。这一手位适于被人围观时采用。二是将物品举至双臂横伸时，自肩至肘之处，其上不过眼部，下不过胸部，这手位易于给人以安定感，便于他人看清展示之物。

任务七　礼仪界域的控制

一、“界域”的含义

所谓“界域”，即交往中相互距离的确定，它主要受到双方关系状况的决定、制约，同时也受到交往的内容、交往的环境以及不同文化、心理特征、性别差异等因素影响。

人在社会上总生活在一定空间中，要求保持自我的独立性，不受他人侵犯。因此，在交往时，双方要有意识地维持相应的交往距离。

二、人际交往中的“界域”

美国西北大学人类学教授爱德华 · T. 霍尔博尔博士在他的“人体近身学”中提出了广为人知的四个界域：亲密距离、个人距离、社交距离、公众距离。

1. 亲密距离（人际交往中的“禁忌距离”）

距离在 15 厘米之内或 15~45 厘米，是人际交往的最小距离，适用于至交好友、夫妻和恋人之间的拥抱，但不适宜在社交场合或大庭广众之下出现。

2. 个人距离

其距离近段在 46~75 厘米之间，适合握手、相互交谈。其远段在 0.76~1.1 米之间，普遍适用于公开的社交场合，这段距离可以使别人自由进入这个空间交往。

3. 社交距离

主要适合于礼节性或社交性的正式交往。其近段在 1.2~2 米之间，多用于商务洽谈、接见来访或同事交谈等。远段在 2.1~3.5 米之间，适合于同陌生人进行一般性交往，也适合领导同下属的正式谈话、高级官员的会谈及较重要的贸易谈判等。

4. 公众距离

近段在 3.6~7.6 米之间，远段则在 7.6 米以外，它适合于作报告、演讲等场合。

三、服务人员的“界域”

服务人员的服务工作总是在一定的空间中进行的，要实现与客人的礼貌交往，应有一个恰当的交往空间，即交往距离。所以，酒店从业人员与客人保持适度的服务与交往距离是十分必要的。心理学实验表明，人际交往距离过大，容易使人产生疏远之感；人际交往距离过小，则会使人感到压抑或是冒犯。酒店从业人员应当根据不同的工作内容、工作场合和服务对象等具体情况来把握，主要有以下几种人际交往距离：

1. 服务距离

服务距离是酒店员工与客人之间所保持的一种最常规的距离。它主要适用于酒店员工应客人的请求，为其直接提供服务之时。在一般情况下，服务距离以 0.5~1.5 米为宜。

2. 展示距离

即在客人面前进行操作示范，以便使客人对服务项目有更直观、更充分、更细致的了解。展示距离以 1~3 米为宜。

3. 引导距离

引导距离是酒店员工在为客人带路时彼此间的距离。根据惯例，在引导时，酒店员工行进在客人左前方 1.5 米左右为宜。

4. 待命距离

待命距离特指酒店员工在客人尚未传唤要求自己为其提供服务时，与对方自觉保持的距离。在一般情况下，应当是在 3 米之外，只要服务对象视线所及，可以看到自己即可。

5. 信任距离

信任距离是指酒店员工为了表示自己对客人的信任，同时也为了使客人浏览、斟酌、选择或体验更为专心致志而采取的一种距离，即离开对方而去，从对方的视线中消失。采取此距离时必须注意：一是不要躲在附近，似乎是在暗中监视客人；二是不要一去不返，让客人在需要帮助时找不到人。

6. 禁忌距离

主要指服务人员在工作岗位上与客人之间应当避免出现的距离。其特点是双方身体相距过近，甚至有可能直接发生接触，即小于 0.5 米。这种距离，一般只出现于关系极为亲密的人之间。

项目四　服务人员的语言礼仪

任务一　服务用语的要素与准则

服务离不开语言，语言离不开礼貌。服务用语是一种对客人表示友善和尊重的礼貌用语方式。现在服务行业有不少服务人员没有认识到服务用语的交际、服务和创效功能的重要性，在为客人服务时没有使用服务用语，结果被人称为“哑巴服务”，使企业形象受损，影响了企业的声誉。俗话说：“一句话使人笑，一句话使人跳”。这句话形象地概括了使用礼貌用语的作用和要求。酒店从业人员要善于运用这一实用的交际工具。

一、服务用语的要素

（1）以宾客为中心，在服务过程中要将宾客的需求放在第一位。

（2）热情诚恳的态度，热爱本职工作。只有我们做到做一行、爱一行，敬业乐业，服务态度才能诚恳，服务用语才能悦耳入心。设身处地为宾客着想，我们热诚待客，要学会将心比心，假设自己是一位顾客来要求自己。敢于挑战，敢于为挑剔的宾客服务，这是对自己态度的一种挑战。

（3）精确通俗的用语。要求语句精练、语义清晰、用词准确、修辞得当，不要说空话、废话。通俗易懂，表达自己观点时尽量不要使用难懂的名词术语，特别是介绍商品时更要把话说得易懂、易了解。比如：描述一杯水有多少毫升，我们就不能说是多少加仑或是多少磅。

（4）清晰柔和的表达方式。得体、慷慨、谦逊、赞誉、一致，语气柔和清晰，语速适中，语音洪亮自信。

二、服务用语基本准则

1. 言辞礼貌性

服务人员用语的言辞礼貌性主要表现在敬语上。敬语包括寒暄语、谦让语和雅语三个方面的基本内容。

说话者直接表示自己对听话者敬意的语言叫作敬语。敬语常用的场合：比较正规的社交场合；与师长或身份、地位较高的人交谈；与初次打交道或会见不太熟悉的人；会议、谈判等公务场合；接待场合。例如：与对方交流时，以“请”字开头，“谢谢”收尾，“对不起”常挂在嘴边；常用“您”称呼身份、地位较高的人，等等。再有，如“对不起，让您久等了”“请问……”“劳驾……”。敬语的最大特点是彬彬有礼，热情而庄重。使用敬语时，一定要注意时间、地点和场合，使用的语调要甜美、柔和。敬语只是一种语言形式，不一定都是表示敬意。例如，若对某顾客的言行不太满意，不管自己心里怎么想，语言表达形式一定要用敬语。使用敬语时，要注意用“您”而不用“你”来称呼服务对象，这是尊重顾客的需要。为了搞好服务工作，还需尽快记住客人的姓氏和身份，不该冒失地直呼其名，如要称“布朗先生”，不要称“布朗”。因为这样可使客人感到你对他们的尊重，从而尽快地消除生疏感，增加亲切感。

另外，寒暄语是敬语的入门，寒暄语的使用，往往能使顾客对你产生良好的印象。谦让语是说话者通过自谦从而表示对听话者敬意的语言。例如：称自己“愚”或“敝人”，称自己的见解为“愚见”等。“自谦”体现着一种精神，它以敬人为先导，以退让为前提，是一种典型的礼仪待人的人际沟通方式。雅语是指把一些不便直言的事用一种比较委婉、含蓄的方式表达，使双方都知道、理解所使用的话语。例如：在接待宾客时，用“几位”代替“几个人”，用“哪一位”代替“谁”，用“贵姓”代替“你姓什么”，用“不新鲜”“有异味”代替“发霉”“臭了”，用“方便一下”和“去洗手间”代替“上厕所”，用“需不需要加一些主食”代替“要不要饭”，用“这件衣服不太适合您”代替“您穿这件衣服很难看”，用“发福”代替“发胖”，等等。雅语的使用不是机械的、固定的，需要根据不同场合、不同人物、不同时间灵活运用。

2. 措辞修饰性

服务人员在使用服务用语时要充分尊重顾客的人格和习惯，决不能讲有损顾客自尊心的话，这就要求我们注意措辞。所用服务用语的措辞修饰性，主要表现在经常使用的谦谨语和委婉语两方面。

谦谨语是谦虚、友善的语言，表现出充分地尊重对方，常用征询式、商量式的语气进行。委婉语是指用好听的、含蓄的、使人不受刺激的代词，代替所要禁忌的词语，用委婉的表达来提示双方都知道的但不愿点破的事物。在接待服务工作中，广泛应用谦谨语和委婉语，是沟通顾客思想感情、使交际活动顺利进行的有效途径。例如：顾客提了意见，我们一时又难以给予准确的评价，便可说“您提的意见是值得考虑的，谢谢您了”，“值得考虑”这是委婉词语，它带有赞成的倾向，但没有直接表示赞同，在赞同中还有少许的保留。又例如：顾客提出的一些要求一时难以满足时，不妨说“您提出的要求是可以理解的，让我想想办法，一定尽力而为”。“可以理解”也是一种委婉语。在对客人服务活动中，说要去上厕所是很不文雅的，这时可以说“我去一下洗手间”或“我出去一下”，当然，不一定是去洗手，而是去上厕所了。谦谨语和委婉语让人们易于接受，服务人员一定要学会使用。

3. 语言生动性

服务人员在接待顾客时，语言不能呆板，不要机械地回答问题，应该认识到，生动幽默的语言能使气氛和谐，感情融洽。幽默是一种微笑的艺术，一段幽默的对话，能给人产生诙谐的情趣，使人们在笑意中有所领悟。它令人轻松愉快，同时又能揭示深刻的主题。

4. 表述随意性

要使顾客感到高兴和满意，在使用服务用语时，还须注意察言观色，善于观察顾客的反应。针对不同的场合、不同的对象，说不同的话，有利于沟通和理解，这样做往往会避免矛盾的出现或使矛盾得到缓和。一般来说，我们可以通过顾客的服饰、语言、肤色、气质等去辨别客人的身份，通过顾客面部表情，语调的轻重、快慢，走路姿态、手势等行为举止去领悟顾客的心境。遇到语言激动、动作急躁、举止不安的顾客，要特别注意使用温柔的语调和委婉语措辞。对待顾客投诉，说话要特别注意谦谨、耐心、有礼，要设身处地替顾客着想，投其所好，投其所爱。要善于揣摩顾客的心理，以灵活的言语，应对客人。每一个服务业从业人员都需要学习和研究工作语言，并在实践中努力提高自己的语言应变力，注意培养随机性和灵活性，以便适应服务接待工作的需要。

三、常用礼貌用语

（1）十字文明用语："您好""请""谢谢""对不起""再见"，这是服务业从业人员必须掌握的常用语言。

（2）称呼语：小姐、夫人、太太、女士、先生，等等。

（3）欢迎语：欢迎光临，欢迎入住××酒店，一路辛苦了，祝您入住愉快，等等。

（4）问候语：早上好、上午好、中午好、下午好、晚上好、你好，等等。

（5）祝贺语：恭喜、节日快乐、生日快乐，等等。

（6）告别语：再见、晚安、明天见、祝您旅途愉快、祝您一路平安、欢迎下次光临，等等。

（7）道歉语：对不起、请原谅、打扰您了、失礼了，等等。

（8）道谢语：谢谢、非常感谢、添麻烦了，等等。

（9）答应语：是的、好的、明白了、谢谢你的好意、不要客气、没关系、这是我应该做的，等等。

（10）征询语：请问您有什么事，我能为您做点什么吗，需要我帮忙吗，您还有别的吩咐吗，您看这样行吗，等等。

任务二　服务语言的艺术

在对客服务工作过程中，我们处处都应注意正确地使用服务用语。服务用语是服务人员的基本工具，也是制胜的法宝。怎样使每一句服务用语都发挥它的最佳效果，这就必须讲究语言的艺术性。服务用语不能一概而论，我们应根据工作岗位的服务要求和特点，灵活地掌握。

一、交谈艺术

交谈，是表达思想及情感的重要工具，是人际交往的主要手段。在人际关系的"礼尚往来"中有着十分突出的作用。可以说，在各式各样、丰富多彩的礼仪形式中，交谈礼仪占据主要地位。所以，强化语言方面的修养，学习、掌握并运用好交谈的礼仪，是至关重要的。

交谈是人类口头表达活动中最常用的一种方式。随着人类社会的高度发展，交谈已成为政治、外交、科学、教育、商贸、公关等各个领域中重要的、不可缺少的一项语言活动。交谈是以两个人或几个人之间的谈话为基本形式，进行面对面的学习讨论、沟通信息、交流思想感情、谈心聊天的言语活动。它以对话为基本形态，包括交谈主体、交谈客体、交谈内容三个方面。这三方面不仅具有固定性，而且具有互换性。

（一）交谈的作用

（1）交谈是一门艺术，而且是一门古老的艺术。“一人之辩重于九鼎之宝，三寸之舌强于百万之师”，在人类发展史上，交谈作为一种社会现象，是和人类劳动、生活、交际活动一起发展起来的。交谈的艺术性体现在：尽管人人都会，然而效果却大不一样。所谓“酒逢知己千杯少，话不投机半句多”，正说明了交谈的优劣直接决定着交谈的效果。与人进行一次成功的谈话，不仅能获得知识、信息的收益，而且感情上也会得到很多补偿，会感到是一种莫大的享受；而参与一场枯燥无味、死气沉沉的交谈，除了是时间上的浪费之外，还会有一种受折磨的感觉。

（2）交谈是建立良好人际关系的重要途径，是连接人与人之间思想感情的桥梁，是增进友谊、加强团结的一种动力。“良言一句三冬暖，恶语伤人六月寒”，说明交谈在交往中的作用是举足轻重的。一个人善于交谈就能广交朋友，给人带来友爱，为社会增添和谐，就能享受到社会特有的友情与温暖。在现实生活中，我们经常看到不少人因话不得体，伤害了亲友，得罪了同事，甚至有些人因言语失误，结怨结仇，操刀动斧，酿成悲剧。

（3）交谈不仅是人们交流思想的重要手段，而且是学习知识、增长才干的重要途径。善于同有思想、有修养的人交谈，就能学到很多有用的知识，“与君一席谈，胜读十年书”就是对交谈意义深刻的总结。英国文豪萧伯纳曾经说过：“你我是朋友，各拿一个苹果，彼此交换，交换后仍各有一个苹果；倘若你有一种思想，我也有一种思想，彼此交流思想，那么，我们每个人就有两种思想了。”可见，广泛的交谈可以交流信息、深化思想、增强认识能力和解决问题的能力。因此，掌握交谈的礼仪要求、提高交谈的语言艺术，对于提高工作水平和工作效率，具有极其重要的作用。

（二）交谈的原则

1. 真诚坦率的原则

真诚是做人的美德，也是交谈的原则。交谈双方态度要认真、诚恳，有了直率诚笃，才能有融洽的交谈环境，才能奠定交谈成功的基础。认真对待交谈的主题，坦诚相见，直抒胸臆，不躲不藏，明明白白地表达各自的观点和看法。出自肺腑的语言才能触动别人的心弦，真心实意地交流是自信的结果，是信任人的表现，只有用自己的真情激起对方感情的共鸣，交谈才能取得满意的效果。

2. 互相尊重的原则

交谈是双方思想、感情的交流，是双向活动。要取得满意的交谈效果，就必须顾及对方的心理需求。交谈中，来自对方的尊重是任何人都希望得到的。交谈双方无论地位高低，年纪大小，或长辈晚辈，在人格上都是平等的。切不可盛气凌人、自以为是、唯我独尊。因此，谈话时，要把对方作为平等的交流对象，在心理上、用词上、语调上，体现出对对方的尊重。尽量使用礼貌语，谈到自己时要谦虚，谈到对方时要尊重。恰当地运用敬语和自谦语，可以显示个人的修养、风度和礼貌，有助于交谈的成功。

（三）交谈的技巧

1. 言之有物

交谈的双方都想通过交谈，获得知识、拓宽视野、增长见识、提高水平。因此，交谈要有观点、有内容、有内涵、有思想，而空洞无物、废话连篇的交谈是不会受人欢迎的。没有材料做根据，没有事实做依凭，再动听的语言也是苍白的、乏味的。我们在交谈时，要明确地把话说出来，将所要传递的信息准确地输送到对方的大脑里，正确反映客观事物，恰当地揭示客观事理，贴切地表达思想感情。

2. 言之有序

言之有序，就是根据讲话的主题和中心设计讲话的次序，安排讲话的层次，即交谈要有逻辑性、科学性。“使众理虽繁，而无倒置之乖；群言虽多，而无棼丝之乱”，即有些人讲话，一段话没有中心，语言支离破碎，想到哪儿就说到哪儿，东一榔头西一棒槌，给人的感觉是杂乱无章，言不及义，不知所云。因此，交谈时，先讲什么，后讲什么，思路要清晰，内容有条理，布局要合理。

3. 言之有礼

交谈时要讲究礼节礼貌。知礼会为你的交谈创造一个和谐、愉快的环境。讲话者，态度要谦逊，语气要友好，内容要适宜，语言要文明；听话者，要认真倾听，不要三心二意，心不在焉。这样就会形成一个信任、亲切、友善的交谈气氛，为交谈获得成功奠定基础。

二、服务语言的注意事项

1. 注意说话时的仪态

每一个服务人员都应注意说话时的仪态。与顾客对话时，首先要面带微笑地倾听，并通过关注的目光进行情感的交流，或通过点头和简短的提问、插话表示你对顾客谈话的注意和兴趣。为了表示对顾客的尊重，一般应站立说话。

2. 注意选择词语

要注意选择词语。在表达同一种意思时，由于选择词语的不同有时会有几种说法，服务人员由于选择词语不同，往往会给顾客以不同的感受，产生不同的效果。例如，“请往那边走”使顾客听起来觉得有礼貌，如把“请”字省去了，变成“往那边走”，在语气上就显得生硬，变成命令式的了，这样会使顾客听起来很刺耳，难以接受。另外，在服务中要注意选择客气的用语，如说“用饭”代替“要饭”，用“几位”代替“几个人”，用“贵姓”代替“您叫什么”，用“去洗手间”代替“去大小便”，用“不新鲜”“有异味”代替“发霉”“发臭”，用“让您破费了”代替“按规定要罚款”，等等。客气的用语会使人听起来更文雅，免去粗俗感。

3. 注意语言要简练、中心要突出

要注意语言的简练、明确，突出中心。在服务过程中，与顾客谈话的时间不宜过长，这就需要我们用简练的语言去交谈。在交谈中，服务人员如果能简要地重复重要的内容，不仅表示了对话题的专注，也使对话的重要部分得到强调，使意思更明白，并能减少误会。

4. 注意语音、语调和语速

要注意语言音调和速度的运用，说话不仅是在交流信息，同时也是在交流情感。许多复杂的情感往往通过不同的语调和语速表现出来。如明快、爽朗的语调会使人感到大方的气质和亲切友好的感情；声音尖锐刺耳或说话速度过急，使人感到急躁、不耐烦的情绪；有气无力，拖着长长的调子，会给人一种矫揉造作之感。因此，在与顾客谈话时掌握好音调和节奏是十分重要的。我们应通过婉转柔和的语调，创造一种和谐的气氛和良好的语言环境。

拓展阅读：

语言之美

有一次，一位住客邀请了一帮朋友坐在大堂沙发上高谈阔论，情绪高昂，谁知其一挥手，把茶几上的一只贵重的花瓶碰翻摔破了。服务员忙上前安慰客人，并马上清理碎片。当住客的朋友离去后，服务员请客人到前台办理赔款，不料，客人却说服务员没有放稳才导致花瓶碎了，拒赔。服务员很委屈，无奈只好向大堂副理求援。

大堂副理了解情况后，便来到了客人面前，很有礼貌地说："您好，先生，欢迎下榻我们酒店，我是大堂副理，想请您到大堂吧喝杯咖啡好吗？"然后，大堂副理把客人带到了大堂吧里，服务员送上了咖啡，他们边喝边聊，"刚才你们一帮人聊得那么开心，是久别重逢吧？"客人说："是的，可是你们服务员花瓶也放不好，刚才摔坏了，吓了我们一跳！"大堂副理一看谈话已经进入正题，说："对不起，让你们受惊了，不过我们桌上的物品都是摆放有序的。"客人回头一看，果然如此，也就无话可说了，于是把账单签了。

客人损坏物品，饭店为了维护自身的利益，向客人索赔是应当的，当客人拒绝时，尤其要讲究讲话的艺术，这是解决问题的关键所在。

这个故事告诉我们，首先，服务员避免了与客人在大堂里的是非之争，给足了客人在朋友面前的面子；其次，当客人拒绝赔款时，大堂副理同客人喝咖啡、聊天，缓解了客人的对立情绪；最后，大堂副理一语点破，提醒客人——服务员已经很给面子了，客人明白了这个道理后，还有什么理由拒绝呢？这是一首和谐的三部曲。

香槟风波

有一天，餐厅来了四位洽谈商务的客人，我在为他们服务的时候，这些客人都会说"谢谢"等一些礼貌用语，不像其他的客人，把服务员当下人看待，这让我备受感动。当双方客人达成协议准备喝香槟庆祝时，我见一位客人已将杯中的香槟一饮而尽，便准备为客人续杯，可是刚走到客人身旁还没来得及为客人倒香槟，客人猛一转身，我手中的香槟不偏不倚地洒到客人的身上，我忙给客人道歉，并要赔偿客人洗衣服的费用，客人却说是因为自己突然转身才会这样，并不怪我，也不用赔偿洗衣服的费用。

通过以上的小故事让我知道，作为一名服务人员，我们应该掌握语言的技巧，好的语言技巧有利于服务人员与顾客的交流。所以，我们在平时的生活当中要注意自己的一言一行，在小事中锻炼自己。

任务三　服务语言的使用与禁忌

一、服务语言的使用

1. 问候用语

在服务过程中，以下五种情况下必须使用问候语：一是主动服务于他人时；二是他人有求于自己时；三是他人进入自己的服务区域时；四是他人与自己相距过近或是四目相对时；五是自己主动与他人进行联络时。

进行问候，通常应当是相互的。在正常情况下，应当由身份较低之人首先向身份较高之人进行问候。在工作之中，自然应当由服务人员首先向服务对象进行问候。

标准式问候用语的常规做法：在问好之前，加上适当的人称代词，或者其他尊称。例如“你好”“您好”“大家好”等。

时效式问候用语是指在一定的时间范围之内才有作用的问候用语。例如“早安”“早上好”“中午好”“下午好”“晚上好”“晚安”等。

拓展阅读：

问候的细节

1. 打招呼无论用点头、手势还是眼神，都应该看着对方的脸，露出笑容。

2. 切忌在双方相距太远的地方高声叫喊，尤其是在公共场所。

3. 向对方打招呼时，注意自己的举止（叼烟、嚼口香糖、双手插在裤袋里、双臂抱在胸前等都是不好的行为）。

4. 打招呼的语言要有所讲究，千万不要不分场合、地点、时间就问人家“吃饭了没有”“上哪去”，尤其是国外朋友，“你好”最为合适。

5. 被人招呼问候，应及时回敬问候，并且热情注视对方。

6. 服务行业倡导“两米微笑、一米问候”。

（1）客人迎面走来，服务人员应放慢步伐，离客人约 2 米处，目视客人，面带微笑，轻轻点头致意，并且说：“您好”等礼貌用语；擦肩而过时，应注意礼让。

（2）行鞠躬礼时，应停步，躬身 15 度至 30 度，眼往下看，并致问候，切忌边走边看边躬身，这是十分不雅观的。

（3）服务人员在工作中，可以边工作，边致礼。如果能暂停下手中的工作行礼，更会让客人感到满意。

2. 迎送用语

（1）欢迎用语。最常用的欢迎用语有：“欢迎”“欢迎光临”“欢迎您的到来”“见到您很高兴”“恭候您的光临”等，往往离不开“欢迎”一词。但在客人再次到来时，可在欢迎用语之前加上对方的尊称，如“先生，真高兴再次见到您”“欢迎您再次光临”等，以表明自己尊重对方，使对方产生被重视之感。在使用欢迎用语时，通常应当一并使用问候语，并且在必要时还须同时向被问候者主动施以见面礼，如注目、点头、微笑、鞠躬、握手，等等。

（2）送别用语。最为常用的送别用语，主要有“再见”“慢走”“走好”“欢迎再来”“一路平安”，等等。需要注意的是，送别乘飞机的客人忌讳说“一路顺风”。

3. 请托用语

请托用语通常是指在请求他人帮忙或是托付他人代劳时，应当使用的专项用语。在工作岗位上，任何服务人员都免不了会有求于人。在向客人提出某项具体要求或请求时，都要加上一个“请”字。

4. 致谢用语

对于服务人员来讲，在下列六种情况下，理应及时使用致谢用语，向他人表达自己的感激之意：一是获得他人帮助时；二是得到他人支持时；三是赢得他人理解时；四是感受到他人善意时；五是婉言谢绝他人时；六是受到他人赞美时。

5. 征询用语

服务过程中需向客人进行征询时，要使用必要的礼貌语言，才会取得良好的反馈。一般有下述五种情况：一是主动提供服务时；二是了解对方需求时；三是给予对方选择时；四是启发对方思路时；五是征求对方意见时。

6. 应答用语

在服务过程中，服务人员所使用的应答用语是否规范，往往直接地反映其服务态度、服务技巧和服务质量。例如，在答复客人的请求时，常用的应答用语主要有：“是的”“好”“很高兴能为您服务”“好的，我明白您的意思”“我会尽量按照您的要求去做”，等等。重要的是，一般不允许对客人说“不”字，更不允许对其置之不理。

7. 祝贺用语

在服务中，有时有必要向客人适时地使用一些祝贺用语。在不少场合，这么做不但是一种礼貌，而且也是一种人之常情。例如：“祝您成功”“祝您身体健康”“祝您节日愉快”等。

8. 推脱与道歉

拒绝别人，也是一门艺术。在工作中遇到超出服务范畴的事项时需要拒绝客人，此时必须语言得体，态度友好，不能直言“做不到”“不归我管”等；当我们的服务不到位或出现差错时，也应真诚地向客人道歉，常用的道歉用语主要有：“抱歉”“对不起”“请原谅”，等等。

二、服务忌语

服务人员在服务中必须杜绝以下四类服务忌语。

（1）不尊重之语。如触犯了服务对象的个人忌讳，尤其是与其身体条件、健康条件方面相关的某些忌讳。例如，面对残疾人时，切忌使用“残废”“瞎子”“聋子”等词。对体胖之人的“肥”，个低之人的“矮”，都不应当直言不讳。

（2）不友好之语。即不够友善，甚至满怀敌意的语言。

（3）不耐烦之语。服务人员在接待工作中要表现出应有的热情与足够的耐心，要努力做到：有问必答，答必尽心；百问不烦，百答不厌；不分对象，始终如一。假如使用了不耐烦之语，不论自己的初衷是什么，都是属于违规的。

（4）不客气之语。如在劝阻服务对象不要动手乱摸乱碰时，不能够说：“别乱动”

"弄坏了你得赔"等。

拓展阅读：

常用礼貌用语七字诀

与人相见说"您好"，问人姓氏说"贵姓"，问人住址说"府上"；
仰慕已久说"久仰"，长期未见说"久违"，求人帮忙说"劳驾"；
向人询问说"请问"，请人协助说"费心"，请人解答说"请教"；
求人办事说"拜托"，麻烦别人说"打扰"，求人方便说"借光"；
请改文章说"斧正"，接受好意说"领情"，求人指点说"赐教"；
得人帮助说"谢谢"，祝人健康说"保重"，向人祝贺说"恭喜"；
老人年龄说"高寿"，身体不适说"欠安"，看望别人说"拜访"；
请人接受说"笑纳"，送人照片说"惠存"，欢迎购买说"惠顾"；
希望照顾说"关照"，赞人见解说"高见"，归还物品说"奉还"；
请人赴约说"赏光"，对方来信说"惠书"，自己住家说"寒舍"；
需要考虑说"斟酌"，无法满足说"抱歉"，请人谅解说"包涵"；
言行不妥说"对不起"，慰问他人说"辛苦"，迎接客人说"欢迎"；
宾客来到说"光临"，等候别人说"恭候"，没能迎接说"失迎"；
客人入座说"请坐"，陪伴朋友说"奉陪"，临分别时说"再见"；
中途先走说"失陪"，请人勿送说"留步"，送人远行说"平安"。

项目五　服务人员的社交礼仪

任务一　见面礼仪

一、称呼的礼节

服务礼仪规定，在任何情况下，服务人员都必须对服务对象采用恰当的称呼。要做好这一点，主要应当从四个方面来具体着手。

（一）区分对象

服务人员在服务中所接触的对象包括国内和世界各国的各界人士，由于彼此双方的关系、身份、地位、民族、宗教、年纪、性别等存在着一定的差异，因此在具体称呼服务对象时，服务人员最好是有所分别，因人而异。

根据惯例，称呼的使用有着正式场合与非正式场合之分。正式场合使用的称呼，主要分为三种类型。一是泛尊称。例如，"先生""小姐""夫人""女士"，等等。二是职业加以泛尊称。例如，"司机先生""秘书小姐"，等等。三是姓氏加以职务或职称。例如，"张经理""李科长""王教授"，等等。使用于非正式场合的称呼，可以直接以姓名、名字、爱称、小名、辈分等相称，但我们在服务中不采用。

（二）照顾习惯

在服务中称呼他人时，必须考虑交往对象的语言习惯、文化层次、地方风俗等，并分别给予不同的对待。例如，“先生”“小姐”“夫人”一类的称呼，在国际交往之中，最为适用。

（三）有主有次

需要称呼多位服务对象时，要分清主次，标准的做法有两种：一是由尊而卑，即在进行称呼时，先长后幼，先女后男，先上后下，先疏后亲。二是由近而远，即先对接近自己者进行称呼，然后依次向下称呼他人。

（四）严防犯忌

在称呼方面，有可能触犯的禁忌主要有两类：

（1）不使用任何称呼。有些服务人员平时懒于使用称呼，直接代之以“喂”“嘿”“那个”“那边的”，甚至连这类本已非礼貌的称谓索性也不用。这一做法，可以说是失敬于人的。

（2）使用不雅的称呼。一些不雅的称呼，尤其是含有人身侮辱或歧视之意的称呼。例如，“眼镜”“矮子”“瘦猴”等，是绝对忌用的。

二、介绍的礼节

（一）自我介绍的礼节

在服务过程中如需进行自我介绍时，要报清自己的姓名和身份以及所负责的服务工作，还要注意态度的热情、友好和手势的自然、得体。

（二）为他人介绍的礼节

为他人作介绍主要是了解介绍的规则，即把谁介绍给谁的问题。国际公认的介绍顺序是：①将男性介绍给女性；②将年轻者介绍给年长者；③将职位低者介绍给职位高者；④将客人介绍给主人；⑤将晚到者介绍给早到者。在以上五个顺序中，如果被介绍者之间符合其中的两个以上的顺序，一般应按后一个顺序进行介绍。

三、致意的礼节

（一）常用的致意礼节

在服务过程中会运用到的致意的礼节主要有：注目礼、点头礼、欠身礼、鞠躬礼、握手礼、举手礼、合十礼等。这些礼节都要进行规范化的训练，在运用时才能做到得体和自然。

（1）注目礼。它和举手礼一样，原是军人施行的特殊礼节。行礼时，双目始终凝视着首长或贵客，并随他们的行走而转移。现时，已广为社交场合所用，形成一种礼节。一般并不单独使用，而是在介绍、握手、点头、举手等礼节的同时，用双目自然地凝视对方，以示敬重。如不与注目同步，则是一种严重的失礼行为。

（2）点头礼。通常行于同级或同辈之间，或对于在同一场合，已多次见面的客人等，可用点头微笑致意。

（3）欠身礼。在服务中，欠身礼是运用得最广泛的一种礼节。双手叠放于腹前，上身向前倾斜 15 度，面带微笑，目光亲切地注视着对方，同时致以热情的问候。这是迎宾、送客以及招呼客人时常用的一种礼节。

（4）鞠躬礼。一般是下级对上级、服务人员对宾客、初次见面的朋友之间以及欢送宾客时所行礼节。与欠身礼不同的是，鞠躬礼需目光落地。鞠躬的度数主要有15度、30度、45度、90度等。一般来说，15度的鞠躬礼表示问候，30度和45度的鞠躬礼用于迎客和送客。鞠躬时，还应微笑地致以相应的问候语或告别语。诸如“见到您很高兴”“欢迎光临”“欢迎再次光临”，等等。受礼者如是长者、贤者、宾客、女士，还礼可不鞠躬，而用欠身、点头、微笑致意。对信奉佛教者，在施行鞠躬礼时，还可双手合十，在胸、下颚之间，上、下数次以致意。

拓展阅读：

鞠躬礼使用

鞠躬礼，即弯身行礼，为中国、日本、朝鲜的传统礼仪，用来表示对别人的尊敬。鞠躬礼除了向客人表示欢迎、问候之外，还用于下级向上级、学生向老师、晚辈向长辈表示由衷的敬意，有时也用于向他人表示深深的感激之情。

鞠躬礼常见的适用场合有演员谢幕、演讲、领奖、举行婚礼、悼念，等等。

1. 鞠躬礼规范

行鞠躬礼时，施礼者通常距离受礼者2米左右，脱帽，呈立正姿势，面带笑容，目视前方，身体前部向前弯腰一定程度，然后恢复原状。

2. 分类

（1）一鞠躬，身体上部前倾一次，鞠躬大约15~45度。

（2）三鞠躬，身体上部前倾三次，鞠躬大约90度（适用于传统婚礼、悼念活动）。

3. 鞠躬的深度

鞠躬的深度视受礼对象和场合而定。一般问候、打招呼施以15度左右鞠躬礼，迎宾为30度，送客为45度，而90度大鞠躬通常用于悔过、谢罪等特殊情况。

4. 鞠躬礼注意

（1）目光应向下看，表示一种谦恭的态度，不可以在弯腰的同时抬起眼睛望着对方。鞠躬礼毕起身时，目光应有礼貌地注视对方，如果目光旁视，会让人感到行礼不是诚心诚意的。施礼者和受礼者在施礼过程中要相互注视。

（2）鞠躬后视线落在对方脚尖部位。

（3）鞠躬时脖颈挺直。

（4）在我国，接待外宾时也常用鞠躬礼。如果客人使用这种礼节，受礼方一般也应该用鞠躬礼回之，但长辈和上级欠身点头即算还礼。日本人见面一般不握手，而习惯于相互鞠躬。在接待日本客人时，要尊重其风格，行鞠躬礼。

（5）握手礼。握手礼是在人际交往中，使用频率最高、适用范围最广泛的一种礼节。见面、离别、迎来、送往、庆贺、致谢、鼓励、慰问等场合均可施行。

行握手礼时，通常距离受礼者约一步，两足立正，上身稍向前倾，伸出右手，四指并齐，拇指张开与对方相握，微微抖动三四次，时间不超过3秒钟，双目要凝视对方，微笑致意。关系亲近者，握手可稍加力度和抖动次数。

左手相握是严重失礼，因故（如右手患病或沾有油污等）不能用右手相握时，则主动向对方致歉并加以说明，免除握手礼。

握手要先后有序。一般由年长者、身份高者、女士先伸手；年轻者、身份低者、男士，可先行问候致意，待对方伸手后再握。迎客时，主人要先伸手表示欢迎，而送客时应待客人先伸手，否则有逐客的嫌疑。

在服务中不应主动与客人握手，但有时客人主动伸手要求握手时，我们就应该按握手礼的礼规热情地回应。

拓展阅读：

握手禁忌

（1）贸然伸手；

（2）用左手握手；

（3）戴墨镜、太阳镜握手；

（4）戴帽子、手套握手（除非女士在社交场合作为身体服装一部分的薄纱手套）；

（5）交叉握手；

（6）抓指尖式；

（7）握手时目光左顾右盼；

（8）长久地握住异性的手不放。

（6）举手礼。通常用于送客、与人告别等场合，或在公共场合遇到相识的人，但彼此相距较远，可举起右手向对方招呼致意。

（7）合十礼。亚洲的一些佛教国家，如泰国、柬埔寨等，人们见面时往往以合十表示敬意。行合十礼时，应双目注视对方，并面带微笑，双手五指并拢，在胸前约 20 厘米处沓合，上体前倾约 30~45 度，沓合的双手也微微上举，使手指尖部与鼻尖或额同高。手举得越高表示越尊敬，但不可超过额头。

（二）致意的规则

一般做法是：男性应当先向女性致意；年轻者应当先向年长者致意；下级应当先向上级致意；服务人员应当先向客人致意。

任务二　电话礼仪

电话被现代人公认为便利的通信工具，在日常工作中，使用电话的语言很关键，它直接影响着一个公司的声誉；在日常生活中，人们通过电话也能粗略判断对方的人品、性格。因此，掌握正确的、礼貌待人的打电话方法是非常必要的。看起来打电话很容易，对着话筒同对方交谈，觉得和当面交谈一样简单，其实不然，打电话大有讲究，可以说是一门学问、一门艺术。

一、基本礼仪

（一）重要的第一声

如当打电话给某单位，一接通就能听到对方亲切、优美的招呼声，心里一定会很愉快，双方对话就能顺利展开，对该单位也有较好的印象。在电话中只要稍微注意一下自己的行为就会给对方留下完全不同的印象。同样说："你好，这里是××公司"。但声音清晰、悦耳、吐字清脆，给对方留下好的印象，对方对其所在单位也会有好的印象。因此要记住，接电话时，应有"代表单位形象"的意识。

（二）要有喜悦的心情

打电话时要保持良好的心情，这样即使对方看不见你，但是能从欢快的语调中被你感染，给对方留下极佳的印象，由于面部表情会影响声音的变化，所以即使在电话中，也要抱着"对方看着"的心态去应对。

（三）清晰明朗的声音

打电话过程中绝对不能吸烟、喝茶、吃零食，即使是懒散的姿势对方也能够"听"得出来。如果你打电话的时候，弯着腰躺在椅子上，对方听你的声音就是懒散的、无精打采的，若坐姿端正，所发出的声音也会亲切悦耳，充满活力。因此打电话时，即使看不见对方，也要当作对方就在眼前，尽可能注意自己的姿势。

（四）迅速准确地接听

现代工作人员业务繁忙，桌上往往会有两三部电话，听到电话铃声，应准确迅速地拿起听筒，最好在三声之内接听。电话铃声响一声大约 3 秒钟，若长时间无人接电话，或让对方久等是很不礼貌的，对方在等待时心里会十分急躁，会给他留下不好的印象。即便电话离自己很远，听到电话铃声后，附近没有其他人，应该用最快的速度拿起听筒，这样的态度是每个人都应该持有的，这样的习惯是每个办公室工作人员都应该养成的。如果电话铃响了五声才拿起话筒，应该先向对方道歉，若电话响了许久，接起电话只是"喂"了一声，对方会十分不满，也会给对方留下不好的印象。

（五）认真清楚地记录

随时牢记"5W1H"技巧，5W1H 是指 when（何时）、who（何人）、where（何地）、what（何事）、why（为什么）、how（如何进行）。在工作中这些资料都是十分重要的，对打电话、接电话具有相同的重要性。电话记录既要简洁又要完备，有赖于 5W1H 技巧。

（六）了解来电话的目的

上班时间打来的电话几乎都与工作有关，公司的每个电话都十分重要，不可敷衍，即使对方要找的人不在，切忌只说"不在"就把电话挂了。接电话时也要尽可能问清事由，避免误事。首先应了解对方来电的目的，如果自己无法处理，也应认真记录下来，委婉地探求对方来电目的，就可不误事而且赢得对方的好感。

（七）挂电话前的礼貌

要结束电话交谈时，一般应当由打电话的一方提出，然后彼此客气地道别，说一声"再见"，再挂电话，不可只管自己讲完就挂断电话。

二、接听电话

（一）接听电话前的准备工作

（1）准备记录工具：如果大家没有准备好记录工具，那么当对方需要留言时，就不得不要求对方稍等一下。所以，在接听电话前，要准备好记录工具，如笔和纸、手机、电脑等。

（2）停止一切不必要的动作：不要让对方感觉到你在处理一些与电话无关的事情，对方会感到你在分心，这也是不礼貌的表现。

（3）使用正确的姿势：如果你姿势不正确，不小心电话从你手中滑下来，或掉在地上，发出刺耳的声音，也会令对方感到不满意。

（4）带着微笑迅速接起电话：让对方也能在电话中感受到你的热情。

（二）接听电话的具体要求

（1）三声之内接起电话。此外，接听电话还要注意以下方面：注意接听电话的语调，让对方感觉到你是非常乐意帮助他的，在你的声音当中能听出你是在微笑；注意语调的速度；注意接听电话的措辞，绝对不能用任何不礼貌的语言方式来使对方感到不受欢迎；注意双方接听电话的环境；注意当电话线路发生故障时，必须向对方确认原因；注意打电话双方的态度；当听到对方的谈话很长时，也必须有所反映，如使用“是的、好的”等来表示你在听。

（2）主动问候，报部门和介绍自己。

（3）如果想知道对方是谁，不要唐突地问“你是谁”，可以说“请问您哪位”或者可以礼貌地问，“对不起，可以知道应如何称呼您?”。

（4）搁置电话或让宾客等待时，应给予说明，并致歉。每过 20 秒留意一下对方，向对方了解是否愿意等下去。

（5）转接电话要迅速。每一位员工都必须学会自行解决电话问题，如果自己解决不了再转接正确的分机上，并要让对方知道电话是转给谁的。

（6）对方需要帮助，作为服务人员应尽力去帮助宾客，对于每一个电话都要做到以下事情：问候 、道歉、留言、转告、马上帮忙、转接电话、直接回答（解决问题）、回电话。

（7）感谢对方来电，并礼貌地结束电话。在电话结束时，应用积极的态度，同时要使用对方的名字来感谢对方。

（三）电话问候礼仪

（1）最为正式的是以问候语加上单位、部门的名称以及个人姓名。

（2）一般场合以问候语加上单位、部门的名称，或是问候语加上部门名称。

（3）普通的人际交往以问候语直接加上本人姓名。

需要注意的是，不允许接电话时以“喂喂”或“你找谁呀”作为电话的见面礼。特别是不允许一张嘴就毫不客气地查一查对方的户口，一个劲儿地问人家“你找谁”“你是谁”，或者“有什么事儿”，这样一来，别人在厌恶之余就会很难接受你。

三、拨打电话

打电话时，需注意以下几点：

（1）要选好时间。打电话时，如非重要事情，尽量避开受话人休息、用餐的时间，而且最好别在节假日打扰对方。

（2）要掌握通话时间。打电话前，最好先想好要讲的内容，以便节约通话时间，不要现想现说，“煲电话粥”，通常一次通话不应长于3分钟，即所谓的“三分钟原则”。

（3）要态度友好。通话时不要大喊大叫，震耳欲聋。

（4）要用语规范。通话之初，应先做自我介绍，不要让对方“猜一猜”。请受话人找人或代转时，应说“劳驾”或“麻烦您”，不要认为这是理所应当的。

拓展阅读：

电话形象

1. 通话的时机

要打好一次电话，首先就应当明确：通话唯有在适宜之时进行，才会事半功倍。打电话若是不考虑时间问题，往往就会无事生非。

按照惯例，通话的最佳时间有二：一是双方预先约定的时间，二是对方方便的时间。

除有要事必须立即通告外，不要在他人的休息时间打电话。例如，每日上午7点之前、晚上10点之后以及午休的时间等。另外，在用餐时候打电话也不太合适。周末居家打电话一般应选择上午8点之后。

跟客户打电话一般不要选择周一上午（尤其是刚刚上班的1~2小时）、周五下午快下班的1~2小时。平时则不选择对方刚上班或快下班的20分钟之内。此时，对方最容易不耐烦。

打公务电话，尽量要公事公办，不要在他人的私人时间，尤其是节、假日时间去麻烦对方。

非特殊需要不要在半夜、拂晓或别人吃饭、休息的时间打电话，以免引起对方的反感。

2. 通话的内容

通话内容要简练、明白、口齿清晰、吐字干脆。

基本原则：“以短为佳，宁短勿长”——“三分钟原则”。

3. 通话时的举止表现

主要是指打电话时的神态、表情、动作等。应注意：

首先，要微笑。微笑的声音可以通过电话传递给对方一种温馨愉悦之感。

其次，打电话时，应停止一切不必要的动作，采取正确站姿（最好双手持握话筒，并起身站立）、坐姿（伸直上身有助于语调提高）。

再次，不要边吃东西边打电话、不要在通话时把话筒夹在脖子下面、不要抱着电话机随意走动，或是趴着、仰着、坐在桌脚上，或是高架双腿与人通话。拨号时，不要以笔代手。

最后，不能对着话筒发出咳嗽的声音。

4. 电话公务

电话公务管理应当完善，即“谁接的电话？如何处理的？”应当明确。这些一般通过电话记录体现出来。

现今，比较专业的公司，一般都有专门的电话记录簿。

电话记录的6W要素：who（谁来的电话）、whom（打电话找谁）、what（来电内容）、why（来电原因）、where（来电中提到的地点）、when（来电时间、来电中提到的时间）。

5. 移动电话使用规范

（1）令其安守本分。

电话的主要功能是方便个人联络和确保信息交流，不是身份的象征，无论电话多么昂贵、先进都不能耀武扬威、盛气凌人。

（2）利人利己。

电话要按时充值、不要经常关机、更换了号码应及时告知自己主要的交往对象，包括老客户。

（3）遵守公共秩序。

不允许在公共场合，尤其是楼梯、电梯、路口、人行道等人来人往处，旁若无人地大声通话。

不允许在要求“保持寂静”等公共场所，诸如音乐厅、美术馆、影剧院以及餐厅、酒吧等，旁若无人地使用手机。必要时，应关机，或处于静音状态。

不允许在上班期间，尤其是在办公室、车间里，因私使用手机，显得自己三心二意。

不允许在聚会期间，如开会、会见宾客、上课时使用手机，从而分散他人的注意力。

（4）自觉维护安全。

在驾车时、病房中、加油站、飞机上不要使用手机。

四、电话常用语

（1）您好！这里是×××公司×××部（室），请问我能为您做点什么？

（2）我就是，请问您是哪一位？

（3）请问您有什么事？（有什么能帮您？）

（4）您放心，我会尽力办好这件事。

（5）不用谢，这是我们应该做的。

（6）×××同志不在，我可以替您转告吗？（请您稍后再来电话好吗？）

（7）对不起，这类业务请您向×××部（室）咨询，他们的号码是……。（×××同志不是这个电话号码，他（她）的电话号码是……）

（8）您打错号码了，我是×××公司×××部（室），……没关系。

（9）再见！（与以下各项通用）

（10）您好！请问您是×××单位吗？

（11）这里是×××公司×××部（室）×××，请问怎样称呼您？

（12）请帮我找×××同志。

（13）对不起，我打错电话了。

（14）对不起，这个问题……，请留下您的联系电话，我们会尽快给您答复，好吗？

拓展阅读：

铃声终于激怒了老总

“开会了，开会了！”大家都来到了会议室。总经理召集各部门经理开会，布置下一个季度的营销任务。老总刚清了清嗓子准备说话，一阵刺耳的电话铃声响了起来，李经理忙不迭地站起来跑出去接电话。老总脸上显出了愠色。会议继续进行，可是不是这里在低头小声接电话，就是那里突然一声铃声。老总突然一拍桌子，把大家吓得一哆嗦。“把手机关了，我不相信关一会儿手机会死人！”

现代人和电话已经密不可分。手机给我们的生活带来方便的同时也给社会带来一些问题，我们常常看到有的人在办公场所或需要安静的公共场合肆无忌惮地使用手机，招致别人的反感。所以特殊场合打电话要体会他人感受。谁都知道开会不能交头接耳，不能说话，其实开会打电话比说话还招人烦。但是很多人认为说话不应该，接电话却特别理直气壮，这是一种错误的认识。有一定身份的人对社会有示范作用，如果他们在会议中打电话，就会带来更不好的后果。在特殊场合，拨打、接听电话者要学会体会其他人的感受：如果我这么做，别人是高兴还是不高兴？不断反思自己的行为得失，修正自己的行为，今后进入任何一种场合，就会有自然得体的举动。

任务三　涉外礼仪

一、礼宾次序

所谓礼宾次序，是指国际交往中对出席活动的国家、团体、人士的位次按某些规则和惯例进行排列的先后次序。它体现了东道主（东道国）对宾客所给予的礼遇。礼宾次序在国际性集会上还体现了各国的平等地位。

（一）礼宾次序的排列依据

（1）按宾客的身份与职务高低来排列。在国际交往活动中，礼宾次序主要按宾客的身份与职务的高低来依次排列。

（2）按姓氏顺序排列。多边活动中，礼宾次序可按宾客的姓氏顺序来排列。

（3）按字母顺序排列。有的多边活动对来宾的礼宾次序的排列，可以按参加国的国名字母（一般以英文字母为准）来排顺序。

（4）按通知代表团组成的日期先后排列。这也是常用的礼宾次序排列方法之一。

（5）不进行任何正式的顺序排列。实际上，这是一种特殊形式的排列。在多方外事接待中，此种排列顺序主要适用于如下两种情况：一是没有必要进行顺序排列；二是实在难以进行任何方式的排列。

（二）礼宾次序的排列要求

（1）在一般社交场合，约定俗成的做法是：凡涉及位次顺序时，国际上都讲究右尊左卑。

（2）一些场合的特殊要求。

①同行时。两人同行，以前者、右者为尊；三人或三人以上同行，并行以中者为尊，前后行，以前者为尊。

②乘电梯时。若是乘坐无人值守的电梯，服务人员须自己先进后出，以便控制电梯。若是乘坐有人值守的电梯，则服务人员应当后进后出。

③乘坐轿车时。一般是五人座轿车，如是司机开车，后排右边为尊，左边次之，前排副驾驶室最小；如是主人开车，则副驾驶室为上座。上车时，应让尊者先行。应请客人由右边上车，然后再从车后绕到左边上车。

④迎宾引路时。服务人员应走在客人前方约一米。

⑤上楼时。尊者在前，下楼时则相反。

⑥在室内。以朝南或面门的座位为尊位。

（3）重大宴会上的礼宾次序要求。

重大宴会上的礼宾次序规则，主要体现在桌次、座次的安排上。国际上的一般惯例，座次高低以离主桌位置远近而定，席位的安排大体按照面门为大，以右为尊的原则。在正式宴会上，陪同、译员一般不上席，为便于交谈，译员可坐在主人和主宾的背后。

二、外事迎送礼仪规范

迎客和送客是外事接待工作的两个环节，在整个涉外活动中占有极其重要的地位。因此，服务人员必须了解接待礼仪礼宾方面的一些常识。

（一）迎送规格的确定

对来宾的迎送规格，通常主要是依据来访者的身份，访问性质和目的，适当考虑两国关系，同时要注意国际惯例。

确定迎送规格，主要是确定哪一级人员出面迎接，是接待来宾的一个礼遇规格，应根据主管部门接待要求来办。主要迎送人员通常都要同来宾的身份相当，但由于各种原因不可能完全对等时，可灵活变通，由职位相当的人士或由副职出面。总之，主人身份与客人的身份不能相差太大，以同客人对口、对等为宜，以示对客人的尊重。当事人不能出面时，无论作何种处理，应从礼貌出发，向对方做出解释。在特殊情况下，为了两国的外交关系或政治需要，可打破常规，安排较大的迎送场面，给予较高的礼遇，但要避免产生误会，以免造成厚此薄彼的印象。

（二）掌握抵达和离开的时间

为顺利迎接客人，迎送人员必须准确掌握来宾乘坐的交通工具（飞机、火车、船舶）的抵离时间。如有变化，应及时告知。由于天气变化等意外原因，飞机、火车、船舶可能不准时，迎送人员应在客人抵达之前到达机场、车站或码头，不能出现让客人等候的现象。送行人员应在客人起程之前到达，如有迎送仪式，应在仪式之前到达，并直到客人乘坐的交通工具看不见时再离去。

（三）献花

献花适用于礼遇较高的外宾，迎接普通外宾，一般不需献花。献花须用鲜花或由鲜花扎成的花束，花束要整洁、鲜艳，并且要考虑到各国的花卉禁忌。向贵宾献花，通常由儿童或女青年在参加迎送的主要领导人与客人握手之后，将花献上，并向来宾行礼。

（四）互相介绍

客人与迎接人员见面时，应互相介绍。通常先将主人介绍给来宾，可由礼宾交际工作人员、接待翻译或迎接人员中职位最高者介绍。有时也可作自我介绍。客人初来乍到，一般较为拘谨，作为主人应主动与客人寒暄。

拓展阅读：

介绍礼仪

介绍是人与人相互认识的桥梁，是人们开始交往的第一步。介绍也是日常接待工作中必不可少的一个环节，是人际交往和接待工作中相互了解的基本方式。

1. 自我介绍（交际场合常用的介绍方式）

（1）注意手势。

（2）自我介绍注意以下三点：

①先递名片，再做介绍（加深印象）；

②时间要简短（1分钟之内）；

③内容要规范。

（3）“四要素”：单位、部门、职务、姓名。

（4）特别注意：第一次介绍时单位名称要用全称，不用简称，以免产生误解。

2. 他人介绍

由他人做介绍，自己处在当事人位置。如果你是身份高者、年长者，应立即与对方热情握手；如果是身份低、年轻者，应根据对方的反应而做出反应（如对方伸手，应立即回握）。

3. 为他人介绍（第三者介绍）

服务人员、接待人员在接待工作中，为他人做介绍是常有的事情。在社交场合中，通过接待人员介绍让宾客相互认识是一种起码的礼貌。

（1）介绍表情、手势。

介绍时，表情、手势应文雅。无论介绍哪一方，都应手心朝上，手背朝下，四指并拢，拇指张开，指向被介绍一方，并向另一方点头微笑，切忌伸出手指指来指去。

（2）介绍的先后顺序：尊者居后。

先男士，后女士；先年轻，后年老；先地位低的，后地位高的；女性之间，先未婚，后已婚；先主人，后客人。

4. 集体介绍

（1）将一个人介绍给大家。

适合于在重大活动中对身份高者、年长者和特邀嘉宾的介绍。例如，导游将经理介绍给旅行团的团员。

（2）将大家介绍给一个人。

注意顺序：按身份高低、按座次顺序（由近及远）。

（五）迎送中的陪车

迎送车辆都应事先安排好，不可临阵调遣，给人以仓促之感。客人抵达或迎送仪式结束后，从抵达地到住处，以及访问结束后，由住地前往机场、车站、码头，一般都应安排迎送人员陪同乘车。陪车时，应请宾客坐在主人右侧。上车时，请客人从右侧门上车，主人从左侧门上车。如果客人已先上车并坐在了主人位置上，则不宜再请客人挪换座位。

（六）迎送中的其他注意事项

迎送贵宾时，应事先在机场（车站、码头）安排好休息室，准备好饮料。

客人的住处、膳食应事先订好。如有条件，在客人到达之前，就应将住房地点、用膳方式、日程安排、联络方式、联络人等事宜通知到具体客人。也可将上列事项打印好，在客人到达时分发给每个客人，这样可避免混乱，使客人心中有数，主动配合。指派专人协助办理出入境手续及机票（车船票）和行李提取或托运手续等事宜。

客人到达后，应先把客人送到住处，给客人安排休息的时间，再开展其他活动。不要直接就把客人拉到活动或宴会地点。

整个迎送活动应安排得热情、周到，有条不紊，使客人有“宾至如归”的感觉，不能出现冷淡、粗心或怠慢客人的情形。

三、会见、会谈礼仪

（一）会见的特点

所谓会见，是指为了一定目的而进行的约会、见面。会见，在国际上一般称为“接见”或“拜会”。凡身份高的人士会见身份低的，一般称为“接见”或“召见”；凡身份低的人士会见身份高的，或是客人会见主人，一般称为“拜会”或“拜见”。我国一般不作上述区别而统称“会见”。接见和拜会后的回访，称“回拜”。

会见的性质有礼节性的、政治性的、事务性的，或兼而有之。其中礼节性的会见时间较短，一般15分钟左右，话题较为广泛。政治性会见一般涉及双边关系、国际局势等重大问题，一般30分钟左右。会见后如必要，接下来会有详尽的会谈。事务性会见则有一般外交交涉、业务商谈、经贸、科技及文化交流等，一般为45分钟左右。

（二）会谈的特点

所谓会谈，是指双方或多方就某些重大的政治、经济、文化、军事及其他共同关心的问题交换意见。会谈也可以指洽谈公务和业务谈判。会谈的内容较为正式，一般说来，会见注重仪式性，会谈注重实质性。

（三）会场布置与座位安排

高级领导人之间的会见，通常安排在重要建筑物的宽敞的会客厅（室）内进行，也可以在宾客下榻的宾馆的会客室进行。桌上常放置两国国旗，现场设置中、外文座位卡，卡片的字体应工整、清晰，以便与会者对号入座。场地正门口，还要安排人员迎送客人。

会见的座位安排有多种形式，有分宾主各坐一方的，有宾主穿插坐在一起的。通常这样安排：主宾、主人席安排在面对正门位置，客人座位在主人右侧，其他客人按礼宾顺序在主宾一侧就座，主方陪见人在主人一侧按身份高低就座。译员、记录员通常安排在主人和主宾后面。

会谈座位的安排。会谈分为双边会谈与多边会谈。双边会谈通常用长方形或椭圆形桌子，宾主相对而坐，客人面向正门，主人在背门一侧，主谈人居中。如会谈长桌一端面向正门，则以入门的方向为准，右为客方，左为主方。多边会议，座位可摆成圆形、方形等。不论什么形式，均以面对正门为上座。

小范围的会谈，也有不用长桌，只设沙发，双方座位按会见座位安排。

拓展阅读：

常见几种商务礼仪座次

1. 行路

(1) 并行“把墙让给客人”的原则。

二人并行——内侧高于外侧；

多人并行——中央高于两侧。

(2) 单行行进。

前排高于后排——“把选择前进方向的权利让给客人”。

(3) 乘坐电梯。

有人值守电梯——陪同人员后进后出；

无人值守电梯——陪同人员先进后出（帮助按电梯按钮）。

(4) 上下楼梯的礼仪。

使用楼梯和自动扶梯时，不论上楼还是下楼，主人应走在前面。同样，这样做可使主人到达目的地后迎接并引导客人。男女同事在使用楼梯和自动扶梯时，应按先来后到的顺序，事实上，有时候并肩走也是可以的，但要看具体情况。不要和你前面的人靠得太近。

如果自动扶梯较宽，应靠右侧站，以便让着急的人从左侧超过。在拥挤的楼梯上，跟随着人流，不论上楼还是下楼，一般都应靠右侧走。

由于走楼梯或乘自动扶梯时不便交谈，因此最好等到达目的地后再谈，这样可以避免他人因不便交谈而感到尴尬。

总的原则：中央高于两侧、内侧高于外侧、前排高于后排。

2. 乘车

(1) 乘坐礼节。

乘坐由司机驾驶的小轿车，不管驾驶位在左还是在右（美式在左，英式在右），都是以后排右座为首位，后排左座次之，后排中座再次之，司机旁边的座位为末位。

如果三人一道乘车，座次的排列要视性别而定。如果性别相同，那么就应按照长幼尊卑的次序，前排坐一位，后排坐两位。如果男女都有，则应全都坐到后排；一男二女，就女士坐一侧，男士坐一侧，界限分明；如果二男一女，就让女士居中，男士分坐两侧，倍加呵护。

假如只有两人一同乘车，那就较为简单，两人安坐后排，右高左低。

如果是主人充当司机驾车，小轿车的首座则应该是司机旁边的位置，其次才是后排右座，再是后排左座，后排中间为末座。

(2) 需要注意的细节问题。

主人陪同客人乘同一辆轿车，应帮助客人上下车。首先打开轿车右侧车门，并以手指示车篷上框（护顶），提醒客人注意。等客人坐好后，关上门。主人才可以从左侧车门上车。

若同亲友乘同一辆车，应请女士和长辈先上车，并为之开关车门。抵达目的地时，主人应先下车，并绕过去为客人打开车门，以手挡住车门上框，协助下车。亲友一同乘车时，男士和晚辈也应如此。

男女同乘、下级上级同乘，男士和下级应主动帮助女士或上级乘车。

3. 会客

(1) 自由式排列座次。

适用于两种情况：①非正式交往；②难以排列座次（大家平级）。

(2) 相对式排列座次。

公事公办，拉开距离，双方正式洽谈等场合。

原则：以右为上（进门者的右、行进者面向的右、动态的右）。

(3) 并列式（并排式）排列座次。

平级平坐表示友善，表示亲近、信任的关系。

原则：面门为上，以右为上（静态的右，客人主人坐好后，彼此之间的右侧）。

4. 谈判的座次

(1) 横桌式（标准式）。

原则：面门为上、以右为上、居中为上。

[注] 在国内谈判中，领导者身边坐副领导者，而在国际谈判中则坐翻译。

(2) 竖桌式。

原则：以右为上（动态的右）、居中为上。

5. 签字仪式

原则：面门为上、以右为上、居中为上、以远为上、前排为上。

（四）会见与会谈的几项具体工作

(1) 迎接客人。客人到达前，主人应提前到达会见或会谈场所。客人到达时，主人应在门口迎候。主人的穿着要和自己的职务、身份相称。如果主人不到大楼门口迎接，则可由工作人员迎接并引入会客厅。

(2) 会见、会谈期间的服务礼仪。会见时所招待的饮料，各国不一。我国一般备有茶水，夏天则会额外提供冷饮，如会客时间过长，可适当加上咖啡（或红茶）和点心。如需合影，要事先安排好合影位置，布置好场地，准备好照相设备。合影时主人和主宾居中，并以主人右侧为上，按礼宾次序，主、宾双方间隔排列。合影时间宜安排在宾主见面握手之后，经合影后再入座，当然也有在会见结束后合影留念的。需要指出的是，工作人员一般不参加合影。

(3) 会见、会谈涉及的人员。领导人之间的会见、会谈，除陪见人和必要的译员、记录员外，其他工作人员安排就绪后均应退出。如允许记者采访，也只是在正式谈话开始前采访几分钟，然后全部离开。谈话过程中，旁人不要随意进出。

（4）握别。会见、会谈结束，热情话别并送至车前或门口握别，目送客人离去后再退回室内。

任务四　其他交往礼仪

一、握手礼仪

握手是一种礼仪，但人与人之间、团体之间、国家之间的交往都赋予这个动作丰富的内涵。一般来说，握手往往表示友好，是一种交流，可以沟通原本隔膜的情感，可以加深双方的理解、信任，可以表示一方的尊敬、景仰、祝贺、鼓励，也能传达出一些人的淡漠、敷衍、逢迎、虚假、傲慢。团体领袖、国家元首之间的握手则往往象征着合作、和解、和平。握手的次数也许数不清，印象深刻的可能只有几次：第一次见面的激动，离别之际的不舍，久别重逢的欣喜，误会消除、恩怨化解的释然，等等。

把握住握手事项中的一点或几点，可以讲述自己的经历，可以针对现实发表议论，可以展开联想，表达感悟，可以从虚入手，倾诉感情，表达方式可以根据情景需要而定。握手最早发生在人类"刀耕火种"的年代。那时，在狩猎和战争时，人们手上经常拿着石块或棍棒等武器，他们遇见陌生人时，如果大家都无恶意，就要放下手中的东西，并伸开手掌，让对方抚摸手掌心，表示手中没有藏武器。这种习惯逐渐演变成今天的"握手"礼节。

握手是在相见、离别、恭贺或致谢时相互表示情谊、致意的一种礼节，双方往往是先打招呼，后握手致意。

（一）握手的顺序

主人、长辈、上司、女士主动伸出手，客人、晚辈、下属、男士再相迎握手。

（二）握手的方法

（1）被介绍之后，最好不要立即主动伸手。年轻者、职务低者被介绍给年长者、职务高者时，应根据年长者、职务高者的反应行事，即当年长者、职务高者用点头致意代替握手时，年轻者、职务低者也应随之点头致意。和年轻女性或异国女性握手，一般男士不要先伸手。男士握手时应脱帽，切忌戴手套握手。

（2）要紧握对方的手，时间一般以 1~3 秒为宜。当然，过紧地握手，或是只用手指部分漫不经心地接触对方的手都是不礼貌的。

（3）握手时双目应注视对方，微笑致意或问好，多人同时握手时应顺序进行，切忌交叉握手。

（4）在任何情况拒绝对方主动要求握手的举动都是无礼的，但手上有水或不干净时，应谢绝握手，同时必须解释并致歉。

（5）握手时首先应注意伸手的次序。在和女士握手时，男士要等女士先伸手之后再握，如女士不伸手，或无握手之意，男士则点头鞠躬致意即可，而不可主动去握住女士的手；在和长辈握手时，年轻者一般要等年长者先伸出手再握；在和上级握手时，下级要等上级先伸出手再趋前握手。另外，接待来访客人时，主人有向客人先伸手的义务，以示欢迎；送别客人时，主人也应主动握手表示欢迎再次光临。

（6）握手时一定要用右手，这是约定俗成的礼貌。在一些南亚和东南亚国家，如印度、印度尼西亚等，人们不用左手与他人接触，因为他们认为左手是用来洗澡和上卫生间的。如果是双手相握，应等双方右手握住后，再将左手搭在对方的右手上，这也是经常用的握手礼节，以表示更加亲切，更加尊重对方。

二、名片礼仪

使用名片是现代人交际的重要手段，其使用也有礼节。名片是商务人员、白领人士随身必备的物品之一。作为商务人员、白领人士的“自我介绍信”和“社交联谊卡”，在私人交往和公务交往中都起着十分重要的作用。近年来，人们在社会交往、公关活动中交换名片越来越普遍。交换名片成为社交场合中一种重要的自我介绍的方式。恰到好处地使用名片，可以显示自己的涵养和风度，有助于人际交往和沟通。同时，名片作为个人形象和组织形象的有机组成部分，人们往往依此来看个人修养、档次和企业的正规程度。

（一）名片分类

1. 企业名片

企业名片主要用于企业产品交流会等，用来宣传本企业及其产品。名片上提供企业名称、地址、公务电话等内容。

2. 个人名片

（1）私人名片。

私人名片类似于做“应酬式”自我介绍，名片上只提供姓名，其他信息一概不提供。

（2）商用名片。

商用名片提供内容为“三个三”，分别是：本人归属（企业标志、单位全称、所属部门）；本人称谓（本人姓名、行政职务、学术头衔）；联络方式（所在地址、邮政编码、办公电话）。可酌情提供：Email、传真、手机、私宅电话。

（二）名片递送

（1）要态度谦恭。以双手食指和拇指执名片的两角，以文字正对对方，一边自我介绍，一边递上名片。此时，眼睛要正视对方，并附有“请多多关照”“请多多指教”等寒暄语，切忌目光游离、漫不经心。对于对方递过来的名片，应该用双手去接，以示尊重和礼节。如果差不多同时递过名片，自己的应从对方的稍下方递过去，同时以左手接过对方的名片。

（2）要讲究顺序。如果递给很多人，应“由尊而卑”“由近及远”。在圆桌上就餐，则从自己右侧以顺时针方向依次递上。

（三）接收名片

接收名片时要用双手，接到名片后应重复对方职务、头衔，加以确认。然后毕恭毕敬地放在适当位置（名片夹、上衣口袋）。同时遵循有来有往原则，回敬名片给对方。

（四）索取名片

基本原则：“以静制动”（别人给，然后回礼），如非万不得已，一般不得向别人索要名片。当然，如果你想得到对方的名片，而他并没有主动给，你可以主动索取。

索取名片一是要能取过来，二是要给对方留下一个好的印象。

常规索取名片方法有三种：一是交易法。欲将取之，必先予之。二是谦恭法。以后如何向你请教。三是平等法。以后如何跟你联系。

（五）名片交换注意事项

（1）名片应放在随手可取的地方，不应东摸西摸，半天找不到（如放在西装右胸内侧衣袋）。

（2）出示名片，应掌握时机，一是交谈开始前，二是交谈融洽时，三是握手告别时。

（3）在递名片时，手的位置应与胸部齐高，要将名片朝向对方，双手恭敬地递上，并说："这是我的名片，请多关照。"接过别人的名片，应轻声地读一遍对方的姓名或职务，然后道谢。切忌不加确认就放入包中；忌放在裤兜、裙兜、提包、钱夹中；忌随手乱扔（夹在书刊、材料中，压在玻璃板下，扔在抽屉里）。

（4）忌"批发式"散发名片，应有目的性交换名片。

（5）自己名片存放：用专用的名片夹、名片包，然后放到公文包中，或放于上衣口袋，忌放于下衣口袋。

（6）不要收到对方的名片后，当场便在名片上书写或折叠。

（7）当名片交换完毕后，如果对方表示了"请坐"，这时就可以坐下。对方没有表示却自己坐下来，你可以跟着坐下，千万不可比对方先坐下。

三、拜访礼仪

（一）拜访前的准备

（1）预约。拜访之前必须提前预约，这是最基本的礼仪。一般情况下，应提前三天给拜访者打电话，简单说明拜访的目的，确定拜访时间，经过对方同意以后才能前往。

（2）明确目的。拜访必须明确目的，出发前对此次拜访要解决的问题应做到心中有数。例如，你需要对方为你解决什么，你对对方提出什么要求，最终你要得到什么样的结果等，这些问题的相关资料都要准备好，以防万一。

（3）礼物。无论是初次拜访还是再次拜访，礼物都不能少。礼物可以起到联络双方感情，缓和紧张气氛的作用。因此，在礼物的选择上还要下一番苦功夫。既然要送礼就要送到对方的心坎里，了解对方的兴趣、爱好及品位，有针对性地选择礼物，尽量让对方感到满意。

（4）自身仪表。肮脏、邋遢、不得体的仪表，是对被拜访者的轻视。被拜访者会认为你不把他放在眼里，对拜访效果有直接影响。一般情况下，登门拜访时，女士应着深色套裙、中跟浅口深色皮鞋配肉色丝袜；男士最好选择深色西装配素雅的领带，外加黑色皮鞋、深色袜子。

（二）拜访过程

（1）时间观念。拜访他人可以早到却不能迟到，这是一般的常识，也是拜访活动中最基本的礼仪之一。早到可以借充裕的时间整理拜访时需要用到的资料，并准时出现在约定好的地点。而迟到则是失礼的表现，不但是对被拜访者的不敬，也是对工作不负责任的表现，被拜访者会对你产生看法。值得注意的是，如果因故不能如期赴约，必须提前通知对方，以便被拜访者重新安排工作。通知时一定要说明失约的原因，态度诚恳地请对方原谅，必要时还需约定下次拜访的日期、时间。

（2）先通报后进入。到达约会地点后，如果没有直接见到被拜访对象，拜访者不得擅自闯入，必须经过通报后再进入。一般情况下，前往大型企业拜访，首先要向负责接待人员交代自己的基本情况，待对方安排好以后，再与被拜访者见面。当然，生活中不免存在这样的情况，被拜访者身处某一宾馆，如果拜访者已经抵达宾馆，切勿鲁莽直奔被拜访者所在房间，而应该由宾馆前台接待打电话通知被拜访者，经同意以后再进入。

（3）举止大方，温文尔雅。见面后，打招呼是必不可少的。如果双方是初次见面，拜访者必须主动向对方致意，简单地做自我介绍，然后热情大方地与被拜访者行握手之礼。如果双方已经不是初次见面了，主动问好致意也是必需的，这样可显示出你的诚意。说到握手不得不强调一点，如果对方是长者、职务高者或女性，自己绝对不能先将手伸出去，这样有抬高自己之嫌，同样可视为对他人的不敬。见面礼行过以后，在主人的引导之下，进入指定房间，待主人落座以后，自己再坐在指定的座位上。

（4）开门见山，切忌啰嗦。谈话切忌啰嗦，简单的寒暄是必要的，但时间不宜过长。因为，被拜访者可能有很多重要的工作等待处理，没有很多时间接见来访者，这就要求，谈话要开门见山，简单的寒暄后直接进入正题。当对方发表自己的意见时，打断对方讲话是不礼貌的行为。应该仔细倾听，将不清楚的问题记录下来，待对方讲完以后再请求就不清楚问题给予解释。如果双方意见产生分歧，一定不能急躁，要时刻保持沉着冷静，避免破坏拜访气氛，影响拜访效果。

（5）把握拜访时间。在商务拜访过程中，时间为第一要素，拜访时间不宜拖得太长，否则会影响对方其他工作的安排。如果双方在拜访前已经设定了拜访时间，则必须把握好已规定的时间，如果没有对时间问题做具体要求，那么就要在最短的时间里讲清楚所有问题，然后起身离开，以免耽误被拜访者处理其他事务。

（三）结束拜访

拜访结束时，如果谈话时间已过长。起身告辞时，要向主人表示“打扰”歉意。出门后，回身主动与主人握别，说“请留步”。待主人留步后，走几步再回首挥手致意“再见”。

拓展阅读：

西餐礼仪

（1）预约的窍门。越高档的饭店越需要事先预约。预约时，不仅要说清人数和时间，也要表明是否要吸烟区或视野良好的座位。如果是生日或其他特别的日子，可以告知宴会的目的和预算。在预定时间内到达，是基本的礼貌。

（2）再昂贵的休闲服，也不能随意穿着上餐厅。

（3）吃饭时穿着得体是欧美人的常识。去高档的餐厅，男士要穿着整洁的上衣和皮鞋；女士要穿套装和有跟的鞋子。如果指定穿正式服装的话，男士必须打领带。

（4）由椅子的左侧入座，最得体的入座方式是从左侧入座。当椅子被拉开后，身体在几乎要碰到桌子的距离站直，领位者会把椅子推进来，腿弯碰到后面的椅子时，就可以坐下来。

(5) 用餐时，上臂和背部要靠到椅背，腹部和桌子保持约一个拳头的距离，两脚交叉的坐姿最好避免。

(6) 正式的全套点餐顺序是：菜和汤→鱼肝油→水果→肉类→乳酪→甜点和咖啡→水果→餐前酒和餐酒。没有必要全部都点，点太多却吃不完反而失礼。前菜、主菜（鱼或肉择其一）加甜点是最恰当的组合。点菜并不是由前菜开始点，而是先选一样最想吃的主菜，再配上适合主菜的汤。

(7) 点酒时不要硬装内行。在高级餐厅里，会有精于品酒的调酒师拿酒单过来。对酒不大了解的人，最好告诉他自己挑选的菜色、预算、喜爱的酒类口味，请调酒师帮忙挑选。

(8) 主菜若是肉类应搭配红酒，鱼类则搭配白酒。上菜之前，不妨来杯香槟、雪利酒或吉尔酒等较淡的酒。

(9) 餐巾在用餐前就可以打开。点完菜后，在前菜送来前的这段时间把餐巾打开，往内折三分之一，让三分之二平铺在腿上，盖住膝盖以上的双腿部分，不要把餐巾塞入领口。

(10) 用三根手指轻握杯脚。酒类服务通常由服务员负责将少量酒倒入酒杯中，让客人鉴别一下品质是否有误。接着，侍者会来倒酒，这时不要动手去拿酒杯，而应把酒杯放在桌上由侍者去倒。正确的握杯姿势是用手指轻握杯脚。为避免手的温度使酒温增高，应用大拇指、中指、食指握住杯脚，小指放在杯子的底台固定。

(11) 喝酒的方法。喝酒时绝对不能吸着喝，而是倾斜酒杯，像是将酒放在舌头上似的喝。轻轻摇动酒杯让酒与空气接触以增加酒味的醇香，但不要猛烈摇晃杯子。此外，一饮而尽或边喝边透过酒杯看人，都是失礼的行为。不要用手指擦杯沿上的口红印，用面巾纸擦较好。

(12) 喝汤不能吸着喝。先用汤匙由后往前将汤舀起，汤匙的底部放在下唇的位置将汤送入口中。身体的上半部略微前倾，汤匙与嘴部呈45°角较好。碗中的汤剩下不多时，可用手指将碗略微抬高。如果汤是有握环的碗盛装，可直接拿住握环端起来喝。

(13) 面包的吃法。先用两手撕成小块，再用左手拿起来吃。吃硬面包时，用手撕不但费力，而且面包屑会掉满地，此时可用刀先切成两半，再用手撕成块来吃，避免像用锯子一般费力地割面包。切时可用手将面包固定，避免发出声响。

(14) 鱼的吃法。鱼肉极嫩易碎，因此餐厅常不备餐刀而备专用的汤匙。这种汤匙比一般喝汤用的稍大，不但可切分菜肴，还能将调味汁一起舀起来吃。若要吃其他混合的青菜类食物，还是使用叉子为宜。先用刀在鱼鳃附近刺一条直线，刀尖不要刺透，刺入一半即可。将鱼的上半身挑开后，从头开始，将刀叉在骨头下方，往鱼尾方向划开，把针骨剔掉并挪到盘子的一角。再把鱼尾切掉，由左面至右面，边切边吃。

(15) 如何使用刀叉。基本原则是右手持刀或汤匙，左手拿叉。若有两把以上，应由最外面的一把依次向内取用。刀叉的拿法是轻握尾端，食指按在柄上。汤匙则用握笔的方式拿即可。如果感觉不方便，可以换右手拿叉，但更换频繁则显得不妥。吃体积较大的蔬菜时，可用刀叉来折叠、分切。较软的食物可放在叉子平面上，用刀子整理一下。

（16）略事休息时，刀叉的摆法。如果吃到一半想放下刀叉略作休息，应把刀叉以八字形状摆在盘子中央。若刀叉突出到盘子外面，不安全也不好看，边说话边挥舞刀叉是失礼举动。用餐后，将刀叉摆成四点钟方向即可。

思考与调研

1. 思考。

（1）服务人员语言礼仪的基本内容。

（2）服务人员社交礼仪的基本内容。

2. 调研。

分小组，到当地银行等高端服务企业观察其工作人员的基本礼仪状况，结合所学知识，列出其存在的问题与不足，并设计一份对应的培训方案。

案例赏析

无心之失

某公司新建的办公大楼需要添置一系列的办公家具，价值数百万元。公司的总经理已做了决定，向A公司购买这批办公家具。

这天，A公司的销售部负责人打电话来，要上门拜访这位总经理。总经理打算等对方来了，就在订单上盖章，定下这笔生意。

不料对方比预定的时间提前了2个小时，原来A公司听说这家公司的员工宿舍也要在近期内落成，希望员工宿舍需要的家具也能向他们购买。为了谈成这件事，销售部负责人因此提前来了，还带来了一大堆的资料，摆满了台面。总经理没料到对方会提前到访，刚好手边又有事，便请秘书让对方等一会。没想到这位销售负责人等了不到半小时，就开始不耐烦了，一边收拾起资料一边说："我还是改天再来拜访吧。"

这时，总经理发现对方在收拾资料准备离开时，将自己刚才递上的名片不小心掉在了地上，对方却并没发觉，走时还无意从名片上踩了过去。但这个不小心的失误，却令总经理改变了初衷，A公司不仅没有机会与对方商谈员工宿舍的家具购买，连几乎已经到手的数百万元办公家具的生意也告吹了。

A公司销售部负责人的失误，看似很小，其实是巨大而不可原谅的失误。名片在商业交际中是一个人的化身，是名片主人"自我的延伸"。弄丢了对方的名片已经是对他人的不尊重，更何况还踩上一脚，顿时让这位总经理产生反感。再加上对方没有按约定的时间到访，不曾提前通知，又没有等待的耐心和诚意，丢失了这笔生意也就不是偶然的了。

【分析】名片是一个人向别人介绍自己时使用的介绍信，自己是什么身份，有什么头衔，用嘴说似乎不太好意思，因此，名片就充当了介绍的功能。所以说名片就是一个人的脸面，是一个人身份、地位的延伸。

名片通常在三种情况下使用：①交际时使用。在社交场合交换名片，用名片作自我介绍，以结交朋友或保持联系。这是名片最为通行、广泛采用的使用方法。②拜访时使用。前往他人家庭或工作单位拜访时，可以将名片递上代为通报；赠送礼品、鲜花时，可将名片附上，表示谁送的；还可以用名片代为引荐他人，或在拜访对方未遇时留下名片并附简短留言。③感谢祝贺时使用。收到朋友的礼品和书信，可用名片作为收条或谢帖，还可以用名片代替短信，向朋友表示祝贺、感谢和慰问。

递送名片时应起身站立，走到对方面前，面带微笑，眼睛友好地目视对方，用双手或者右手将正面面对对方的名片，恭敬地递送过去。接受名片时应当毕恭毕敬，双手捧接或者用右手接，眼睛友好地注视对方，口称“感谢”，使对方感受到你对他的尊重。接过名片后，应捧在面前，从头到尾认真地看一遍，最好能将对方姓名、职务等轻声地读出来，以示敬重。看不明白的地方可以向对方请教。看过后应慎重地将对方的名片收藏于自己的名片夹或口袋里，以表示对对方的重视和尊重，并且应随之递上自己的名片。如果接受了对方的名片，不递上自己的名片，也不说明原因，是非常失礼的。

A 公司销售部的这位负责人，接受了别人的名片没能妥善地保管好，随意放在了桌上，临走时在匆忙之间又掉在了地上，甚至无意中还踩了一脚。这看似不经意的行为，从轻处说是对别人的不尊重，从重处说是对别人人格的侮辱。名片如人，这等于是当面给了人一巴掌。难怪一笔即将到手的大买卖就被这小小的纸片给断送了。

模块三 旅行社、酒店及会展服务礼仪

■**学习目标**

通过本模块的学习，掌握酒店业务部门对客服务的基本礼仪，掌握旅行社门市、导游、外联的服务礼仪，掌握会展服务人员接待、拜访及现场服务的礼仪，强化职业意识与礼仪技能。

■**学习重点**

1. 旅行社服务礼仪
2. 酒店服务礼仪
3. 会展服务礼仪

■**学习难点**

1. 旅行社服务礼仪
2. 会展服务礼仪

案例导入

礼仪礼貌周

1996年3月1日，在宁波A酒店员工餐厅的通道上，一位二十来岁的姑娘，肩上斜套着一块宽宽的绸带，上面绣着：礼仪礼貌规范服务示范员。每当一位员工在此经过，示范员小姐便展露微笑问候致意。餐厅里，喇叭正在播放一位女员工朗诵的一篇描写饭店员工文明待客的散文诗。不一会儿，另一位员工在广播中畅谈自己对礼仪礼貌的认识和体会。原来A酒店正在开展“礼仪礼貌周”活动，今天是第一天。

A酒店自被评为四星级饭店以后，一直处于营业的高峰期，个别员工过于劳累，原先的服务操作程序开始有点走样，客人中出现了一些关于服务质量的投诉，饭店领导觉察到这一细微变化后，抓住苗头进行整改，在员工中间开展“礼仪礼貌周”活动。“礼仪礼貌周”定于每月的第一周，届时在员工通道上有一位礼仪礼貌示范员迎送过往的员工，每天换一位示范员，连总经理们都轮流充当服务员，在员工中引起很大反响。为配合“礼仪礼貌周”，员工餐厅在这一周利用广播媒介，宣传以礼仪礼貌为中心的优质服务，有发言，有表演，有报道和介绍，内容生动活泼，形式丰富多彩，安排相当紧凑，员工从中获得很大启迪和教育。饭店同时在员工进出较频繁的地方悬挂照片，宣传文明服务的意义，示范礼仪礼貌的举止行为，介绍礼仪礼貌方面表现突出的员工。

1996年5月1日，又一个“礼仪礼貌周”开始了。一月一度的“礼仪礼貌周”活动在A酒店已成为一项雷打不动的制度，整个饭店的礼仪礼貌水平大大提升。

【评析】礼仪礼貌是饭店服务质量的集中体现。有些饭店一味追求经济效益，在营业情况较理想之时，往往会忽视服务质量。A酒店就不一样，生意红火时更加注重服务质量。“礼仪礼貌周”就是在客房率和餐饮上座率居高不下的时候推出的。每月第一周作为“礼仪礼貌周”，在饭店内开展这样的活动，有助于使礼仪礼貌意识在员工头脑中牢牢扎根，通过不断地强化活动，使讲究礼仪礼貌成为员工的一种自觉行为。一方面，饭店领导以身作则示范礼仪礼貌，这对广大员工是一股强大的鞭策力。另一方面，在这个活动期间，通过视觉和听觉等方面的刺激，强化礼仪礼貌意识，其效果必将胜过单纯的课堂教育或培训。

服务行业更多的是服务人员与消费者面对面的服务，而且服务性企业都把“一切为顾客着想”“客人总是对的”这些口号作为服务的宗旨。因此，特殊的职业对服务人员的心理特征有着特殊的要求，一个优秀的旅游从业人员的基本心理素质的培养应注意解决以下四方面：

（1）服务人员个性心理特征与职业要求冲突产生的心理不适；

（2）社会认知偏差以及客人的欠尊重导致员工问题行为产生；

（3）因人际关系紧张与企业氛围不和谐滋生的员工不良反应；

（4）“欠人性化”的管理触伤员工感情所产生的心理挫折感。

项目一　旅行社服务礼仪

任务一　门市接待服务礼仪

营业部办公室咨询接待是旅行社工作之一，是旅行社的“脸面”，影响着旅行社在游客心目中的“第一印象”。

一、环境布置礼仪

旅行社各营业部咨询接待室作为旅行社的“脸面”，环境应该典雅、幽静、舒适，空气应清新畅通，温度、湿度应该适宜，通信、音响设备和接待用品、宣传资料要齐全。

二、营业部服务礼仪要求

各营业部咨询接待室员工在接待服务时应该切实注意：

（1）保持职业形象。穿着工装，佩戴工牌，注意仪表、仪容。

（2）业务熟练。对来访者应主动表示欢迎问候，并送上茶水、饮料，提供咨询服务宣传材料。对来访客人的咨询不管是出于报团的目的还是好奇的目的，业务员都应礼貌作答。对来访者的愿望和要求，合理的、能够答复的，要尽快给予明确答复。客人咨询完毕后，应热情送行，并表示欢迎再来。如果需要，分别时要留下今后相互联系的地址和电话。

（3）礼貌待客。客人较多时，对晚到的客人打过招呼后，可递上宣传资料，安排其坐下休息等候，然后按先后顺序进行接待。在接待客人过程中如需接听电话，应先向客人表示歉意："对不起，请稍等，我接一下电话"。为客人办理旅游手续时，应提醒客人一些填写的注意事项和细节，并在验证后将证件双手交还客人。

（4）处理投诉。接待客人投诉时，还要注意热情礼貌地接待，应边倾听边记录，并及时安慰客人，能当面答复的尽量当面答复，不能当面答复的应告知客人会尽快向上司汇报，调查处理后向客人答复。

三、营业部接待服务步骤

（1）笑脸相迎 。三米微笑和一杯水服务，热情、大方、有激情。

（2）了解信息来源。结合信息的来源，针对性地切入服务。

（3）赞美顾客。赞美顾客的四大内容：衣着、外貌、地方、职业。

（4）拉近距离。多听多问，谈谈自己，找共同点。

（5）了解需求，讲解产品。针对性地讲解产品，用案例切入产品。

（6）登记顾客信息。

任务二　导游人员服务礼仪

导游是旅行社的灵魂。导游员处在接待服务的第一线，导游员导游服务和服务礼仪的表现对整个旅游接待服务工作的成败起着至关重要的作用。旅游专家认为"一名好导游会带来一次愉快的旅游，反之，肯定是不成功的旅游"。为了强调导游员的作用之重要，国际旅游界将导游员称之为"旅游业的灵魂""旅行社的支柱"和"参观游览活动的导演"。

一、导游的准备工作礼仪

（一）着装礼仪

导游员的服装应简洁、整齐、大方，不能过分华丽，一般应选择休闲装、运动装、工作服、各式便装，但必须注意着装的一些基本原则和各式服装的穿着禁忌，如女性不宜穿过短或过长的裙子，也不可化浓妆。夏季男性不能穿圆领汗衫、短裤等。在导游服务过程中，应佩戴旅行社的徽章或标牌。

（二）准备工作礼仪

（1）物质准备。领取并熟悉盖有旅行社印章的接待计划。接团前必须详细、认真阅读和熟悉接待计划，因为接待计划是组团社委托地方接待社组织和落实旅游团活动的契约性安排，是地方陪同导游人员了解该旅游团基本情况和安排活动日程的主要依据。领取和备齐各种证件和必需物品，如身份证、工作证、导游胸牌、导游旗、喇叭等。包括接站牌、导游旗、现金、导游证、记事本、结算凭证或票据（填写结算凭证时，具体数目一定要与该团的实到人数相符，人数、金额要用中文大写）等，并检查自己的手机电量是否充足，保证通信联络畅通。同时，还应在个人形象、景区知识等方面做好准备。

（2）接待工作核实。要核实旅游团的种类（如全包价、半包价等）及费用的结算方法；旅游团的等级（如豪华、标准等）；旅游团人数（含儿童）、客源地、食宿标准、用车情况，在食、住、行、游方面是否有特殊要求（如宗教、民族等），是否有需要特殊服务的旅游者（如残疾旅游者、高龄旅游者等）。要适时核对接待车辆、就餐安排、交通购物落实情况，确定与接待车辆司机的接头时间与地点，并督促司机将车身和车内清洗、清扫干净。备好醒目的接团标志，最好事先了解全陪的外貌特征、性别、装束等。凡导游人员到机场、车站、码头迎接客人，必须比约定的时间早到等候客人，而决不能让客人等候接团导游。

二、导游的迎送接待礼仪

旅游团队接送是导游人员的一项十分重要的工作，接团工作的礼仪是否周全，直接影响着旅行社和导游本人在客人心目中的第一印象；而送团则是带团的最后一项工作，如果前面的工作客人都非常满意，但送团工作出现了礼貌不周的问题，同样会破坏旅行社和导游人员在客人心目中的整体形象，并使陪团前期的努力前功尽弃。为此，搞好导游服务工作，迎送礼仪是十分重要的。

（一）导游迎客礼仪

（1）热情迎接。客人到达后，应主动热情迎上前去，先行自我介绍，再确认对方身份，核对团号、实际抵达人数、名单及特殊要求等。寒暄问候后，协助提拿包裹，办理相关手续；迅速引导客人来到已安排妥当的交通车旁，指导客人有秩序地将行李放入行李箱后，再招呼客人按次序上车。

（2）乘车服务。客人上车时，导游最好站在车门口前迎候，用手护住门顶以防客人碰头。上车时注意安排陪车的礼宾次序，等游客上完车后，自己再上车。客人上车就座后，礼貌地清点人数无误后请司机开车。清点游客人数时要默数，切忌不礼貌地用手指点游客。下车时，导游员先下车，在车门口协助游客下车。

（3）致欢迎辞。等到全员上车之后致欢迎词，宣布团队游览日程和行程计划。为帮助客人熟悉城市，可准备一些有关的出版物给客人阅读，如报纸、杂志、旅游指南等。注意观察客人的精神状况，如客人精神状况较好，在前往酒店途中，可向来客介绍饭店情况、活动日程、可就沿途街景做一些介绍当地民俗风情、旅游景点等。如客人较为疲劳，则可让客人休息。

（4）安排食宿。根据该团的费用标准和住房标准，安排食宿等事宜。

（5）VIP 客人的迎送。

①迎送贵宾时，应事先在机场（车站、码头）安排贵宾休息室，并准备好饮料、鲜花。

②如有条件，在客人到达之前可将酒店客房号码或乘车牌号通知客人。

③派专人协助办理出入关手续。

④客人抵达前，应通知酒店总台，在客人入住的房间内摆上鲜花、水果。

⑤宾客抵达住所后，一般不宜马上安排活动，应留一些时间让宾客休息。

（二）导游送客礼仪

（1）送客安排。客人活动结束前，要提前为客人预订好下一站旅游或返回的机（车、船）票；客人乘坐的车厢、船舱尽量集中安排，以利于团队活动的统一协调。送客时，根据客人离去的时间，安排好购票、结算、赠送礼品、摄影留念、欢送宴会等事宜。为客人送行，应使对方感受到自己的热情、诚恳、有礼貌和有修养。临别之前应亲切询问客人有无来不及办理、需要自己代为解决的事情，应提醒客人是否有遗漏物品并及时帮助处理解决。

（2）特色礼品。赠送的礼品要注意携带方便，突出地方特色，具有保存价值。送站人员尽量帮客人将行李安顿好。

（3）致欢送辞。送行途中，要致欢送辞，使旅客感受到自己的热情、诚恳、有教养和有礼貌，同时要祝大家旅途愉快，欢迎再来。

（4）返回。火车、轮船开动或飞机起飞以后，应向客人挥手致意，祝客人一路平安，然后再离开。如果自己有其他事情需要处理，不能等候很长时间，应向客人说明原因并表示歉意。

拓展阅读：

欢迎辞

致欢迎辞的目的主要是要给游客留下热情、友好、亲切的感觉，做到尽快缩短导游员与游客的心理距离，融洽导游员与游客关系并调节游客情绪。所以，欢迎辞的内容应根据不同游客的特点，如国籍、性别、年龄、职业、受教育程度、旅游动机、游客身份等方面的因素而有所不同，也可选择不同的表达方式，如风趣式、感慨式、朗诵式、闲谈式、猜谜式、讲故事式等方式。但不论采取何种表达方式，原则上要短小精悍、风趣有益，使游客感到真挚、亲切和热情，又符合自己的身份。

欢迎辞一般包括以下内容：

①向团队游客表示问候，并代表旅行社表示热烈欢迎之意。

②介绍自己的姓名和职务，司机的姓名及他所驾车的牌号，以及其他参加接待人员的姓名和职务。

③表示自己工作的态度，即愿竭尽全力为客人做好导游服务。

④简要介绍当地风土人情和即将参观的目的地基本情况以及接团后的大致安排，使游客心中有底。

⑤祝愿游客旅行愉快，并希望得到客人的合作与谅解。

欢送辞

欢送辞意在表达导游员对游客惜别之情，感谢合作、征求意见、期待重逢的心情，所以无论是内容还是表达方式都要因时、因地、因人而有所不同。

致欢迎辞时导游员与游客很生疏，但当致欢送辞时，导游员与不少游客已成为朋友，所以“富有感情”是欢送辞的第一要素，为了给游客留下难忘的印象，欢送辞的“文采”水平要高一些，用热情洋溢或朴实真挚的语言抒发惜别之情。

导游员欢送辞主要包括以下四个方面的内容：

①道出依依惜别之情，表达友爱友谊之情，抒发真情实感。

②对游客的配合和支持表示感谢。

③欢迎批评，表达歉意，给游客留下良好的印象。

④送上美好的祝福，期待下一次重逢。

三、导游的住店服务礼仪

（一）入店服务礼仪

（1）到达酒店后，协助客人登记入住，并借机熟悉客人情况，随后，将每个客人安排妥帖，协助地陪和饭店行李员将客人行李分送到每一位客人的房间。若游客客房存在问题，导游员应及时协助处理，使旅客住得安全舒适。

（2）客人进房前先简单介绍游程安排，并宣布第二天日程细节。第二天活动如安排时间较早，应通知总台提供团队客人的叫早服务，并记住团员所住房号，再一次与领队进行细节问题的沟通协调。

（3）不要忘记询问客人的健康状况，如团队客人中有身体不适者，首先应表示关心，若需要应想办法为客人提供必要的药物，进行预防或治疗，以保证第二天游程计划的顺利实施。

（4）与客人告别，并将自己的房间号码告知客人，不可久留。

拓展阅读：

无招胜有招

2006年8月10日晚，江西三清山青年旅行社地陪小洪接待由上海绿苑、上海青旅天地和无锡海外三个旅行社组织的散客拼团一行7人。8月11日早上，地陪带领游客乘车赴三清山。由于8月份正是旅游旺季，山上住宿紧张，三个散客团无法安排在同一宾馆。在安排好无锡海外两位游客入住后，地陪带领其他游客到另外指定宾馆住宿。但到了宾馆后发现，这家宾馆的房间有很大问题。例如，房间内有刺鼻的粪便臭味，墙壁由于漏水形成了大片青苔，洗手间顶上还漏着水。游客看后非常生气要求换房，小洪为帮助解决住宿问题，从一楼到五楼，又从五楼到一楼，来来回回找宾馆经理协商了五六回，换了七八个房间，最终感动了游客，勉强地住了下来。接着在游览过程中，小洪主动帮客人提行李，照顾小孩，为客人提供更为热心的服务。游览结束回宾馆后，还积极与宾馆协商热水供应问题，帮助游客解决洗澡用水。游客被小洪的真诚和热心所打动，放弃了原来准备向组团社投诉的想法，游客回上海后，还专门给地接社写了表扬信，感谢小洪的热心服务。

（二）入房间礼仪

导游人员如确因工作需要，要到游客房间，应注意以下礼节：

（1）预约。有事到客人房间要预约，并准时到达。尊重客人的作息习惯，尽量避免在休息时间或深夜打扰对方，因急事需要见面又未经约定前去打搅时，应先表示歉意，说明打搅的原因，并及早离开；除特殊情况外，一般不要站在房间门口与客人谈日程；事先没有约定的谈话，时间一定要短。

（2）敲门。进门前要先敲门，经允许后方可进入。

（3）不单独去异性房间。不要随意去客人的房间，特别尽量不要单独去异性客人的房间，如果情况需要，进房后要把门半掩着。

（4）不随意乱动。在室内，未经主人同意，即使是较熟悉的朋友，也不要随意触动、翻看客人的物品、书籍等。有事到客人的房间，在客人没有示意请坐时，一般不要自己先坐下再说，更不要坐在客人的床上，尽量不要使用客人房间的卫生间。

四、导游的用餐服务礼仪

（一）用餐准备礼仪

（1）提前落实。导游员要提前落实旅游团当天的用餐，将领队介绍给餐厅经理或主管，并告知游客的特殊饮食习惯。

（2）详细介绍。在游客入住前，导游员应先介绍就餐形式、地点、时间及有关规定，并向游客介绍旅游安排和第二天日程细节。

（二）用餐服务礼仪

（1）用好第一餐。旅游团第一次用餐时，导游员要亲自带领游客进入餐厅，介绍用餐有关设施及其菜肴的特色。

（2）巡视用餐。用餐过程中，导游员要巡视旅游团用餐 1~2 次，解答游客在用餐过程中提出的问题，监督、检查餐厅是否按标准提供服务，解决出现的各种问题。

（3）填写餐饮费用单。用餐后，导游员要严格按照实际用餐人数、标准、饮用酒水数量等，如实填写“餐饮费用结算单”，与供餐单位结算。

五、导游的游览服务礼仪

游客在游览过程中的舒适愉悦体验程度与导游员的服务水平、敬业精神、礼仪修养息息相关。具体来说，导游员在游览过程中要遵守以下礼仪要求：

（一）出发前的礼仪

修饰自身形象，每天出发前，导游员应提前 10 分钟到达集合地点。先向游客主动、热情招呼，但不要主动与游客握手，当游客伸手时应热情大方地递握。核实清点人数，准时集合登车。提醒注意事项，重申当日活动安排。

（二）途中礼仪

（1）活跃气氛。介绍旅游景点，导游员切忌沉默不语，而应向游客介绍当地的风土人情及简要介绍即将参观的景点的基本情况；可以根据游客的特点、兴趣、要求穿插一些历史典故、社会风情，以增加游客的游兴；还可以组织文娱活动以活跃旅途的气氛，增进感情交流。

（2）语言文雅幽默。在车上或景点作讲解时，要正确掌握语言节奏，合理运用修辞手法和格言典故，做到语言、语调适度优美，抑扬顿挫，语速快慢、节奏运用合理，语言要文雅而不失幽默。使用语言讲解的同时，可辅以手势，但动作不宜过多、过大。表情要自然亲切，态度要和蔼热情。

（3）注意提醒。要特别注意游客安全，留意游客走向，防止游客走失，特别要照顾好老、弱、病、残、幼游客。要经常清点人数，提醒游客注意安全和保管好自己的贵重物品。

（4）文明的榜样。为游客做好榜样，尊重老人和女性，爱护儿童，进出房间、上下车，要让老人、妇女先行，对老弱病残幼应主动给予必要的协助与照料。注意尊重他人隐私，政治、宗教敏感话题也不要谈论。游客提问时，要耐心听取，及时解答。导游过程中要平均分配自己的注意力，尽量照顾全体成员，不可冷落任何一位游客，要照顾、配合全体成员行走步伐的快慢。带团过程中，与游客在一起的时候，不得抽烟，不吃有异味的食品。与游客交谈时，话题应愉快、轻松、有趣。对游客不愿回答的问题，不要追问；遇到游客反感或回避的话题，应表示歉意，并立即转换话题。做好与其他服务工作人员的配合。

六、导游的购物服务礼仪

（一）积极正确的引导

（1）购物到指定商店。导游要态度诚恳地提醒游客不要随便购物，不要到非旅游定点商店去购物。若购买古玩或仿古艺术品，导游应带其到正规的文物商店去购买，并提醒游客保存好发票，不要将物品上的火漆印去掉，以便海关检验。

（2）客观真实地介绍产品。导游要应游客之请，以客观公正的态度，介绍旅游产品，介绍要留有余地，引导游客按自己的需要进行购买。

（3）尊重游客做出的选择。导游应尊重游客的选择，只有游客自己做出的自觉、自主的选择才是合理的选择。

（二）耐心细致的服务

（1）不要主动为游客当参谋。导游要了解游览地区的特色产品，并根据游客的基本资料，间接揣摩出游客的购物心理，根据不同游客的特点进行服务。注意，导游不要主动为游客当参谋，防止卷入到无端的购物纠纷中。

（2）处理好购物和观光游览的关系。提高工作效率，处理好购物和观光游览的关系，正确认识购物是旅游计划的组成部分，合理安排购物的时间和次数，维护游客的合法权益，使购物和游览相互补充，增加游客满意度，提高自己的工作效率。

（3）遵守职业道德。带游客购物时，要严格遵守职业道德，应将游客带到商品质量好、价格公平合理的商店；而不应该唯利是图，为了一点“好处费”昧着良心违背职业道德，损害游客利益。

拓展阅读：

第一个想到月亮上去的人

一次，导游员王力接待一个美国旅游团，在旅游商店看到一位美国游客在看一幅“嫦娥奔月”的国画，并在考虑是否要购买。王力便走上前去，向他介绍中国国画的艺术和与之相关的背景知识，客人很感兴趣。最后，王力告诉这位美国游客，在华盛顿的宇航馆里也有一幅“嫦娥奔月”图，图旁的说明是：“在人类历史上，是谁第一个有到月亮上去的想法？是中国古代的嫦娥女士”。这位美国游客非常感谢王力的帮助，决定买下这幅“嫦娥奔月”的国画。王力的介绍，把物品的文化价值与实用价值巧妙地结合起来，促成了这位美国游客的购买。

任务三　旅行社商务接待拜访礼仪

一、旅行社商务接待礼仪

通常会有组团社、地接社、景区、车队和酒店等企业来拜访旅行社，有客来访，尤其是业务伙伴的到访，预示着新一轮的业务合作即将开始。作为接待方，旅行社必须全力体现出企业形象，增强其可信度。

1. 注重微笑与行礼

微笑是顾客心中的阳光，也是最好的服务态度。作为旅行社的商务接洽人员，要时刻保持饱满的精神状态，面带微笑，并持有关心对方的态度。行礼则是诚心的表现，商务洽谈中最讲究真诚信用。所谓美丽优雅的行礼，不但是指在外形上要有规矩，而且还要有诚心诚意的内涵。对客人存有感谢并亲切地招呼的心态，对客人的行礼自然能表现得得体合宜。

2. 问候、说话要谦和亲切

对于来访的同行或业务伙伴，应该像招呼老朋友一样热情亲切地问候，让其感到对他们的重视。但是这种热情也要把握住分寸，过分的热情只会取得适得其反的效果，让客户产生一种高度戒备的心理。因此，对待不同的客户，要视具体情况不同而方式或程度也不同。

3. 要认真细致地做好准备工作

当接洽人员确知旅行社将有客户来临，首先要去会客室检查一下应该准备的事情是否有所遗漏。在客人约定的时刻之前把一切准备工作做妥。

4. 平等待客，慎重洽谈

接待来旅行社的客人应该平等对待，因为有差别地对待客人是很不礼貌的行为。客人未离开时不要谈论该客人的事。旅行社不应排除有些来访者的真正目的不在于进行商务洽谈，而在于打听情报或商业机密。因此，对于客人的询问要慎重处理。接待客人时，说话要谨慎，在会谈中有来客，可用字条代替传话，一来避免打断会场气氛，二来可保守机密。

5. 随时等待客人

进行商务洽谈活动，如果不方便在旅行社接待，可以约客人到合适的场所会晤。必须注意的是，约客人见面，应该提早到达约定的场所，宁可等候客人也不可让客人等主人。“出迎三步，身送七步”是迎送客人的最基本的礼仪。每一次的见面结束，都要以“再次见面”的心情恭送对方离开。

6. 用握手表达真诚

礼仪最基本的是要有发自内心的诚意。以诚感人，笑脸迎客，能得到来访者的好感，而且会使来客感到亲切。如果再加上很有礼貌的握手，更能增添彼此间的亲密感。诚意是人际关系的基本要求，能表现出诚意的礼仪才是真正的礼仪。在握手的时候应注意：握手姿势要端正，并正视对方的眼睛。不要一边握手一边行礼鞠躬。如果对方是长辈应由对方先伸手；如果对方是女性，除非女方伸手，自己不主动伸手。

7. 姿态要优雅、规矩

一个人的言行举止就是其人格的表现。优雅的坐姿、规矩的站相、稳健的步伐是完善人格的基本表现。培根说：“形体之美胜于颜色之美，而优雅的行为之美又胜于形体之美。”优雅端正的体态，敏捷协调的动作，优美的言语，行之有效的大方的修饰，甜蜜的微笑和具有本人特色的仪态，会给人留下美好的印象。

二、旅行社商务拜访礼仪

旅行社的商务洽谈活动是双向的，对方来访，应该热情真诚地接待。有时，为了抓住商机，旅行社也需要主动到相关单位拜访，争取业务合作。旅行社商务拜访同样要注重礼貌礼仪，给对方留下一个好印象。

1. 拜访应先预约，尽量避免失约

上门拜访及商讨相互关系的事宜，是日常工作中常遇到的。应该注意访问前要先去信或去电联络，并且事先约定时间及地点，而且去拜访时，应提前5分钟到达。因为许多人都以是否守时作为判断对方可否信任的初始标准。失约、迟到将失去别人的信赖。预知约定有变更时要尽早联络。

2. 举止端庄、称呼得体

在进行面谈时，要随时注意自己的举止和称呼。一个人的外在举止行为，可直接表明其态度。如果一个人在洽谈时双手抱胸或颓然躺在椅子上，显然他对洽谈的内容表示漠不关心甚至反感的；相反，如果一个人事先做了很好的准备，洽谈前先整理一下自己的仪表，如漱好口，洗好手，整理好头发，随身携带好手帕或卫生纸，然后用舒畅清爽的心情与人交流，则说明他对洽谈非常重视，这也是面谈的基本礼貌。在拜访客户时，如果不知道对方的姓名或职务，应到服务台先作自我介绍并说明来意，礼貌地询问需要拜访的客户的姓名及职务。见面时，待确定对方身份后，主动打招呼，称呼其姓氏加上职位；若是拜访熟人，见面时应该面带微笑热情地招呼对方，另外，适当的寒暄也是必不可少的。

3. 注意喝茶时的礼节

客人到本公司后，接待人员请客人就座后，便请客人喝茶，这是一种普通的礼仪。如果去拜访别人，怎样喝茶，不但事关礼仪礼貌，而且也是一门艺术。对方恭恭敬敬地奉上茶水时，客人却视而不见并兀自吸烟，这是不礼貌的行为。对捧茶过来的人不要忘记说声“谢谢”，并且趁热时浅尝一下。主人特意奉上的东西一点都不沾这也很失礼。喝茶时不要把茶垫一起捧上来，而要一边注意茶垫，一边用单手端起茶杯喝茶；喝茶时要做一次深呼吸使心平气和，这样才能保持清醒头脑交谈，所谓“做事要积极，议事要和气”就是这个道理。

4. 用真诚的态度打动客户

不论做生意或交际，最重要的是要取得对方的信任。凡事都肯为对方代劳的服务态度，则是取得信任的先决条件。因此，真诚的服务态度才是拓展生意的法则。旅行社的商务拜访人员对客户要有诚心诚意的服务态度，要站在客户的立场，处处考虑并设法满足客户的需要。诚心诚意是基本的行为礼仪，只是外表形式的礼仪，不但会马上被识破而且会因此被鄙弃。唯有诚心诚意才是令谁都能接受的行为礼仪。

5. 利人利己，尊人尊己

俗语说：利人则利己，尊人则尊己。在现实的生活工作中，要尊重对方，关心对方的心情，做好礼让对方的礼仪，相信会给你的工作带来方便。旅行社的商务拜访往往是为了某个目的，而这个目的往往是想获取经济利益，同样，对方与旅行社洽谈也希望从双方的业务合作中获取有利可图的空间。

项目二　酒店服务礼仪

任务一　前厅服务礼仪

前厅部是顾客进入饭店的第一个接触点，又是离开饭店的最后接触点，所以，前厅的服务直接关系到顾客的满意程度和对饭店的印象。为了给客人以亲切感、热情感并留下“宾至如归”的印象，前厅部的工作人员首先要做到的就是微笑服务、礼貌服务，使客人对饭店的优质服务和礼貌服务形成良好的初步感受。

一、酒店前厅服务基本礼仪要求

（一）着装规范

上班时按规定着工作制服，男女员工都应做到端庄大方，切忌奇装异服和出格打扮。

（二）语言恰当

用语谦恭，语调亲切，言辞简洁，根据不同对象恰当使用语言。对内宾使用普通话，对外宾使用外语，尽量做到听懂方言。

（三）礼貌迎送

客到有请、客问必答、客走道别。在迎送客人或与客人交流时，面带微笑，真诚礼貌，恰当地使用尊称和各种手势。

（四）主随客便

对需要特殊照顾，特别是有不同的宗教信仰和民族习惯的客人，尽量满足他们的要求。接待客人预订事项主动热情、有条不紊，在办理入住、用餐等手续时，准确填写、认真核实，以符合客人要求。提供整理房间等服务时先敲门，得到客人同意后才能进入，如遇客房门口显示“请勿打扰”，不得随意进入。

（五）尊重隐私

不能对外泄露客人的任何信息；不能乱动、乱翻客人的物品；不私自使用专供客人使用的电话、电梯、洗手间等设施。

二、岗位服务礼仪

（一）门厅迎送服务礼仪

见到宾客光临，应面带微笑，主动表示热情欢迎，问候客人：“您好！欢迎光临！”并致以15度鞠躬礼；对常住客人应称呼他（她）的姓氏，以表达对客人的礼貌和重视；当宾客较集中到达时，要尽可能让每一位宾客都能看到热情的笑容和听到亲切的问候声；宾客乘车抵达时，应立即主动迎上，引导车辆停妥，接着一手拉开车门，一手挡住车门框的上沿，以免客人碰头。如果是信仰佛教或伊斯兰教的宾客，因教规习俗，不能为其护顶；如遇下雨天，要撑伞迎接，以防宾客被淋湿。若宾客带伞，应为宾客提供保管服务，将雨伞放在专设的伞架上；对老人、儿童、残疾客人，应先问候，征得同意后予以必要的扶助，以示关心照顾。如果客人不愿接受特殊关照，则不必勉强。宾客下车后，要注意车座上是否有遗落的物品，如发现，要及时提醒宾客或帮助取出；如遇出租车司机“宰客”现象，应维护宾客利益，机智处理；客人离店时，要把车子引导到客人容易上车的位置，并为客人拉车门请客上车。看清客人已坐好后，再轻关车门，微笑道别：“谢谢光临，欢迎下次再来，再见！”并挥手致意，目送离去。尽量当着客人的面主动引导或打电话为其联系出租车。礼貌地按规定接待来访者，做到热情接待，乐于助人，认真负责，不能置之不理。

（二）行李服务礼仪

（1）客人抵达时，应热情相迎，微笑问候，帮助搬运行李。当有客人坚持亲自搬运物品时，应尊重客人意愿，不要强行接过来。在推车装运行李时，要轻拿轻放，切忌随地乱丢、叠放或重压。

（2）陪同客人到总服务台办理住宿手续时，应侍立在客人身后一米处等候，以便随时接受宾客的吩咐。

（3）引领客人时，要走在客人左前方两三步处，随着客人的步子行进。遇拐弯处，要微笑向客人示意。

（4）乘电梯时，行李员应主动为客人按电梯按钮，以手挡住电梯门框敬请客人先进入电梯。在电梯内，行李员及行李的放置都应该靠边侧，以免妨碍客人通行。到达楼层时，应礼让客人先步出电梯。如果有大件行李挡住出路，则先运出行李，然后用手挡住电梯门，再请客人出电梯。

（5）引领客人进房时，先按门铃或敲门，停顿三秒钟后再开门。开门时，先打开过道灯，扫视一下房间无问题后，再请客人进入。

（6）进入客房，将行李物品按规程轻放在行李架上或按客人的吩咐将行李放好。箱子的正面要朝上，把手朝外，便于客人取用。与客人核对行李，确无差错后，可简单介绍房内设施和使用方法。询问客人是否有其他要求，如客人无要求，应礼貌告别及时离开客房。

（7）离房前应向客人微笑礼貌告别，然后目视客人，后退一步，再转身退出房间，将门轻轻拉上。

（8）宾客离开饭店时，行李员进入客房前必须按门铃或敲门通报，得到客人允许后方可进入房间。

（9）客人离店时，应询问宾客行李物品件数并认真清点，及时稳妥地运送安放到车上。

（10）行李放好后，应与门厅迎接员一起向客人热情告别，“欢迎再次光临”“祝您旅途愉快”，并将车门关好，挥手目送车辆离去。

（三）总台接待服务礼仪

1. 接待服务礼仪

（1）客人离总台3米远时，应予以目光的注视。客人来到台前，应面带微笑热情问候，然后询问客人的需要，并主动为客人提供帮助。如客人需要住宿，应礼貌询问客人有无预订。

（2）接待高峰时段客人较多时，要按顺序依次办理，注意“接一顾二招呼三”，即手里接待一个，嘴里招呼一个，通过眼神、表情等向第三个传递信息，使顾客感受到尊重，不被冷落。

（3）验看、核对客人的证件与登记单时要注意礼貌，“请”字当头，确认无误后，要迅速交还证件，并表示感谢。当知道客人的姓氏后，应尽早称呼姓氏，让客人感受到热情亲切和尊重。

（4）给客人递送单据、证件时，应上身前倾，将单据、证件文字正对着客人双手递上；若客人签单，应把笔套打开，笔尖对着自己，右手递单，左手送笔。

（5）客人填写住宿登记单后，应尽可能按客人要求安排好房间。把客房钥匙交给客人时，应有礼貌地介绍房间情况，并祝客人入住愉快。

（6）如果客房已客满，要耐心解释，并请客人稍等，看是否还有机会。此外，还可为客人推荐其他酒店，主动打电话联系，以热忱的帮助欢迎客人下次光临。

（7）重要客人进房后，要及时用电话询问客人：“这个房间您觉得满意吗?”“您还有什么事情，请尽管吩咐，我们随时为您服务”，以体现对客人的尊重。

（8）客人对酒店有意见到总台陈述时，要微笑接待，以真诚的态度表示欢迎，在客人说话时应凝神倾听，绝不能与客人争辩或反驳，报以真挚的歉意，并妥善处理。

（9）及时做好宾客资料的存档工作，以便在下次接待时能有针对性地提供服务。

2. 预订服务礼仪

（1）客人到柜台预订，要热情接待，主动询问需求及细节，并及时予以答复。若有客人要求的房间，要主动介绍设施、价格，并帮助客人填写订房单；若没有客人要求的房间，应表示歉意，并推荐其他房间；若因客满无法接受预订，应表示歉意，并热心为客人介绍其他饭店。

（2）客人电话预订时，要及时礼貌接听，主动询问客人需求，帮助落实订房。订房的内容必须认真记录，并向客人复述一遍，避免差错。因各种原因无法接受预订时，应表示歉意，并热心为客人介绍其他酒店。

（3）受理预订时应做到报价准确、记录清楚、手续完善、处理快速、信息资料准确。

（4）接受预订后应信守订房承诺，切实做好客人来店前的核对工作和接待安排，避免差错。

3. 问询服务礼仪

（1）客人前来问询，应面带微笑，注视客人，主动迎接问好。

（2）认真倾听客人问询的内容，耐心回答问题，做到百问不厌、有问必答、用词恰当、简明扼要。

（3）服务中不能推脱、怠慢、不理睬客人或简单地回答“不行”“不知道”。遇到自己不清楚的问题，应请客人稍候，请教有关部门或人员后再回答，忌用“也许”“大概”“可能”等模糊语言应付客人。

（4）带有敏感性政治问题或超出业务范围不便回答的问题，应表示歉意。

（5）客人较多时，要做到忙而不乱、井然有序，应先问先答、急问快答，使不同的客人都能得到适当的接待和满意的答复。

（6）接受客人的留言时，要记录好留言内容或请客人填写留言条，认真负责、按时按要求将留言转交给接收人。

（7）在听电话时，看到客人来临，要点头示意，请客人稍候，并尽快结束通话，以免让客人久等。放下听筒后，应向客人表示歉意。

（8）服务中要多使用“您”“请”“谢谢”“对不起”“再见”等文明用语。

4. 结账服务礼仪

（1）客人来总台付款结账时，应微笑问候。为客人提供高效、快捷而准确的服务。切忌漫不经心，造成客人久等的难堪局面。

（2）确认客人的姓名和房号，当场核对入住日期和收款项目，以免客人有被酒店多收费的猜疑。

（3）递送账单给客人时，应将账单文字正对着客人；若客人签单，应把笔套打开，笔尖对着自己，右手递单，左手送笔。

（4）当客人提出酒店无法满足的要求时，不要生硬拒绝，应委婉予以解释。

（5）如结账客人较多时，要礼貌示意客人排队等候，依次进行。以避免因客人一拥而上，造成收银处混乱引起结算的差错并造成不良影响。

（6）结账完毕，要向客人礼貌致谢，并欢迎客人再次光临。

5. 其他服务礼仪

（1）如果有客人的邮件，特别是快件，应立即想办法送交客人，不得无故拖延。如果确定客人外出不在，应把邮件妥善放置，等客人回来时及时送交。收发邮件，一定要迅速、准确。

（2）在承揽了为客人代购各种机票、船票、车票的业务时，应尽力按客人的需求去办。

（3）在为客人代办事项时，应问清楚代办事项的品名、数量、规格尺寸、颜色、形状及时间要求，并向客人预收款项。

（四）电话总机服务礼仪

（1）坚守岗位，集中精神，接听电话动作要迅速，不让电话铃响超过三声；主动问候对方“您好”，自报店名和岗位，热诚提供帮助。如果业务繁忙，在铃响三声后接听，应向顾客致以歉意：“对不起，让您久等了!”在接待服务中坚持使用礼貌用语，避免使用“喂”“我不知道”“我现在很忙”“什么”等语句。

（2）用电话沟通时，宜保持嘴唇与话筒约 3 厘米距离，若靠得太近，声音效果不好；使用左手接听电话，以方便右手做必要的记录。语言热忱亲切、甜美友善，语调不宜太高，语速不宜太快，用词要简练得当。

（3）熟悉常用号码，按客人的要求迅速准确地转接电话。若转接的电话无人接听，忌用“不在”打发客人，应主动询问是否需要留言。

（4）随时在电话旁准备好便条纸和笔，当客人留言时，要认真倾听和记录，留言要重复一遍确认，并跟进、履行对客人的承诺，做到热心、耐心和细心。

（5）为客人接转电话和查找资料时，不能让对方等候电话超过 15 秒钟。要求对方等候电话，应向其表示歉意：“对不起，请您稍候。”如果一时未能查清，应及时向对方说明：“正在查找，请您再稍等一会儿。”

（6）讲究职业道德，尊重他人隐私，不偷听他人电话。通话结束后，应热情道谢告别，待对方挂断电话后，方可关掉电键。

（五）大堂副理服务礼仪

接待客人要积极热忱，精力集中，以谦和、富有同情心的态度认真倾听，让客人把话讲完。面对客人的投诉，应态度诚恳，按规章热心帮客人解决问题，切忌急躁、争辩、怠慢，推卸责任。因故不能完成服务的，要耐心向客人解释并道歉。对于客人投诉所反映的问题，要详细询问，并当面记录，以示郑重。能够设身处地为客人考虑，以积极负责的态度处理客人的问题和投诉。在不违反规章制度的前提下，尽可能满足客人的要求。当客人发脾气时，要保持冷静，待客人平静后再做婉言解释与道歉，要宽容、忍耐，绝对不能与客人发生争执。尽量维护客人的自尊，同时也要维护好酒店的形象和声誉，原则问题不能放弃立场，应机智灵活处理。对客人的任何意见和投诉，均应给予明确合理的交代，力争在客人离开酒店前解决，并向客人表示感谢。当发生火警、电梯事故、客人突发疾病或受伤、恐怖爆炸等紧急事故时，应沉着冷静，按照应急预案及时、得当地进行处理。

任务二　餐厅服务礼仪

饭店的餐厅是供客人用餐的地方，它是饭店的重要服务部门，也是饭店获得经济效益弹性最大的部门之一。为满足客人的不同需求，必须做到美味佳肴配以热情、耐心、周到的服务，才能受到客人的欢迎。餐厅服务员工作一般包括迎宾、引位、值台、传菜和收银。

一、迎宾员礼仪

迎宾员的工作是负责开餐厅正门、迎送就餐的客人。具体工作中要注意的方面如下：

（1）着装整洁美观、仪容端庄大方，对客人彬彬有礼。迎宾员应在开餐前5分钟恭候在餐厅的大门两侧，做好迎接客人的准备。

（2）客人来到餐厅约1.5米处时，应拉门迎客，上前热情问候，说“您好，欢迎您前来用餐”。如果几位客人一起来就餐，则应先向主宾问候，再向其他客人问候；先向女客人问候，再向男客人问候。

（3）客人离开餐厅时，要开门送客并礼貌道别“谢谢您的光临，请慢走，再见”。并致以30度的鞠躬礼。

（4）如遇下雨天，要主动收放客人的雨具，并在客人离开时把雨具及时递上，帮助客人打开雨伞、穿好雨衣。

二、引位员礼仪

引位员的工作主要是负责迎送客人，引领客人到座位。在服务中要注意以下三点：

（1）客人进门后，要立即面带微笑迎上：“先生/小姐，您好，请问预约过吗？”“请问，一共几位？”问清后用手势把客人带到合适的位置。

（2）引领入座时，如果遇到重要客人，要安排在餐厅最好的位置或包间以示尊敬；如客人是夫妇或一对恋人，可引领到餐厅内环境幽雅安静处就座；如遇打扮时髦和容貌漂亮的小姐，可安排到餐厅较显眼的中间位置，这样既可满足这部分宾客的心理要求，又能使餐厅增添华贵的气氛；如有年老体弱的客人，要主动上前照顾，其座位应尽可能安排在路线比较短、出入较方便且安静的位置；如遇全家或众多的亲朋好友来聚餐可以安排到餐厅靠里的一侧，这样既便于安心进餐，又防止影响其他客人。靠近厨房出入口处的位置，是最不受客人欢迎的位置，但客人较多时可对安排在此的客人说几句礼貌的话“十分抱歉，今天客人太多，委屈您了。下次光临，一定给您安排个好座位。”若餐厅暂无空位，要设椅子让客人暂作等候，并表示歉意。

（3）客人就餐完毕结账离开时，应礼貌话别“再见，欢迎下次光临”，并微笑目视客人离开。

三、值台员礼仪

值台员是直接为就餐宾客提供点菜等服务及餐厅清洁工作的人员，其在服务中要注意以下七个方面：

（1）热情迎宾。客人被引领到餐桌前时，值台员应立即迎上前向客人问候：“您好”，并为其拉出座椅，让客人坐下，然后斟茶递香巾。拉椅时站在椅背正后方，双手握住椅背的两侧，后退半步的同时将椅子拉后半步，用右手做请的手势，示意客人入座。在客人即将坐下时，双手握住椅背的两侧，用右脚顶住椅背，手脚配合将椅子轻轻往前送，使客人不用自己移动椅子便能恰到好处地入座。注意拉椅、送椅的动作要快迅速敏捷，力度要适中。

（2）递送香巾时，可将香巾用夹子夹递给客人，也可用双手捏住香巾两角，打开递到客人面前，并招呼“先生/小姐，请”。

（3）上茶时把茶杯放在垫盘里，并把杯把转向客人右手方向。水不可倒得太满，约占水杯的3/4即可。

（4）协助宾客脱挂衣帽，切勿将衣服倒挂，以防衣袋内的物品掉落。重要客人的衣帽要凭记忆准确服务。如有儿童就餐，应准备一把儿童椅。

（5）恭请点菜。点菜服务时要思想集中，端正地站在客人座位左侧，躬身将菜单双手递给客人，并说："请您点菜。"菜单要先送给年长者或女士。不可随意地将菜单往客人手上一塞或扔在餐桌上，这是极不礼貌的行为。介绍本店的饭菜要亲切自然，讲究说话的方式和语气，并注意观察客人的反应，充分尊重其意愿。如客人点的菜已卖完，不能只简单地说"卖完了"，要有礼貌地道歉，求得客人谅解。如客人点的菜菜单上没有，也应尽量设法满足，不可一口回绝，应说"请您稍等，我马上与厨师商量下，尽量满足您的要求"。点完后要礼貌地复述一遍，得到客人确认后，迅速将菜单送到厨房。

（6）就餐服务。客人用餐时，应站立一旁并面带微笑，注意客人用餐的情况，不随意走动，不倚墙靠台，不串岗闲聊，保持安静。斟酒上菜时，切忌越过客人头顶上菜，将菜肴的最佳部位向着主宾和主人。斟酒的顺序要先主宾后主人，先女宾后男宾。打开酒水时，应在客人的侧后方朝外打开，斟酒时右手握瓶，露出商标，注意防止酒水喷洒或滴落到客人身上。及时更换餐具、酒具、用具，当客人的烟灰缸中有两个烟头或有明显的杂物时就要及时撤换。在替主人分菜时，每一道菜都要分得恰到好处，分到最后要预留一些，以给主人体面感。如果服务时因繁忙而应接不暇，应及时对需要服务的客人说"对不起，请您稍等，马上就来"。有些菜肴的烹制需要较长时间，应向客人说明，以免客人因久等而不耐烦。菜上齐后要告诉客人，以示尊重。如有客人不慎将餐具或其他物品掉在地上，应迅速上前取走，及时更换。当客人问及菜肴的原料、品种时要乐意介绍。如一时回答不上来时要说"实在抱歉，我不清楚，我去问清楚后再告诉您"。接待服务一定要有问必答，百问不厌。客人没有吃完，即使营业时间已过，也绝不能有催促或忙于收盘、打扫等不礼貌的逐客之举。整个餐厅的清扫应在所有宾客离开后进行。

（7）结账送客。结账时要主动征求客人的意见。可以结账时，值台员要把账单放在垫有小方巾的托盘上或放在账单夹内，双手递上，或放在主人的餐桌边，并小声说"先生/小姐，请您过目，共计××元。"如客人要直接到收银台结账，应礼貌地引领客人至收银台。客人结完账起身离座时，应及时拉椅让路方便客人离开，同时提醒客人是否遗忘随身物品，在客人离开餐厅前不可收拾撤台。

四、传菜生礼仪

传菜生是配合值台员的工作，及时取得联系并随时与厨房互通情况，适时上菜。做好菜肴的保温工作，按照规定路线及时、准确地用托盘将菜肴传到餐厅指定位置。

（1）掌握好上菜顺序，先上冷菜，及时上热菜，保证菜肴的色香味形。

（2）传菜时应做到传送平衡、汤汁不洒、及时到位、不拖不压。将菜肴放在工作台上，告知值台员，不得自己动手上菜。及时将撤下的空盘、杯等撤回洗碗间。

（3）传菜时不能用手直接端拿，途中不能私自品尝，这是最不礼貌的行为。

（4）注意仪表，即使天热也不能挽袖卷裤，保持着装的整洁干净，以示对客人的尊重。

（5）传菜时要注意走路姿势的端正和自然，遇到客人要主动让道。

五、餐厅服务员的服务意识及常见失礼行为

1. 礼仪待客要做到“三声”与“三不讲”

（1）“三声”：来有迎声、问有答声、去有送声。

（2）“三不讲”：不尊重对方的语言、不客气的语言、不耐烦的语言。

2. 避免餐厅服务的失礼行为

（1）不主动上前迎接客人。

（2）自始至终无微笑，无礼貌用语。

（3）遇见客人时视而不见。

（4）不带领客人入席。

（5）服务员与客人之间谈话距离过远。

（6）客人在点菜时，强行推销客人不要的菜或不推荐菜单上的菜。

（7）当客人点菜时，不主动地表示谢意。

（8）在客人的面前倒茶水，挡住客人的视线等。

（9）给客人的茶水，没有确认好茶水的温度和浓、淡。

（10）送茶时一语不发，板着脸。

（11）餐间不换餐碟。

（12）客人正在用餐时，就送上水果。

（13）客人还在用餐时，就开始打扫卫生。

（14）客人还未用完餐时，就把四周的灯全部关掉。

（15）服务员之间大声交谈、嬉笑。

（16）移动椅子时发出声响。

（17）不使用官方语言。

（18）对客人无称呼，小动作多，与边上的其他工作人员聊天，自始至终不抬头看客人。

（19）结账时找不到服务员。

（20）不主动送客人出餐厅，缺乏与客人语言交流，没有友好的道别。

任务三　客房服务礼仪

客房是饭店收入的主要部门之一，也是客人在饭店里停留时间最长的地方。要使客人有“宾至如归”的感觉，就必须为他们提供多方面的优质服务。

一、日常服务

为来宾的日常服务工作是从早到晚，时间最长，工作量最大，涉及面最广的。服务员要使来宾在住店期间感到方便、舒适、称心如意，犹如在家里一般。若要达到这个效果，必须时时留意、体察来宾的需要，主动热情地为来宾悉心服务。

1. 整理房间

须按接待规格和操作程序进行。整理房间又可分为上午整理、下午整理和晚上的寝室整理。整理前先把工作本及用品备齐，然后敲门而进（敲门进房要养成一种习惯）。整理房间要按操作的程序，并且注意早、中、晚客人休息的规律特点，尽量不打扰客人的休息和睡眠。如上午整理，应尽量利用客人外出的时间进行；下午和晚上的整理则应利用客人去用餐时进房收拾。了解客人是否有午睡的习惯，并且按照白天晚间的不同需要，为客人准备好应用物品和床铺布置。打扫卫生的工具及客房换下来的脏物，要及时拿走，不要长时间放在走廊过道，以免影响整洁。

2. 生活服务

来酒店住宿的旅客，必然会有许多生活琐事需要协助料理。这项服务不仅方便客人，而且也是提高酒店优质服务信誉和增加经济收入的渠道，如客房用膳、接待来宾的访客，为客人刷衣帽、擦皮鞋、帮助缝补等。客人因各种原因，有时需要在客房中进餐，酒店就应提供服务，满足客人的需要。提供这项服务时要注意食品的保温、送菜要迅速、所送食品不要遗漏、注意清洁卫生等。访客来访问，不得擅自让访客直接进房，需去征求客人意见后再安排，但态度上仍需热情，不可怠慢。若客人患病更应随时关注客人的需要，如端送饮食、帮助服药。传染病人住过的房间，必须彻底消毒，防止交叉感染。

3. 代办事务

客房服务员有时需代替客人代办购买药品、代办洗烫衣服等，样样事情不得马虎办理。如客人提出代办购买药品，不要轻率去代办，须经领导同意并与接待单位商定之后再办，以免误服药品。代办洗熨衣服，要按照有关规定去办理，要做到细心认真，善始善终。此外，还有会议服务、照顾老幼病残客人等。

二、来宾离店前后的工作

客人离店前后的工作，是服务全过程的最后一个环节，如果工作做得好，就能加深来宾的良好印象，使其高兴而来，满意而归。此阶段工作可分以下三点：

1. 做好客人离店前的工作

要了解客人确切动身的日期、时间，飞机、火车的班次，离开酒店的时间，交通车辆接送安排情况。要检查代办事项是否办妥办完、客账是否已结清、早上是否有叫醒服务、清晨是否要准备早点、行李包扎和托运是否办理完毕、客人还需什么帮助等。以上情况客房服务员应要与有关部门联系确定落实，重要的客人还必须汇报给领导，以便协同工作，组织欢送。

2. 客人离店送别工作

可协助客人检查室内各处有无物品遗留，如有必要，应提醒客人。在将客人的行李件数点清后，可请行李员搬运上车，并向客人交代清楚。客人离开楼层时，要热情送至电梯口，礼貌道别，欢迎再来。在此之前，还应清查房间的设备及用品有无损坏和丢失，及时报告领导以便查询。

3. 客人离去后即将房间彻底检查

在清理房间时，如发现有物品遗留，应迅速设法转送归还，若客人已离店，应速交总服务台设法转交，或请示领导处理。客人离去后还应及时进行全面清洁整理，按酒店的规格，布置完整，准备迎接新的客人。

三、具体岗位服务礼仪

（一）楼层接待员

楼层接待员主要负责楼层的日常接待服务及安全工作。在服务中应注意下面八点：

（1）接到来客通知时，要整理好个人着装，礼貌地站在电梯口旁恭候客人到来。

（2）见到客人时要面带微笑，立即亲切问候“先生/小姐，您好，欢迎光临”，同时向预订的客房方向伸手示意“请”。

（3）对客人手中的行李和物品要主动帮助搬运，服务标准同行李员，对老、幼、弱、残客人要主动适当搀扶，给予热情的关心和帮助。

（4）根据客人的风俗习惯、生活特点和接待规范，整理好房间，铺好床，备好开水、茶叶、水杯及其他生活用品，补充文件夹内的信封、信笺、服务指南及各种宣传品。补充好冰箱内的饮料等，做好迎宾准备工作。客人若在晚间抵达，还应提前做好夜床。

（5）客人进入房间后，行李员将行李送入放好，然后向客人介绍房内设备及使用方法，同时向客人介绍饭店服务设施和服务时间。随后，楼层服务员为客人换下大衣、礼服，并挂在衣帽架上。接着给客人送上香巾和茶水（或冰水），即做到“五到”：客到、茶到、香巾到、敬语到、微笑到。

（6）如果客人没有其他需求，即可退出房间。离开时应先退后两步，再转身走出并轻关房门。

（7）初次来店的客人如果正好在用餐时间抵达，要询问其是否用餐。对于第一次到酒店用餐的客人，如有必要应陪同到餐厅，并向餐厅服务人员说明客人所在楼号、房间号，及自己所了解到的客人的饮食爱好。

（8）客人离开饭店时，应事先主动询问，是否要提前用餐，还有什么要求等。客人离开房间时送客人到电梯旁，并祝客人“旅途愉快”“一路顺风”。

（二）客房服务员

客房服务员的主要职责是负责客房的整理和清洁工作。服务时应做到以下十二点：

（1）整理房间前，若房间门上挂有“请勿打扰”牌，则暂时不要进去打扫；如挂出“请速打扫”牌子时，应尽快安排打扫。

（2）进房时必须讲究礼节，先按门铃两下，未见动静，再有节奏地轻敲房门三下。同时自报“客房清洁服务”。如客人来开门，则礼貌地说“对不起，打扰了，我是客房服务员，现在可以打扫房间吗?”征得客人同意后方可进入。如果敲门不见反应，可再连续敲门三下，仍不见回答，可用钥匙开门，若发现客人正在睡觉，则应马上退出。若房间内无人，则可开始打扫，但必须把门全开着。

（3）如果是当着客人的面打扫房间时，要做好一切准备，将抹布干湿分开，脏净分开，讲究效率，动作迅速、轻稳，并尽量减少进出客人房间的次数。

（4）在客房里打扫时，不得擅自翻阅客人的物品，打扫后原物放回原处，切勿移位、摔坏或随便扔掉。

（5）不得向客人打听私事，如有客人在谈话，不要插话，更不能上前旁听。打扫完离开房间时如客人在，要说声：“对不起，打扰了，谢谢”。

（6）工作时，不要与他人闲聊或大声说话，做到“三轻”服务，即说话轻、走路轻、动作轻。尤其夜晚讲话要轻声细语，不得影响客人休息。

（7）遇急事不能奔跑，以免造成紧张的气氛，引起恐慌。

（8）在过道内行走，一般不能超越客人，如有急事，应表示歉意，再快步前去。在过道内遇见客人，要点头示意并微笑问候。

（9）满足客人提出的正当要求。如客人接待来访者，应按照其要求，准备足够的茶杯、供应茶水等。

（10）如客人身体不适，要主动热情地询问是否需要去医院诊治。

（11）不得先伸手与客人握手；不要抱玩客人的小孩；不与客人过分亲近。

（12）严格按照清扫整理的程序和规范对客房进行打扫，使之达到酒店规定的质量标准。

四、客房服务礼仪规范

酒店的客房日常服务量较大，涉及面广，变化性多，综合性强，一些具有良好声誉的酒店在长期的客房服务工作中形成了一套较完整的礼节规范，如：“六无”“三轻”“八字”“五个服务”“五声”“十一个字”等。

（1）“六无”：即客房卫生要做到无虫害、无灰尘、无碎屑、无水迹、无锈蚀、无异味。

（2）“三轻”：是就客房服务员的服务而言的，要求客房服务员工作时，要说话轻、走路轻、操作轻。

（3）“八字”：要求客房服务员从宾客进店到离店，从始至终要做到“迎、问、勤、洁、灵、静、听、送”八个字。迎：客人到达时要以礼当先，热情迎客；问：见到客人要主动、热情问候；勤：服务员在工作中要勤快、迅速稳妥地为宾客提供快速敏捷、准确无误的服务，同时在工作中还要做到手勤、眼勤、嘴勤、腿勤，为宾客办事勤快，不图省事，不怕麻烦；洁：房间要清洁，勤整理，做到每日三次进房检查整理房间，坚持茶具消毒，保证宾客身体健康；灵：办事要认真，机动灵活，眼观六路，耳听八方，应变能力强；静：在工作中要做到说话轻、走路轻、操作轻，保持楼层环境的安静；听：在工作中要善于听取客人意见，不断改进工作，把服务工作做在客人提出之前；送：客人离店送行，表示祝愿，欢迎再次光临。

（4）“五个服务”：包括主动服务、站立服务、微笑服务、敬语服务、灵活服务。

（5）“五声”：宾客来店有欢迎声，宾客离店有告别声，宾客表扬有致谢声，工作不足有道歉声，宾客欠安有慰问声。

（6）“十一个字”：您，您好，请，谢谢，对不起，再见。

任务四 康乐服务礼仪

为了使宾馆的住房生活更加丰富多彩，现代化饭店中大都增设了康乐中心，设有游泳池、保龄球厅、健身房、桑拿房、美容院、卡拉OK舞厅等服务项目。为了保证服务质量和总体效益，就需要注重服务中的礼貌礼节。

一、游泳池服务礼仪

游泳池服务员主要负责游泳池内客人的接待工作。在服务中应注意以下五点：

（1）仪容端庄，站立在服务台旁，随时恭候客人的到来。

（2）礼貌地递送更衣柜钥匙和毛巾，引领客人到更衣室，提醒客人妥善保管好自己的衣物。

（3）救生员要坚守岗位，注意观察进出更衣室的各种人员，保证客人财物和生命安全，发现情况及时汇报。

（4）救生员要做到人不离池、思想集中、反应灵活，密切注意泳池内客人的情况，特别是老人和小孩，以免发生事故。

（5）客人离开时，主动收回更衣柜钥匙，并交还房门钥匙，要提醒客人衣物是否带齐。欢送员要送客人到门口，向客人表示谢意，并欢迎客人再次光临。

二、保龄球服务礼仪

保龄球也叫“滚球”，是客人较喜欢的一种体育活动。保龄球服务员的主要工作是负责保龄球活动的服务工作。在服务中应做到以下五点：

（1）客人到来时要表示欢迎，并问明客人的鞋码，将合适的保龄球鞋交给客人，并把其防止滑跌和保护跑道的功能告诉客人。

（2）协助客人选择重量适宜的保龄球，并在球架上放好。将客人分配好适当的球道后开动机器，提示记分设备位置并祝客人玩得高兴。

（3）有礼貌地询问客人需要什么饮料，提供热情周到的服务。

（4）对初次尝试保龄球活动的客人，服务员要根据客人的性别、年龄和体重帮助其选择重量适当的保龄球，并详细介绍活动的步骤与方法，必要时为客人提供技术指导服务，提醒客人在活动中注意安全。

（5）客人结束活动时，要收回保龄球鞋，恭请结账，收款后向客人道谢并欢迎再次光临。

三、健身房服务礼仪

健身房服务员的主要职责是负责客人在健身房锻炼时的各项服务工作。在服务中要注意以下四点：

（1）着装整洁，面带微笑地迎接客人。

（2）主动热情地介绍跑步机、单车等设备的性能和操作方法，如客人要健身并要求指导时，可进行示范，热情讲解。

（3）坚守岗位，思想集中地注意客人健身动态，随时给予正确的指导。

（4）客人健身完毕，要礼貌送客，热情告别。

四、桑拿房服务礼仪

桑拿又叫“蒸汽浴”，欧美国家的客人大都喜欢这种活动。桑拿房服务员主要负责客人桑拿浴时的各项服务。在工作中要注意以下五点：

（1）对客人来到桑拿室时要主动迎接，热情招呼。

（2）对熟悉桑拿浴的客人提供必需的洗浴用品，并引领客人进入浴室；如果是初次来的客人，要为其介绍桑拿浴的方法和注意事项，然后根据客人的要求把温度控制选择盘转到客人需要的温度。

（3）服务员要坚守岗位，勤巡查，密切注视客人的动静，每隔几分钟就要从门的玻璃窗口望一望，看看客人浴疗是否适宜，防止发生意外。

（4）每天下班前都要做一次清洁卫生，保证周围环境整洁干净，还要经常喷洒香水，保持室内芬芳。此外，各种用具要随时清洁，保持干净卫生，以示尊重。

（5）客人浴后引领其到柜台结账，客人离开时要提醒是否有遗忘物品，感谢光临，同时欢迎以后再来，并将客人送到门口。

五、美容院服务礼仪

美容院服务员主要负责为客人提供美容服务。在服务中要注意以下六点：

（1）面带微笑，热情迎接客人并问候。帮助客人接挂衣帽，将客人引领到座上。

（2）如已客满，应将客人引领到休息室，用托盘递上香巾，让客人擦手，再送上当天的报纸或杂志，并向客人致歉：“对不起，请稍等”。

（3）按客人的要求进行相关服务，操作时要充分尊重客人的意愿。

（4）美容服务完毕后，要礼貌地征求客人意见，直至客人满意为止。

（5）收款时要迅速、准确，用双手递送，并向客人致谢。

（6）送客时，帮助客人取拿衣物并热情道谢，礼貌道别。

六、KTV、舞厅服务礼仪

KTV、舞厅服务员在服务中应做到以下五点：

（1）客人来到舞厅、包房时，迎宾员要热情接待，并引领客人到厅房内的适当位置。

（2）迅速将酒水、食品从右侧送到客人的桌上，以示礼貌。

（3）细心观察客人，以便提供所需要的服务，如添加饮料或热情回答客人提出的询问。

（4）结束时，全体服务员要站立在门口欢送客人，表示谢意：“女士们，先生们，谢谢你们的光临，再见”。必要时，要帮助客人叫出租车，并送客人上车，再次致谢并道再见。

（5）要保持舞厅内的环境卫生，服务员要注意个人仪容仪表。

任务五　宴会服务礼仪

宴会是在普通用餐基础上发展起来的高级用餐形式，也是人们交往中常见的礼仪活动。其形式主要有中餐宴会、西餐宴会、招待会、冷餐会和鸡尾酒会等。

一、中餐宴会服务礼仪

1. 餐前准备

（1）参加班前会，了解宴会的具体任务，使服务工作做到“九知”“四了解”。“九知”指知悉出席宴会人数、桌数、主办单位、邀请对象、宾主身份、宴会的标准及开宴时间、菜式品种、出菜顺序、收费办法。“四了解”指了解客人的宗教信仰、风俗习惯，了解客人的生活忌讳，了解宾客的特殊需要，了解会议、客房的安排。

（2）做好准备工作。熟悉菜单，计算餐具的用量，备足酒水饮料，准备特色佐料；选配器皿、用具，餐具要多备1/5；酒水按要求擦干净在工作台摆放整齐；根据宴会的类别、档次进行合理布置，确保灯光、室温、音响、家具、设施完好；做好宴会厅的卫生，按摆台标准摆好餐台，做好摆台后检查，摆放整齐，符合要求。

（3）进行自查。检查个人仪表仪容，复查餐台、台布、台面餐具、各种调味品、烟缸、牙签等放置是否齐全整洁、符合要求，椅子与所铺的席位是否对应等；菜单、托盘、备用餐具、小毛巾、工作台内储存物品等是否齐全、清洁；接受领班检查。

（4）把握时间。宴会开始前8分钟，按要求摆上冷盘。若知晓宴会酒水，提前5分钟斟上红酒和白酒（按斟酒要求）；准备就绪后，开餐前30分钟，站立在餐厅门口，迎候宾客。

2. 餐中服务

（1）迎客入座：客人进入餐厅，迎宾员按迎宾规范进行服务，领至宴会厅，值台员应面带微笑，热情迎接，躬身行礼，问好：“您好，欢迎光临”；主动接挂衣物，“请将衣物给我，我为你保管”，挂衣时，应握衣领，避免衣袋里物品滑出或碰坏；热情地为客人拉椅让座（将椅子拉开，当客人坐下时，用膝盖顶一下椅背，双手同时送一下，让客人坐在离桌子合适的距离10~15厘米为宜），并用手势示意：“您请坐”。

（2）宾客坐好后，可致开场白：站在副主人处，面带微笑至所有宾客，“各位先生、小姐（领导），中午（晚上）好，欢迎光临本店，我是服务员××，今天由我为诸位服务，祝大家就餐愉快，谢谢!”

（3）基本服务：撤花瓶（席位签），为客人铺餐巾、去筷子套，从主宾右侧开始顺时针转，撤去冷菜的保鲜膜（用服务夹操作）；送香巾，席间送香巾三次，客人入座后一次，上完热菜后一次，客人用餐完毕再送一次，（上特殊的手剥菜时，应再跟一次），并及时收回。送香巾时，要从客人右侧提供服务，并说：“请用香巾”；斟茶，斟七八成即可，为宾客斟茶时，不得用手触摸杯口。

（4）斟酒服务：按斟酒服务规范操作，第一次斟倒时，用托盘斟酒，席间服务时可徒手斟酒；开餐前若已斟上红酒和白酒，则从主宾开始斟倒饮料，征求客人意见：“请问您喜欢用哪种饮料?”宴会若未提前定好酒水，客人入座后，应先问酒：“请问今天用什么酒，我们这有……”客人选定后，按规范进行操作；宴会过程中，应注意随时添酒，不使杯空。

（5）上菜服务：依菜单顺序上菜，按上菜、分菜的规范进行上菜、分菜；上菜时，每道菜都要报菜名，并做适当介绍，特色菜要重点介绍“各位来宾，这是本店特色菜××，请品尝”；如客人表现出对此菜的较大兴趣，可适当介绍此菜的特点；放菜时要轻，有造型的菜注意看面朝向主宾；要掌握好上菜的时机，快慢要适当；菜上齐后，视情况可轻声告诉主人，也可说：“您的菜已上齐了”。

分菜时，可用转台式分菜，勺式分菜和工作台分菜几种方式结合起来服务（宴会服务中，要将1/3的菜进行分派）。

（6）席间服务：要做到“一快”，即服务快；“三轻”，即走路轻、说话轻、操作轻；“四勤”，即手勤、脚勤、嘴勤、眼勤。席间需勤问斟、勤换烟缸（不超过三个烟头）、勤换餐碟（不超过1/3杂物时）；当宾客吸烟时，立即上前站在宾客右侧为其点烟，并说：“您请”；撤换烟缸时，把干净的烟缸倒扣在用过的烟缸上，一起撤下放进托盘，然后再把干净的烟缸摆回餐桌；换餐碟时，服务员用右手从主宾的右边依次撤去同时换上干净的碟，并用礼貌用语（伸手示意）：“打扰一下，给您换一下骨碟可以吗?”当客人帮着拿骨碟（即提供了帮助）时应说声：“谢谢”。

宾客席间离座，应主动帮助拉椅、整理餐巾；待宾客回座时应重新拉椅、落餐巾；宾客祝酒时，服务员应立即上前将椅子向外稍拉，坐下时向里稍推，以方便宾客站立和入座；服务中要保持转台、餐台的整洁；宴会服务中，服务员要按规定姿势站立于离客人桌面1.5米处，应用眼光注视全部客人的情况，出现问题及时处理。

根据客人要求上饭、面点、汤，要先分汤，再将面点规整地摆上转台；上水果前，撤去所有餐具，换上干净盘子，视情况摆上刀叉等，端上水果，并说：“水果拼盘，请慢用”；整个宴会服务过程，值台员必须坚守岗位。

3. 餐中服务注意事项

（1）宴会服务中，两个服务员服务时，不应在宾客的左右同时服务，也严禁左右站立；要及时调换碰脏的餐具，掉落的刀、叉、筷等；服务过程中，要微笑服务，运用技巧全方位服务，每进行一道服务必须说：“您请”。当某个客人需要打电话时应主动领其至电话旁，当客人上卫生间，应主动引领其至卫生间。当客人特别喜欢吃某一道菜时，应多给他分几次；在服务过程中，如不小心将客人酒杯或茶杯打翻，应马上道歉：“非常抱歉，不好意思”，并迅速将酒具或茶具扶起，给客人重新换个酒杯或茶杯，并斟上酒水或茶水，然后将溢湿的桌面垫上香巾或口布；若汤汁等洒在客人身上应马上道歉：“非常抱歉，这是我工作失误，不好意思，我帮您擦一下吧”。

（2）服务过程中，应主动灵活，若客人唱歌，应马上递上话筒，说：“您请”。若客人特别喜欢吃某一道菜，而此菜品已吃完时，征询客人意见是否需要再加一道；因客人比较集中，菜上得较慢时，应给宾客解释：“非常抱歉，因今天客人比较集中，菜上得慢了一些，请您原谅”；而等菜上来之后：“非常抱歉，让你久等了”；当客人对您这道菜品称赞时，服务生应主动说：“谢谢您的夸奖，欢迎您下次来时，再点这道菜”。

4. 餐后服务

（1）客人用餐完毕，送上香巾，并征求客人意见，对宾客提出的意见要虚心接受，记录清楚，并致谢："非常感谢您的宝贵意见"；为客人拉开座椅让路，递送衣帽、提包，在客人穿衣时主动配合协助；送客道别（按送客服务规范进行）。

（2）收台工作：客人离开后，要及时翻台；收台时，按收台顺序依次先收玻璃器皿、银器、口布、毛巾、烟缸，然后依次收去桌上的餐具；整理清洁宴会厅，使其恢复原样。

二、西餐宴会服务礼仪

西餐宴会服务的基本环节包括：宴请准备工作、餐前鸡尾酒服务、开宴上菜服务、结束上菜服务、结束收尾工作等。各步骤服务应做到：

1. 布置餐厅宴请场所，摆设餐台

根据宴会通知单的要求布置餐厅，摆出台型，铺上台布，按列出的菜单摆放刀、叉餐具，餐具摆放位置得当规格统一，按通知单的酒水要求摆放相应的酒水杯，中央摆放插花、烛台、胡椒盅、盐盅、牙签盅（三至四人一套）。

2. 准备工作台

临时工作台根据人数、菜肴来准备。通常在工作台上备有咖啡具、茶具、冰水壶、托盘、干净的烟灰缸、服务用刀、叉、勺等。准备间则准备面包篮、新鲜面包、黄油、酒水等。

3. 餐前鸡尾酒服务

在宴会开始前半小时或 15 分钟，在宴会厅门口为先到的客人提供鸡尾酒会式的酒水服务。由服务员托盘端上饮料、鸡尾酒，巡回请客人选用，茶几或小圆桌上备有虾片、干果仁等小吃。待主宾到达宴会开始时，请宾客入宴厅。通知厨房，宴会正式开始。

4. 酒水和菜肴服务

（1）在宴会开始前几分钟摆上黄油，分派面包。

（2）安排宾客就座后，先女后男，最后给主人斟上佐餐酒，征求是否需要其他酒品。

（3）西餐宴会多采用美式服务，有时也采用俄式服务。上菜顺序依次是冷开胃品、汤、鱼类、副盘、主菜、甜食水果、咖啡或茶。

（4）按菜单顺序撤盘上菜。每上一道菜前，应先将用完的前一道菜的餐具撤下。服务员要留意宾客对撤盘的示意方法，如果将刀叉并拢放在餐盘左边或右边或横于餐盘上方，是表示不再用餐，可以撤盘。如果呈"八"字形搭放在餐盘的两边，则表示暂时不需撤盘。西餐宴会要求等所有宾客都吃完一道菜后才一起撤盘。

（5）上甜点水果之前撤下桌上除酒杯以外的餐具，包括主菜餐具、面包碟、黄油盅、胡椒盅、盐盅，并换上干净的烟灰缸，摆好甜品叉匙。水果要摆在水果盘里，上洗水盅，水果刀、叉。

（6）上咖啡或茶前，放好糖缸、淡奶壶，每位宾客右手边放咖啡或茶具，然后拿咖啡壶或茶壶依次斟上。高档宴会需推酒水车间送餐后酒和雪茄。

5. 结账服务

宴会接近尾声时，清点所用的饮料，如果收费标准不包括饮料费用，则要立即开出所耗用的饮料清单，交收款员算出总账单。宴会结束时，宴请的主人或助手负责结账。

6. 宴会结束服务

当宾客起身离座时，应为其拉椅；检查是否有遗留物品，送宾客至宴会厅门口。检查是否有未熄灭的烟头；收台时，先收餐巾，后用托盘或手推车收餐具；撤掉台布；了解下一餐宴会情况，在下班前准备好餐桌摆台；领班记录宴会完成情况。

三、冷餐会服务礼仪

冷餐酒会又称自助餐会，是当今较流行的服务方式，适用于会议用餐、团队用餐和各种大中型活动。冷餐会一般有设座和立式两种就餐形式。不设座的立式就餐可以在有限的空间里容纳更多的宾客，而且气氛活跃，不必拘泥。设座冷餐会的规格较立式更高，得到的个人照顾更多。冷餐会各项服务程序应体现礼仪规范。

1. 布置会场

从宴会通知单上了解参加人数、酒会形式、台型设计、菜肴品种、布置主题等事项。食品台的摆设应方便宾客迅速顺利选取菜肴，考虑宾客流动方向安排取菜顺序。餐桌在摆放时要突出主桌，预留通道。环境布置应围绕宴会主题进行，如元旦、周年庆典、圣诞节、婚礼，等等。

2. 食品的摆设

食品的摆设形式多种多样，除了设有完整的自助餐台外，也可将一些特色菜分立出来，如沙拉台、甜品台、切割烧烤肉类的餐车等。

3. 食台的布置

布置食台时，先在餐台上铺好台布，台子四周围桌裙，台中央可布置冰雕、蔬菜雕刻、鲜花、水果等装饰物点缀，以烘托气氛，增加立体感。

4. 菜肴及其他物品的摆放

菜肴陈列应根据通知单上所有菜肴品种和宾客的取食习惯来排列。

（1）宾客盛菜用盘整齐地放在自助餐台最前端，立式自助餐台应附有杯托架、餐刀、餐叉、餐巾等用具。

（2）沙拉、开胃品和其他冷菜放在客人首先能取到的一端，摆放时图案新颖美观。接着摆热蔬菜、肉类菜、其他热主菜；菜肴的配汁与菜肴摆在一起。热菜通常要用保温器皿保温。

（3）甜品、水果一般是单独设台摆放，也可放在主菜的后面即客人最后取到的一端。

5. 设座式自助餐的服务

要摆好宾客用餐桌，桌上的餐具有餐刀、餐叉、汤勺、甜品叉勺、面包碟、面包刀、餐巾、胡椒盅、盐盅。

6. 冷餐会开始前的鸡尾酒服务

在酒会开始前半小时或15分钟，一般在宴会厅门外大厅或走廊为先到的宾客提供鸡尾酒、饮料和简单小吃，直到酒会时间将到，才请宾客进入宴会厅。

7. 自助餐台服务

自助餐台应有厨师值台，负责向宾客介绍、推荐、夹送菜肴，分切肉餐车上的大块烤肉，及时更换和添加菜肴，检查食品温度，回答宾客提问。

8. 结账收尾服务

由主管或经理负责及时结账，检查所有项目。酒会结束后，厨师负责将余下的菜肴全部撤回厨房分别处理。服务员负责清理餐台、食品台。将用过的餐具、物品交洗涤间，由宴会负责人写出酒会服务报告以及备案。

9. 其他服务要求

（1）入座就餐除了主桌设座席卡外，其他客桌用桌花区别，由宾客自由选择入座，服务员为每位宾客斟冰水，询问是否需饮料。主办单位等全部宾客就座后致辞、祝酒宣布酒会正式开始。较高档的座式冷餐会中的开胃品和汤则由服务员送到餐桌上，而面包、黄油是提前派好的。

（2）服务员要随时接受宾客点用饮料，并负责送上餐桌或宾客手中。在现金酒吧（cash bar）则要负责收取饮料费。巡视服务区域，换烟灰缸，撤送空盘。

（3）管理人员在现场检查服务运转情况，协调厨房生产与餐厅服务工作，处理各种突发事件，指挥员工圆满地完成冷餐会的各项服务工作。

四、鸡尾酒会服务礼仪

鸡尾酒会是较流行的社交、聚会的宴请方式。举办鸡尾酒会简单而实用，热闹、欢愉且又适合于不同场合。无论隆重、严肃或不拘礼节均可采用。它不需要豪华设备，可以在任何时候举行，与会者不分高低贵贱，气氛热烈而不拘泥。从酒会主题来看，多是欢聚、庆祝、纪念、告别、开业典礼等。

鸡尾酒会以供应各种酒水为主，也提供简单的小吃、点心和少量的热菜。鸡尾酒会一般不设座，只准备临时吧台、食台，在餐厅四周设小圆桌，桌上放置纸餐巾、烟灰缸、牙签等物品。鸡尾酒会的服务各项程序中应做到：

1. 准备工作

根据宴请通知单的具体细节要求摆放台型、桌椅，准备所需各种设备，如立式麦克风、横幅等。

（1）吧台。鸡尾酒会临时设的酒吧服务员负责在酒会前准备好。根据通知单上的酒水需要栏准备各种规定的酒水、冰块、调酒用具和足够数量的玻璃杯具等。

（2）食品台。将足够数量（一般是到席人数的三倍数量）的甜品盘、小叉、小勺放在食品台的一端或两端，中间陈列小吃、菜肴。高级鸡尾酒会还准备肉餐车为宾客切割牛柳、火腿等。

（3）小桌、椅子。小桌摆放在餐厅四周，桌上置花瓶、餐巾纸、烟灰缸、牙签盅等物品，少量椅子靠墙放置。

（4）酒会前分工。宴会厅主管根据酒会规模配备服务人员，一般以一人服务 10～15 位宾客的比例配员。专人负责托送酒水，照管和托送菜点及调配鸡尾酒，提供各种饮料。

2. 服务工作

鸡尾酒会开始后，每个岗位的服务人员都应尽自己所能为宾客提供尽善尽美的服务。

（1）负责托送酒水的服务员，用托盘托送斟好酒水的杯子，自始至终在宾客中巡回，由宾客自己选择托盘上的酒水或另外点订鸡 尾酒。一般酒水托盘中放一只口纸杯，每杯饮料附上口纸一张。服务员负责收回宾客放在小桌上的空杯子、空盘子，送至洗涤间将小桌重新布置。

（2）负责点菜的服务员要保证有足够数量的盘碟、勺、叉，帮助老年宾客取食，添加点心菜肴，必要时用托盘托送特色点心，负责回收小桌上的空盘、废牙签、脏口纸等并送往洗涤间。

（3）吧台服务员负责斟倒酒水和调配宾客所点鸡尾酒，在收费标准内保证供应。

3. 结束工作

宾客结账离去后，服务员负责撤掉所有的物品。余下的酒品收回酒吧存放，脏餐具送洗涤间，干净餐具送工作间新消毒后备用，撤下台布，收起桌裙，为下一餐做好准备。

任务六　酒吧服务礼仪

酒吧是现代化宾馆所提供的服务项目之一。其中有的酒吧属于餐饮部的部门之一，也有独立的酒吧、设在歌舞厅或设在健身场所的酒吧。酒吧是宾客休息娱乐的场所，可供客人喝酒、休闲、交际使用。它通常供应含有酒精的饮品，亦备有汽水、果汁等饮料。

酒吧里常伴以轻松的音乐调节饮酒时的气氛。由于客人到此的目的之一是放松自己，消除紧张和疲劳感，又因是供应含酒精的饮品，客人往往因饮酒过量而有失态的情况发生。这就要求服务员在服务时要耐心细致，讲究礼貌礼仪，灵活处理可能发生的各种情况。

一、酒吧服务注意事项

（1）积极推销。服务员要始终保持微笑，要主动介绍酒水特点、口味、根据客人爱好提出建议。

（2）上酒水、饮料和小吃时一律使用托盘，不得直接用手拿取。

（3）开瓶前要先切掉金属薄片、用布巾按软口塞及瓶口。开红葡萄酒时，切忌用力晃动防止沉淀物上浮。开有气泡的酒水时，必须轻拿轻放，切忌瓶口对着客人。

（4）为单名客人服务，可适当陪客人说几句话，使其开心；为成双成对的客人服务，不要乱插话，也不要侧耳细听。

（5）服务酒水时必须掌握好温度。红酒以 15~17 摄氏度为宜，白酒以 10~12 摄氏度为宜，啤酒和香槟酒以 6~8 摄氏度为宜。

（6）需要加冰块的酒水，必须按定量加冰。客人若要添加冰块，可随时添加。

（7）酒吧客人消遣时间较长。客人饮酒消遣慢，不应有催促客人的举动。

（8）若有客人醉酒，不能有轻蔑态度，更不可取笑；醉酒客人暂时离开，要保留桌面食物原样。

二、酒杯的清洗与补充

在营业中要及时回收客人使用过的空杯，立即送清洗间清洗消毒，清洗消毒后的酒杯要马上取回酒吧以备用。在操作中，要有专人不停地运送、补充酒杯。

三、清理台面处理垃圾

调酒员要注意经常清理台面，将酒吧台上客人用过的空杯、吸管、杯垫撤下来。一次性使用的吸管、杯垫扔到垃圾桶中，空杯送去清洗，台面要经常用湿毛巾清洁，不能留有脏水痕迹。把回收的空瓶放回箱中，其他的空罐与垃圾要放进垃圾桶内，并及时送去垃圾间，以免时间长产生异味。客人用的烟灰缸要经常更换，换下后要清洗干净，严格来说烟灰缸里的烟头不能超过两个。

四、其他礼仪事项

营业中除调酒取物品外，调酒员要保持正立姿势，两腿分开站立，不准坐下或靠墙、靠台；要主动与客人交谈，聊天以增进调酒员与客人间的友谊；要多留心观察装饰品是否用完，将近用完要及时地补充；酒杯是否干净够用，杯子有不干净或污点，要及时替换。

项目三　会展服务礼仪

任务一　会议服务礼仪

一、服务人员基本要求

1. 仪容仪表

（1）着装统一整洁，佩戴服务标志，不穿拖鞋。

（2）服务人员长发不遮眼，后发不披肩。要求化淡妆，不浓妆艳抹，不佩戴首饰。

（3）坐、站规范端庄，不跷腿。

2. 语言

（1）语调温和亲切，音量适中，话语规范。

（2）语言文明礼貌，适时运用“您好”“您请用”“请”“谢谢”“对不起”“没关系”等礼貌用语。

（3）对服务对象主动打招呼，不漫不经心，不粗言粗语，不大声喧哗。

3. 态度

（1）敬业、勤业、乐业，精神饱满，彬彬有礼。

（2）微笑服务，态度诚恳、热情、周到。

（3）工作差错失误及时纠正，并当面赔礼道歉。

（4）解释问题有礼有节。

4. 会议结束时礼仪

如遇到参会人员合影留念，迅速为客人摆好位子，协助客人完成合影。

5. 结账礼仪

提供会议过程中的详细费用发生明细及说明，由领班及以上人员与客户进行核对并结账。

6. 道别礼仪

与参会人员主办方热情道别，并提醒客人带好随身物品。

四、会后服务

会议结束时，服务人员应及时打开通道门，站立两侧，礼貌送客，向客人微笑点头，并说“慢走、再见”。会后及时做好会场清理工作。若发现客人遗留物品迅速与有关单位联系。服务主管人员应主动及时填写会议服务意见单，征求会议主办单位的意见，以总结工作，改进服务，意见单计入年终考核范围。严格做好保密工作，不询问、讨论、外传会议内容和领导讲话内容，不带无关人员进入工作间。具体工作如下：

（1）宾客全部离开会场后，服务员要检查会场有无宾客遗忘的物品。如发现宾客的遗留物品要及时与会务组联系，尽快转交失主并登记。

（2）撤会议物品，桌椅、餐具等。

（3）清洁会场 。

（4）关闭电器设备。

（5）检查清理情况。

（6）服务人员撤出，锁闭会议厅。

（7）根据本次会议的服务情况进行总结。

五、会议接待服务标准

（1）服务员上岗前要按规定化妆、修饰，认真整理工装、工牌，仪容仪表端庄、整洁、精神饱满；提前到达会场。

（2）会场内卫生整洁，会场所需物品摆放整齐、美观。

（3）迎宾站立时保持正确站姿，真诚微笑；来宾到达时要热情迎候，依次接待。

（4）给来宾提供服务要主动、热情、耐心、周到，回答来宾问题要得体、明确。

（5）给来宾引位要及时，客人入座后 1 分钟内需倒上茶水，递上香巾。

（6）会议进行中，每隔 10~15 分钟，及时添加茶水。

（7）会议进行中，服务员应站在合适的位置，悉心观察会场状况。

（8）送客人时，要及时提醒客人拿好物品，并道“请走好”。

（9）会后清理工作要及时、仔细。

六、会议室台形

通常会议室最常见的摆台形式有如下几种：“U”形、回形（双“U”形）、“T”形、椭圆形、长方形、方形中空式、剧院式、教室式、圆桌式、鸡尾酒会式、宴会式。下面将最常用的几种台形分述如下：

1. 剧院式

在会议厅内面向讲台摆放一排排座椅，中间留有较宽的过道。特点：在留有过道的情况下，最大限度地摆放座椅，将空间利用起来，在有限的空间里可以最大限度容纳人数；但参会者没有地方放资料，也没有桌子可用来记笔记。

2. 教室式

会议室内将桌椅端正摆放或成“V”形摆放，按教室式布置会议室，过道桌与桌距离1米，前后会桌距离间隔90厘米，座位与会桌间隔60厘米。此种桌形摆设可针对会议室面积和观众人数在安排布置上有一定的灵活性；参会者可以有放置资料及记笔记的桌子，还可以最大限度容纳人数。

3. 方形中空式

将会议室里的桌子摆成方形中空，前后不留缺口，椅子摆在桌子外围，通常桌子都会围上围裙，中间通常会放置较矮的绿色植物，投影仪会有一个专用的小桌子放置在最前端。此种类型的摆桌常用于学术研讨会类型的会议，前方设置主持人的位置，可分别在各个位置上摆放上麦克风，以方便不同位置的参会者发言；此种台型容纳人数较少，对会议室空间有一定的要求。

4. “U”形

将桌子连接着摆放成长方形，在长方形的前方开口，椅子摆在桌子外围，通常开口处会摆放放置投影仪的桌子，中间通常会放置绿色植物以做装饰；不设会议主持人的位置以营造比较轻松的氛围；多摆设几个麦克风以便自由发言；椅子套上椅套会显示出较高的档次。

任务二　会展服务礼仪

一、妆容礼仪

（1）化妆要适度，宜淡妆，切忌浓妆艳抹。

（2）服装统一整洁，忌露、透、短、紧。

（3）穿肉色丝袜，忌破漏。

（4）头发梳理整齐，流海不过眉，须盘起。

（5）礼仪服务的类别及标准 。

二、接待礼仪

（1）头正，颈挺直，双肩展开向下沉，人体有向上的感觉。

（2）收腹、立腰、提臀。

（3）两腿并拢、膝盖挺直、小腿往后发力，人体的重心在前脚掌。

（4）可站“丁”字步或“V”字形，颌略收，双手交叉置于肚脐位置上，面带微笑。

（5）站立在各走道口的一侧，面向客人。

三、引导礼仪

（1）熟悉场内区域，主动为客人引路，做到准确无误，并主动搀扶年老体弱者。

（2）引导时应面带微笑、自然、亲切把手抬起，四指并拢，拇指与其余四指自然分开，手向着客人，以肘为轴，朝一定方向伸出手臂，示意所指方向时说："请这边走"。

（3）引领客人时，应在前方大概1米远的位置，随客人步伐轻松前进，并时刻注意保持步速，可适时地回头或用眼角余光观察客人的跟随情况。在转弯或有台阶的地方要回头及时提醒客人注意。

（4）签到引导礼仪。礼仪小姐引导嘉宾签到，签到礼仪应双手托笔递给嘉宾；嘉宾签完毕，签到礼仪给嘉宾佩戴胸花，并引导嘉宾至指定区域入座休息。

四、签约礼仪

（1）按签约先后顺序将签约文件准备摆放好。

（2）摆放托盘前最后核实签约单位，并要求与主持人宣布的签约单位顺序一致。

（3）确认无误后，按顺序摆放在签约台上。

（4）签约完毕后将签约文件放到托盘内收回。

五、剪彩礼仪

（1）主持人宣布剪彩，音乐响起后，剪彩礼仪双手托起托盘（托盘内须备有剪刀）。

（2）与肘平行，面带微笑，井然有序地上台。

（3）剪彩礼仪一般走在领导的前面，定好位后面向观众，领导上前剪彩。

任务三　会展接待礼仪

一、迎接礼仪

迎来送往，是社会交往接待活动中最基本的形式和重要环节，是表达主人情谊、体现礼貌素养的重要方面。尤其是迎接，是给客人良好第一印象的最重要工作。给对方留下好的第一印象，就为下一步深入接触打下了基础。迎接客人要有周密的部署，应注意以下事项。

（1）对前来访问、洽谈业务、参加会议的外地客人，应首先了解对方到达的车次、航班，安排与客人身份、职务相当的人员前去迎接。若因某种原因，相应身份的主人不能前往，前去迎接的主人应向客人作出礼貌的解释。

（2）主人到车站、机场去迎接客人，应提前到达，恭候客人的到来，决不能迟到让客人久等。客人看到有人来迎接，内心必定感到非常高兴，若迎接来迟，必定会给客人心里留下不好印象，事后无论怎样解释，都难以消除失职或不守信誉的印象。

（3）接到客人后，应首先问候"一路辛苦了""欢迎您来到我们这个美丽的城市""欢迎您来到我们公司"，等等。然后向对方作自我介绍，如果有名片，可送予对方。注意送接名片的礼仪：①当你与长者、尊者交换名片时，双手递上，身体可微微前倾，说一句“请多关照”，你想得到对方名片时，可以用请求的口吻说“如果您方便的话，能否留张名片给我”；②作为接名片的人，双手接过名片后，应仔细地看一遍，千万不要看也不看就放入口袋，也不要顺手往桌上扔。

(4) 迎接客人应提前为客人准备好交通工具，不要等到客人到了才匆匆忙忙准备交通工具，那样会因让客人久等而误事。

(5) 主人应提前为客人准备好住宿，帮客人办理好一切手续并将客人领进房间，同时向客人介绍住处的服务、设施，将活动的计划、日程安排交给客人，并把准备好的地图或旅游图、名胜古迹等介绍材料送给客人。

(6) 将客人送到住地后，主人不要立即离去，应陪客人稍作停留，热情交谈，谈话内容要让客人感到满意，比如客人参与活动的背景材料、当地风土人情、有特点的自然景观、特产、物价等。考虑到客人一路旅途劳累，主人不宜久留，让客人早些休息。分手时将下次联系的时间、地点、方式等告诉客人。

二、接待礼仪

接待客人要注意以下四点。

(1) 客人要找的负责人不在时，要明确告诉对方负责人到何处去了，以及何时回来。请客人留下电话、地址，明确是由客人再次来单位，还是我方负责人到对方单位去。

(2) 客人到来时，我方负责人由于种种原因不能马上接见时，要向客人说明等待理由与等待时间，若客人愿意等待，应该向客人提供饮品、杂志，如果可能，应该时常为客人添换饮品。

(3) 接待人员带领客人到达目的地，应该有正确的引导方法和引导姿势，具体如下：①在走廊的引导方法。接待人员在客人两三步之前，配合步调，让客人走在内侧。②在楼梯的引导方法。当引导客人上楼时，应该让客人走在前面，接待人员走在后面，若是下楼时，应该由接待人员走在前面，客人在后面，上下楼梯时，接待人员应该注意客人的安全。③在电梯的引导方法。引导客人乘坐电梯时，接待人员先进入电梯，等客 人进入后关闭电梯门，到达时，让客人先走出电梯。④客厅里的引导方法。当客人走入客厅，接待人员用手指示，请客人坐下，看到客人坐下后，才能行点头礼后离开。如客人错坐下座，应请客人改坐上座（一般靠近门的一方为下座）。

(4) 诚心诚意地奉茶。我国人民习惯以茶水招待客人，在招待尊贵客人时，茶具要特别讲究，倒茶有许多规矩，递茶也有许多讲究。

任务四　会展拜访礼仪

在展会举办前，会展工作人员需要与参展商、专业观众、展会嘉宾等进行相关的商业交谈活动。例如：招商招展活动、新闻发布会、展会前期广告的宣传工作、处理公关事务等。作为展会举办方要怎样处理好这些工作呢，除了要具备过硬的专业技能外，适当地运用公关礼仪的知识是非常有必要的。这些活动主要有以下几种常见的商务活动礼仪。

一、上门拜访客户礼仪

接触是促成交易的重要一步，对于展会营销来说，访客接触是奠定成功的基石。展会工作人员在拜访客户之前做好充分的礼仪准备，就为这次活动成功奠定了良好的基础。交谈活动中注重给客户留下良好的印象，为以后的工作展开确立良好的开端。

1. 仪表准备

“人不可貌相”是用来告诫人的话，而第一印象的好坏90%取决于仪表，上门拜访要成功，就要选择相对应的服装，以体现专业形象。通过良好的个人形象向客户展示品牌形象和企业形象，最好是穿公司统一服装，让客户觉得公司很正规，企业文化良好。

（1）外部形象：服装、仪容、言谈举止乃至表情动作都力求自然，就可以保持良好的形象。

（2）控制情绪：不良的情绪是影响成功的大敌，我们要学会控制自己的情绪。

（3）投缘关系：清除客户心理障碍，建立投缘关系就建立了一座可以和客户沟通的桥梁。

（4）诚恳态度：“知之为知之，不知为不知”，这是古人告诉我们做人做事的基本道理。

（5）自信心理：信心来自于心理，只有做到“相信公司、相信产品、相信自己”，才可以树立强大的自信心理。

（6）微笑准备：每个人都有一面镜子，如果你希望别人怎样对待你，你首先就要怎样对待别人。许多人总是羡慕那些成功者，认为他们太幸运，而自己总是不幸。事实证明好运气是有的，但好运气都是偏爱诚实，且富有激情的人。要随时保持微笑是非常必要的。

2. 交谈活动

（1）使用客户易懂的话语。一句话可以得罪人，同样，也可以令人感受到你的亲切，愿意与你交谈。当你接待客户时，最好不要或者尽量减少使用所谓的专业术语。许多顾客无法听懂那些专业术语，如果你在与其交谈时张口闭口皆术语，就会让顾客感觉很尴尬，也会使交流受到影响。所以，招呼语要通俗易懂，要让顾客切身感觉到你的亲切和友善。

（2）简单明了的礼貌用语。简单明了的礼貌用语在生活中很常用，当你接待客人时，它们就更是必不可少的好帮手。要多说“您好”“大家好”“谢谢”“对不起”“请”等礼貌用语，向顾客展现你的专业风范。

（3）顺应客户，与其进行适度的交谈。顺应客户强调的是顺着客户的心理与其进行适度的交谈。比如，当客户说“对不起，请问你们总经理在不在”时，接待人员应该马上回答“您找我们总经理吗？请问贵公司的名称？麻烦您稍等一下，这边请”，与此同时，要自然展现出合宜的肢体语言。

（4）充满温馨关怀的说话方式。如果外面在下雪，客户带着满身的积雪走进你所在的公司，你应立刻递给他一张纸巾。不要小看这张薄薄的纸巾，它虽然擦在客户的头上，却暖在了客户的心里，这种无声的话语会令客户倍感温馨。同样，下雨的时候，你的一句“您没带伞，有没有着凉?”也是充满温馨的关怀话语。要学会根据环境变换不同的关怀话语，拉近你与客户之间的距离，让顾客产生宾至如归的感觉。

二、招商招展会议礼仪

在会展活动中，各种的会议是经常要举办的。例如：新闻发布、展会商谈、展会策划研讨、展会经济论坛等。这也是展会活动区别于其他活动的一大特征。由此可见，会议在展会活动中的重要地位是不言而喻的。那么，在会议中我们又是怎样运用公关礼仪来为展会的顺利举办做筹备的呢?

（一）会前准备礼仪

（1）when——时间，你要告诉所有的参会人员，会议开始的时间和会议的时长。

（2）where——地点，是指会议在什么地点进行，要注意会议室的布局是否适合这个会议的进行。

（3）who——人物，确定会议有哪些人物参加，公司谁出席，是否已经请到合适的嘉宾出席会议。

（4）what——内容，即会议讨论的问题。

（5）others——会议的其他准备，即根据本次会议的类型、目的，需要准备的其他物品。比如纸、笔、笔记本、投影仪，以及是否需要准备咖啡、小点心等。

（二）会中礼仪

1. 会议主持人的礼仪

各种会议的主持人，一般由具有一定职位的人来担任，其礼仪表现对会议能否圆满成功有着重要的影响。主持人应衣着整洁，大方庄重，精神饱满，切忌不修边幅，邋里邋遢。走上主席台应步伐稳健有力，行走的速度因会议的性质而定。入席后，如果是站立主持，应双腿并拢，腰背挺直。持稿时，右手持稿的底中部，左手五指并拢自然下垂。双手持稿时，应与胸齐高。坐姿主持时，应身体挺直，双臂前伸，两手轻按于桌沿。主持过程中，切忌出现挠头、揉眼、架腿等不雅动作。主持人言谈应口齿清楚，思维敏捷，简明扼要。主持人应根据会议性质调节会议气氛。主持人对会场上的熟人不能打招呼，更不能寒暄闲谈，会议开始前，可作点头、微笑致意。

2. 会议发言人的礼仪

会议发言有正式发言和自由发言两种，前者一般是领导报告，后者一般是讨论发言。正式发言者，应衣冠整齐，走上主席台应步态自然，刚劲有力，体现一种成竹在胸、自信自强的风度与气质。发言时应口齿清晰，讲究逻辑，简明扼要。如果是书面发言，要时常抬头扫视一下会场，不能低头读稿，旁若无人。发言完毕，应对听众的倾听表示谢意。自由发言则较随意，要注意发言应讲究顺序和秩序，不能争抢发言；发言应简短，观点明确；与他人有分歧，应以理服人，态度平和，听从主持人的指挥，不能只顾自己。如果有会议参加者对发言人提问，应礼貌作答，对不能回答的问题，应机智而礼貌地说明理由，对提问人的批评和意见应认真听取，即使提问者的批评是错误的，也不应失态。

任务五　会展现场服务礼仪

一、展会期间礼仪规范

1. 要努力维护整体形象

在参与展览时，参展单位的整体形象直接映入观众的眼里，因而对自己参展的成败影响极大。参展单位的整体形象，主要由展示之物的形象与工作人员的形象两个部分所构成。对于二者要给予同等的重视，不可偏废其一。工作人员的形象，主要是指在展览会上直接代表参展单位的人员的穿着打扮等。一般情况下，要求在展位上的工作人员应当统一着装。最佳的选择，是身穿本单位的制服，或者穿深色的西装、套裙。

2. 要时时注意待人礼貌

不管是宣传型展览会还是销售型展览会，参展单位的工作人员都必须真正地意识到观众是自己的上帝，为其热情而竭诚地服务是自己的职责。为此，全体工作人员都要将礼貌待人放在心坎上，并且落实在行动上。展览一旦正式开始，全体参展单位的工作人员即应各就各位，站立迎宾。其间不允许迟到、早退，无故脱岗、东游西逛，更不允许在观众到来之时坐、卧不起，怠慢对方。

二、展会沟通技巧

展会现场，笑容非常重要。外国观众一般路过展位都会向咨询台人员报以善意的笑容并且问好，在每天不同的时间，譬如早上说“Morning”，其他时间就可以用通用的“Hello”，在问好的时要有眼神交流，表示礼貌。如果有观众表示比较感兴趣的，应当主动上前询问并解释。也可以友善地邀请他们坐下来交谈，通常观众愿意坐下来以后，谈得也比较多，比较深，企业也可以从交谈中了解观众的真实想法和建议。

在交谈过程中，先耐心地听观众自己讲述对产品的看法以及特别的要求，千万不要在一开始就大谈自己的公司，要针对观众的需要介绍相应的内容。另外，适当地向观众展示产品实物以及讲解生产工艺等，都会对交谈产生积极推动的作用。在交谈结束以后，记得和观众握手告别，并跟观众交换名片（在初问好的时候也可以交换名片），千万不要因为交谈没有实质的结果表示对观众的轻视。要满腔热情地宣传自己的企业和产品，你表现得热情，观众就会变得热情，反之亦然。在参观者看来，你就代表着你的企业，你的言行举止和神情都会对参观者认识你的企业产生极大的影响。

任务六　会展后续工作礼仪

一、电话回访客户，收集信息时注意的礼仪

（1）选择适当的时间。一般的公务电话最好避开临近下班的时间，因为这时打电话，对方往往急于下班，很可能得不到满意的答复。公务电话应尽量打到对方单位，若确有必要往对方家里打时，应注意避开吃饭或休息时间。

（2）通话时，首先通报自己的姓名、身份。必要时，应询问对方是否方便，在对方方便的情况下再开始交谈。

（3）电话用语应文明、礼貌，电话内容要简明、扼要。

（4）通话完毕时应道“再见”，然后轻轻挂断电话。

二、接到客户咨询电话的礼仪

（1）电话铃一响，应尽快去接，最好不要让铃声响过三遍。拿起电话应先自报家门，“您好，这里是××公司××部”；询问时应注意在适当的时候，根据对方的反应再委婉询问。一定不能用很生硬的口气说“他不在”“打错了”“没这人”“不知道”等话语。电话用语应文明、礼貌，态度应热情、谦和、诚恳，语调应平和，音量要适中。

（2）接电话时，对对方的谈话可作必要的重复，重要的内容应简明扼要地记录下来，如时间、地点、联系事宜、需要解决的问题等。

（3）电话交谈完毕时，应尽量让对方结束对话，若确需自己来结束，应解释、致歉。通话完毕后，应等对方放下话筒后，再轻轻地放下电话，以示尊重。

思考与调研

1. 思考。

（1）前厅接待礼仪。

（2）旅行社导游带团礼仪。

（3）会展拜访礼仪。

2. 调研。

分小组，根据自己所学专业，到当地展会去参观，观察工作人员工作期间的礼仪，并撰写一份调研报告。

案例赏析

女士优先

在一个秋高气爽的日子，某宾馆迎宾员小贺，穿着一身剪裁得体的新制服，第一次独立地走上了迎宾员的岗位。一辆白色高级轿车向饭店驶来，司机熟练而准确地将车停靠在饭店豪华大转门的雨棚下。小贺看到后排坐着两位男士、前排副驾驶座上坐着一位身材较高的外国女宾。小贺想通常后排座为上座，一般凡有身份的人都是在后排右座就座。前排副驾驶座通常是翻译或秘书的位置。于是，他以规范、标准的姿势一步上前，目视客人，礼貌亲切地问候，以优雅姿态和职业性动作，先为后排右座的客人打开车门，做好护顶。关好车门后，小贺迅速地走向前门，准备以同样的礼仪迎接那位女宾下车。整套动作麻利而规范、一气呵成。没想到那位女宾满脸不悦，使小贺茫然不知所措。优先为重要客人提供服务是饭店服务程序的常规，这位女宾为什么不悦？难道小贺做错了吗？

【分析】“女士优先”起源于西方社会，特别是法国、英国等对古典礼仪比较推崇的国家，因为英、法在国际舞台上处于主角的位置，在外交场所影响巨大，所以“女士优先”逐渐演化为国际交往礼仪，成了国际社会公认的一条重要的礼仪原则，主要用于成年的异性进行社交活动之时。

“女士优先”的含义是：在一切社交场合，每一名成年男子都有义务主动而自觉地以自己的实际行动去尊重妇女、照顾妇女、体谅妇女、保护妇女并且想方设法、尽心尽力地为妇女排忧解难。倘若因为男士的不慎而使妇女陷于尴尬、困难的处境，则意味着男士的失职。男士们唯有奉行“女士优先”，才会被人们看作是有教养的绅士。反之，在人们眼里则会成为莽夫粗汉。

在国际礼仪中，涉及“女士优先”原则的时候，我们要注意两个方面的问题：一方面，对待“女士优先”是什么态度。所谓态度，就是问你“女士优先”的内容是什么，应不应该这样做。观念决定思路，思路决定态度。如果你不把它当回事儿，鄙夷、蔑视它，那就没有“女士优先”的下文了。西方国家流行在社交场合或公共场所，男子应经常为女士着想，照顾、帮助女士。例如：人们在上下车时，总要让妇女先行；下车时，则要为妇女先打开车门；进出汽车时，主动帮助她们开门、关门等。西方人有一种形象的说法：“除了女士的手提包不要帮忙拎以外，男士可帮助女士做任何事情。”另一方面，要明白“女士优先”这个原则特定的适用范围。“女士优先”是个社交原则，并不是意味着不计时间、不计地点、不计环境普遍适用的原则。关键是看对谁用，什么时候用，在什么地方用。工作的时候，无论中国也好，还是外国也好，讲求的是男女平等，讲究的是职务高低，不分老幼，不看男女。只有在公众社交场合才分男女，体现“女士优先”。如宴会、舞会、音乐会、朋友 party、熟人聚会这样的场合，女士优先，才体现了男士的彬彬有礼。总而言之，工作场合就未必要讲“女士优先”。

所以，这个案例中迎宾员小贺应该先为女士打开车门，不管这位女士是女秘书还是女随从，都应体现国际上通行的“女士优先”做法。因为这不是工作的场所，没有身份地位的高低，在这里只有男士和女士，女士更需要别人的照顾。

模块四 乘务服务礼仪

■**学习目标**

通过本模块的学习，掌握空乘、海乘、城市轨道交通服务的基本礼仪，强化职业意识与礼仪技能。做到热情、礼貌、周到地为乘客提供优质的服务。

■**学习重点**

1. 空乘服务礼仪
2. 海乘服务礼仪
3. 轨道交通服务礼仪

■**学习难点**

顾客投诉的处理

案例导入

某日，客流高峰期，乘客非常多，列车门即将关闭的提示音已经响起，一位乘客企图冲上车，被一位站务员拦住了（因为站务员觉得很危险，拽了这个乘客一下，可能是弄痛了乘客）。这位乘客非常气愤，直接就骂了句粗话："你以为你是谁啊，你凭什么拉我，弄伤了你负责啊……"站务员态度也不是很好："你没看见车门关上了呀……"，两个人争吵了起来……

项目一　空乘服务礼仪

空乘服务礼仪是一种行为规范，是指空乘人员在飞机上的服务工作中应遵守的行为规范，它具体是指空乘人员在客舱服务中的各项服务环节。从在客舱迎接乘客登机、与乘客的沟通，到飞行途中的供餐、送饮料，为某些乘客提供特殊服务等，都有一整套专业、系统的行为规范。

任务一　空乘人员必备素质

一、空乘人员必备素质

作为一名合格的空乘人员，需要在长期的飞行中提升自己的文化素质和自身的修养，将外在美和内在美相结合形成空乘人员独特的气质。

（一）语言谈吐礼仪

（1）言谈的仪态。不论是作为言者还是听者，交谈时必须保持精神饱满，表情自然大方、和颜悦色，应目光温和，正视对方。

（2）话题的选择。首先要选择对方感兴趣的话题，比如，飞机飞多高、我们航班飞过的航线地标、在飞行中需要注意的问题等。

（3）言者的表现。空乘人员在与旅客谈话时，语言表达应准确、语意完整、语声轻柔、语调亲切、语速适中。同时要照顾乘客的情绪和心情，不可自己滔滔不绝说个没完，也要给乘客留下说话的机会，做到互相的沟通。

（4）做一名耐心的听众。在与乘客谈话中，要注意耐心听取乘客的讲话，对谈话的内容做出积极的反应，以此来表现你的诚意，如点头、微笑或简单重复乘客的谈话内容。同时恰如其分的赞美是必不可少的，它能使交谈气氛更加轻松、友好。

（二）仪表礼仪

仪表是一个人的精神面貌、内在气质的表现，对仪表美的总体要求是：仪容整洁，举止大方，端庄稳重，不卑不亢，态度诚恳，待人亲切，服饰整洁，打扮得体，彬彬有礼。空乘人员的仪表，是指包括人的容貌、姿态、服饰和个人卫生等方面，它是空乘人员精神面貌的外观表现。其可以概括为以下五个方面：

1. 个人卫生良好

做到勤洗澡，勤换衣袜，勤漱口，身上不能留有汗味或异味。上班前不能喝酒，忌吃葱、蒜、韭菜、洋葱等有刺激性气味的食物，保持牙齿清洁、口气清新。此外，还应注意细节，保持指甲清洁，指甲不要留黑边，大拇指、小拇指指甲均应剪短；衣领、衣袖要干净；头发清洁，不能有头皮屑，并要适时梳理；男子的鼻毛应剪短、不留胡须；女子不要穿破损的袜子；要保持鞋子干净、光亮、无破损。

2. 整体效果美观

仪表美应当是整体的美，强调的是整体效果。白皙的皮肤，端正的五官，令人赞叹；修长的身材、优美的线条，让人羡慕。但仪表美绝不仅仅限于此，它是各方面因素的和谐统一。某一局部的美不等于是仪表美，若是追求面面俱到的美，也会使美失去平衡。如果不顾自己的特点去模仿别人，难免会俗不可耐，有“东施效颦”之嫌。同时还要和举止、言谈、修养等相联系，应与自己的职业、身份、年龄、性格、体型相称，与周围环境场合相协调，讲究和谐的整体效果。

3. 追求秀外慧中

仪表美必须是内在美与外在美的和谐统一，要有美的仪表，必须从提高个人的内在素质入手，“诚于中而形于外”。如果没有文明礼貌、文化修养、知识才能这些内在素质作基础，那么所有外在的容貌、服饰、打扮、举止，都会让人感到矫揉造作，就会在道德、情操、智慧、志向、风度等方面大打折扣，而不会给人产生美感。“金玉其外，败絮其中”，只能使人厌恶。

4. 得体的服饰

服饰是人体的外在包装，它包括衣、裤、裙、帽、袜、手套及各种服饰。服饰是一种无声的语言，它体现了一个人的个性、身份、涵养及其心理状态，直接代表了一个人的品格。空乘人员必须对个人的服饰予以重视，它关系到个人的形象和航空公司的形象。所以空乘人员在飞机上必须遵守航空公司有关服饰的规定，做到飞行时按规定着装。空乘人员在着工作服时，应保持工作服干净整洁，每次上飞机前，应将工作服熨烫平整，工作服不允许出现皱纹、残破、污渍、脏物、异味，干净整洁的服装会给乘客带来清新舒服的感觉。

5. 仪表具体要求

（1）发型：空乘人员身着制服时，头发注意保持发型整洁美观、大方自然、统一规范、修饰得体。发型以乘务业务规定的标准发型为主，不留怪异发型。

（2）化妆：空姐值勤时必须化工作妆，保持良好的精神面貌，保持手指甲修剪整洁。不使用不健康颜色及亮彩色等的口红，不佩戴过大的饰物、时装手表，不在乘客面前补妆、修饰。

（3）面部清洁：注意面部局部的修饰，保持眉毛、眼角、耳部、鼻部的清洁，不要当众擤鼻涕、挖耳朵。

（4）口腔卫生：注意口腔卫生，坚持刷牙、洗牙，在上飞机的前一天不吃带异味的食物。

（5）手部美化：注意手部的美化，手和手指甲应随时保持清洁，要养成勤洗手的好习惯，经常剪指甲，不要将指甲留得过长，给旅客一种不卫生的感觉。

（6）规定着装：空乘人员必须对个人的服饰予以重视，它关系到个人的形象和航空公司的形象。所以空乘人员在飞机上必须遵守航空公司有关服饰的规定，做到飞行时按规定着装。

（7）服饰整洁：空乘人员在着工作服时，应保持工作服干净整洁，每次上飞机前，应将工作服熨烫平整，工作服不允许出现皱纹、残破、污渍、脏物、异味，干净整洁的服装会给乘客带来清新舒服的感觉。

（8）值勤时，同一航班乘务组乘务员可根据航线季节、天气变化及个人身体素质着装；迎送客时，可着马甲，寒冷地区可着大衣。

（9）皮鞋应保持光亮、无破损，平底鞋只能在空中服务时穿着。着制服时须扣好纽扣，空姐着大衣、风衣时不要系好腰带、佩戴围巾、手套。

（10）登机证佩戴在制服、风衣、大衣胸前，上机后摘掉；服务牌佩戴在制服右上侧、衬衣和围裙的左上侧。

拓展阅读：

空姐面容的要求

（1）空姐在执行航班任务时化妆应以淡雅、清新、自然为宜。工作妆绝不可浓妆艳抹，口红也不可涂得过于鲜红。在飞行中应注意随时补妆，这样可以给乘客一种饱满的精神状态。

（2）空姐在面部修饰时要注意卫生问题，认真保持面部的健康状况，防止由于个人不讲究卫生而使面部经常疙疙瘩瘩或长满痤疮。

（3）注意面部局部的修饰，保持眉毛、眼角、耳部、鼻部的清洁，不要当众擤鼻涕、挖耳朵。

（4）注意口腔卫生，坚持刷牙、洗牙，在上飞机的前一天不吃带异味的食物。

（5）注意手部的美化，手和手指甲应随时保持清洁，要养成勤洗手的好习惯，尤其在飞机上进卫生间后一定要洗手，手上要经常擦润肤霜，以保持手部的柔软，要养成经常剪指甲的好习惯，不要将指甲留得过长，给乘客一种不卫生的感觉。

二、空乘人员微笑服务八项原则

（一）主动微笑原则

作为一名成熟或训练有素的空乘人员，在与乘客目光接触的同时，首先向对方微笑，然后再开口说话表示欢迎和交谈，给人以彬彬有礼、热情的印象，主动创造一个友好、热情并对自己服务有利的气氛和场景，因此也会赢得对方满意的回报。在与乘客目光接触时，如对方微笑在先，空乘人员则必须马上还以微笑。

（二）自然大方微笑原则

空乘人员微笑时要神态自然，热情适度，表现为目光有神、眉开眼笑，这样才显得亲切、真诚、温暖、大方，使乘客有宾至如归的感觉。切忌表演色彩过浓、故作姿态和生硬应付。

（三）眼中含笑原则

一个人是不是开心地笑，是不是真诚地笑，从其眼睛中就能找到答案。举个例子，现在遍布各种媒体上的模特们、演员艺人们的微笑频频曝光，他们能在瞬间让自己美丽的笑脸出现在镜头前，这些笑脸虽然也很美，但常常不动人，也不让人感到亲切，为何？你可以试着把她们眼睛以下的部位遮挡起来，将发现他们笑脸上的眼睛可能是非常僵硬的。

（四）真诚微笑原则

空乘人员对乘客的微笑，应该是自内心发出的。微笑的目的是什么？是欢迎客人的到来，是对自己形象礼仪的展示。因此，微笑着真诚地欢迎乘客，真实地展现自己，以这种方式让乘客和自己都得到快乐，都得到舒适。

（五）健康微笑原则

微笑应该是健康的、爽朗的，自身状况不佳时，即使露出笑脸，也会给人不自然的感觉。至于一脸病相、倦相，或微笑时牙齿不洁、不整甚至有异味，则更难留给人好印象。要利用一切机会进行体育锻炼，好的身体和形象是1，其余的都是0，只有1存在，其余的才有意义。

（六）最佳时机和维持原则

空乘人员在目光与乘客接触的瞬间，就要目视对方启动微笑，此时空乘人员应目光平视乘客、坦然自信，不可斜视乘客，不可左顾右盼、交头接耳，也不要有羞涩之感。微笑的最佳时间长度以不超过3秒为宜，时间过长会给人假笑或不礼貌的感觉。注意微笑的启动和收拢动作要自然，切忌突然用力启动和突然收拢，否则会惊吓乘客。

（七）一视同仁原则

乘客千差万别，各色各态，但“来的都是客”，必须一视同仁，不能凭外表的差别，凭主观之好恶，而区别对待。无论是外宾内宾、本地或外地乘客、男乘客或女乘客，都得同等对待，一律待之以微笑，切忌以貌取人。

（八）天天微笑原则

对空乘人员来讲，微笑应是自然、习惯的表情，为此应让自己保持天天微笑的习惯，不能是今天高兴就微笑，不高兴就板着脸；要养成一进入工作岗位，就能抛却一切个人的烦恼、不安、不愉快的情绪，振奋精神热情地为乘客服务。有了良好的微笑习惯，才能让微笑服务进入新的境界。

任务二　客舱服务礼仪

一、热情、礼貌、周到的对客服务礼仪

空乘服务强调：第一，服务过程的完美性；第二，服务规程的温馨备至；第三，服务个人魅力的必要性。

乘客的满意源自优质的服务，这取决于两方面：一是基于公司服务理念与文化的服务体系、服务内容以及服务方式；二是空乘服务人员个体对空乘服务工作的内心感知与责任感，即发自内心地为乘客服务的主动意识与自觉行动，以及对自己行为的良好调节。

空乘服务的核心问题就是通过员工的自觉行动，完美地实现服务设计方案，让乘客感到满意，亦即通过服务过程将公司为乘客设计的服务系统转变为乘客所接受的期望利益。具体要求如下：

（1）满意的服务首先源自建立在充分满足乘客需求基础上的服务方案的设计。

（2）空乘人员的主动意识决定着服务状态与服务质量。

（3）乘客的个性差异决定了个性化服务的存在价值，需要乘务人员主动地观察、细心体验。

（4）完美的空乘服务是通过有意识的服务艺术将服务条件、服务内容、服务对象完美地结合起来，这也是空乘服务的“生命线”。

空乘服务的两种境界。一是发自内心的和谐服务；二是机械呆板的模式服务。空乘服务的本质：①高层次的空乘服务必须是发自内心的，从内心的情感出发，视乘客为自己的亲人，给乘客以无微不至的体贴、关怀、爱护、呵护；②空乘服务过程是爱的传递，服务内容只是传递爱心与真诚的媒介，心灵的互动才是服务的真谛；③要把空乘服务作为一种主动行为，淡化个性，服从乘客的价值评价，创造性地改进服务。

拓展阅读：

服务旅客礼仪

走到旅客面前，与旅客成斜45度角，弯下腰，按照从左至右、从里到外，先女后男的顺序，询问旅客：

"您好，我们正在发放报纸/杂志，有……，请问您需要哪一种?"

"您好，我们今天为您准备的饮料有……，请问您需要喝哪一种?"

"您好，我们今天为您准备的餐食种类有……，请问您需要哪一种?"

"您好，需要为您打开阅读灯吗?"

二、餐饮礼仪

（一）托盘为乘客送饮料礼仪

（1）放上垫盘布和杯子倒饮料。

（2）饮料杯上的航徽或标志正对乘客。

（3）做个"请"的手势，同时配合语言。

（4）托盘在乘客前面要注意距离和高度，托盘不宜在乘客头上过。

（二）送饮料（餐车）礼仪

（1）将餐巾纸一折为二，摆在车上。

（2）将果仁顺同一方向摆放整齐。

（3）在餐车上摆上饮料，餐车应既布置得美观，又方便服务，整洁，安全。

（4）餐车推至乘客前，要刹车。送上果仁、餐巾纸（正面对乘客），放至乘客右手边。

（5）介绍并征询乘客的意见。

（6）乘客选择后，倒上所需的饮料，送至旅客面前。

（三）酒水饮料礼仪

（1）开瓶装饮料，避免摇晃，毛巾盖住瓶盖。

（2）开罐装饮料，避免摇晃，毛巾捂住，放餐车内打开。

（3）倒气体饮料，应手拿杯子下部，稍倾斜，速度不要太快。

（4）送餐时，饮料倒杯子的八成；平时七成；颠簸时六成。

（5）头等舱送饮料的注意事项，酒杯的拿法及酒的倒法。

（四）送餐礼仪

（1）两手扶住餐车的两侧，不要撑在车上，边推边掌握方向（注意物品、乘客的脚、座椅扶手；速度不要快，可用语言提醒乘客往侧靠一下；往后退的乘务员需特别注意脚下的重心）。

（2）养成踩刹车习惯，停车就应刹车，刹车声音越小越好。

（3）当餐车放回原处后，需注意：①餐车门是否关好；②搭扣是否扣好；③餐车是否刹车的状态；④两人推车，其中一个推车乘务员应面朝旅客，严禁餐车单独放在过道上；⑤如车上只有两个热饮壶，壶应放在面对旅客的乘务员一边；⑥回答旅客问询，手不要搭在车上，应交叉摆放腹前。

三、满足乘客的需求

空乘人员要做到满足乘客对饮食的需要、对安全的需要、对方便快捷的需要、对舒适温馨的需要、对情感的需要、对尊重的需要。

1. 安全责任重大

乘客安全抵达目的地，是机组成员的基本任务。参与飞行安全管理是空乘服务人员的基本任务，安全责任重大。

2. 服务环境特殊

客舱面积狭小，人员密集，设施功能特殊，而且客舱环境既受到飞行状态的影响，又受到乘客心理状态的影响，大部分服务工作是在运动中开展的，服务过程受到飞行状态、各种安全规范的制约。

3. 技术性强，服务内容繁杂

飞行器在飞行中，不同阶段有着不同的特征，要求服务过程必须符合技术规范的要求，不允许有随意性；客舱中的各种设备、设施都与安全密切相关，操作过程严谨、规范；服务涉及的范围广泛，每个过程与环节均有技术规范要求。

4. 个性呵护明显

乘坐飞机旅行时心理状态不断调整的过程，由于在飞行过程中不同阶段、不同气象条件使乘客有不同的心理感受和身体反应，甚至处于紧张状态或存在恐惧心理。因此服务过程需要乘务人员采取积极措施，进行个性化服务，消除乘客的紧张情绪，稳定乘客的心理，并协助乘客缓解和消除飞行反应。

5. 对乘务人员的综合素质要求高

由于飞行环境、服务对象以及服务过程的特殊性，服务过程中将出现复杂多变的各种情况和突发事件，要求乘务人员具有稳定的心理素质，临危不惧，果敢坚定；善于发现问题，果断处理问题；具有灵活的沟通能力和应变能力，有效地与不同乘客进行沟通；具有很强的亲和力和超越自我情感的职业素养，充满爱心的服务等。

项目二　海乘服务礼仪

近几年来，海上旅游业迅速发展。目前，世界上具有一定规模的豪华邮轮公司大约有70家，经营性豪华邮轮大约有300艘，雇用人数已超过30万人。海上观光已逐渐走入寻常百姓家，并且此类旅游方式已开始日益普及到了中国。2005年4月，美国“公主”号邮轮驶进上海港口，引起了中国旅游业很大的轰动，豪华邮轮设备先进，生活、娱乐设施齐全，均按照五星级酒店标准装修，可提供会议厅、剧场、咖啡厅、酒吧、游泳池、健身房、迷你高尔夫球场、各类浴池、电影院、棋牌室、图书馆、各类免税自选商店、水上游乐园等多种优质服务，吸引了包括普通家庭在内的各阶层游客。

邮轮上的雇员主要分成三部分：第一部分是航海部门，主要包括甲板部、通信导航部、安全部、医务室等。第二部分是技术部门，主要包括轮机部、电器部、冷藏部等。由于豪华邮轮的设备越来越先进，所需人工操作的部分减少，所以这两部分的雇员只占很小的比例，每艘邮轮上只需几十人，最多 100 人。第三部分是酒店管理部门，占船上雇员的绝大部分，主要包括餐厅部、酒吧部、厨房、采购部、财务部、娱乐部、健身房、礼品店、照片冲洗店，等等。

任务一　海乘人员必备素质

一、情绪控制

情绪控制涵盖两个方面的内容：一是准确认识和表达自身情绪的能力；二是有效地调节和管理情绪的能力。当海航延误时，乘务人员应做到不急不躁，用沉稳冷静的心态去应对旅客的问题和不良情绪，保证有效且良好的沟通，从而得到旅客的谅解，有效地控制客舱的安全。有的乘务人员心理承受能力弱，惊慌失措，思绪混乱，顾此失彼，语调失控，旅客原本不稳定的情绪被他糟糕的状态影响得更加焦躁，甚至引起旅客的情绪失控，从而引发不安全事件。

二、沟通协调

沟通协调是指海乘人员、班组的其他成员、地面单位应对旅客的交流水平。一个性格内向、孤僻、古怪、冷漠、敏感的人在这方面往往比开朗、无私、大度、坦诚、友善的人要差得多。一旦遭遇紧急情况，地面无法和机组有效沟通协调，机组无法和乘务组有效沟通协调，乘务组无法和旅客有效沟通协调，难以想象这种情况下还怎么能保证安全。

三、语言表达

语言表达能力对于海乘人员是非常重要的，因为和旅客更好地沟通就在于语言交流，有了良好的沟通才能为旅客提供更好的服务。

拓展阅读：

邮轮上的工作岗位（中英对照）

助理调酒师经理　barabm

一级调酒师　senior bartender

调酒师（国际）　international bartender

助理调酒师　assistant bartender

酒吧男服务员　bar waiter

女服务员领班　head waitress

酒吧实习生　bar intern

船员调酒师　crew bartender
船长贴身服务员　captain's personal valet
船员服务员　crew steward
员工清洁工　staff cleaner
办公室文员　crew office clerk
船员清洁工　crew cleaner
自助餐领班　buffet supervisor
餐厅领班　dining room supervisor
点心服务员　snack steward
男服务员　waiter
一级自助餐厨师　1st class self service buffet chef
中餐厨师主管　Chinese executive chef
二级冷餐厨师　2nd class cold kitchen chef
二级意大利面食及制汤厨师　2nd pasta and soups
二级自助餐厨师　2nd class self service buffet chef
二级点心师　2nd class pastry chef
三级点心师　3rd class pastry chef
一级船员厨师（中西餐）　1st class crew chef（Chinese & Western）
肉食切配总厨　head butcher
三级鱼类厨师　3rd class fish chef
一级寿司厨师　1st class sushi chef

任务二　海乘服务礼仪

一、准备工作礼仪

准备工作是服务过程的第一个环节，它直接关系后面的几个环节和整个接待服务的质量，所以准备工作要做得充分、周密，并在客人到来之前完成。

（一）了解客人情况

为了正确地进行准备工作，必须先了解即将到来的客人的到达时间、离开时间、人数、身份、国籍、健康状况、性别、年龄、宗教信仰、风俗习惯、生活特点及接待规格和收费标准等情况，以便制订接待计划，安排接待服务工作。

（二）客舱的布置和设备的检查

根据客人的风俗习惯、生活特点和接待规格，对房间进行布置整理。根据需要铺好床，备好热水瓶、水杯、茶叶、冷水具及其他生活用品和卫生用品。补充文件夹内的信封、信纸、服务指南、客人须知和各种宣传品，补充冰箱的饮料。房间布置好之后，要对房内的家具、电器、卫生设备进行检查，如有损坏，要及时报修。

按照接待规格和客舱等级准备，重要客人还要准备鲜花和水果，表示欢迎。如果客人在风俗习惯或宗教信仰方面有特殊要求，凡属合理的均应予以满足。对客人宗教信仰方面忌讳的用品，要从房间撤出来，以示尊重。

（三）迎客的准备

客人到达前要调好室温，如果客人是晚上到达，要拉上窗帘，开亮房灯，做好夜床。完成准备工作后，服务员应整理好个人仪表，站在电梯口迎候。

二、迎接礼仪

（一）梯口迎宾

客人来到楼层，服务员应面带笑容，热情招呼。如果事先得知客人的姓名，在招呼时应说："欢迎您！××先生（女士）"，然后引领客人到准备好的房间门口，侧身站立，行李员用钥匙打开房门，请客人先进。

（二）介绍情况

客人初到时，不熟悉环境，不了解情况，行李员首先向客人介绍房内设备及使用方法，同时向客人介绍服务设施和服务时间。

（三）端茶送巾

客人进房后，针对接待对象按"三到"（即客到、茶到、毛巾到）的要求进行服务。如客人喜欢饮冰水、用冷毛巾，也应按其习惯送上。

（四）陪客人到餐厅

对初次到来的客人，第一次用膳时要主动陪送到餐厅，并向餐厅负责人介绍客人饮食特点及收费标准等。

三、服务工作礼仪

为了使客人住得舒服、愉快，有"宾至如归"之感，日常的服务工作必须做到主动、热情、周到、细致。

（一）端茶送水

每天早晨客人起床后，要把开水送到房间。客人在房间会客，应按"三到"服务要求送上茶水和香巾。客人外出，应说"祝您愉快"。客人外出回来也要送上茶水和香巾。晚上一般不送浓茶，以防浓茶有刺激性，影响客人睡眠。

房间的开水每天要换 3~4 次，早晨、午餐前、午间休息后和晚上各换一次。冷水具每天早晨要撤换，要视客人饮用情况换送。客人自带咖啡需要沸水冲饮，要及时提供沸水，客人喜欢冷饮，要随时补充冰箱饮料，以保证供应。如有访客，开水、凉开水及饮料的供应要视需要情况及时补充。

（二）整理房间

按照客人的接待规格、要求和酒店"住房清扫程序"进行整理。上午要按照程序进行清扫，如拉开窗帘、倒垃圾、换烟灰缸、换布巾、扫地板、擦家具和各种物品；补充房间的茶叶、文具用品和清扫、整理卫生间。客人午间休息起床后，进行小整理，如倒垃圾、换烟灰缸、整理床上卧具、撤换用过的毛巾。晚上利用客人去餐厅用餐的时间，到房间做夜床并再一次小整理。

（三）委托代办和其他服务

要认真、细致、及时、准确地为客人办好委托代办的事项，如洗衣、房间用餐、访客接待和其他客人委托代办的事宜。

（四）安全检查

确保客人的安全是客房部的一项极其重要的职责。如果因措施不力或工作疏忽，使客人的人身或财物受到损害，不仅邮轮在经济上要受到损失，更严重的是邮轮的声誉也要受到严重影响。因此，必须在每个服务环节上有安全措施。

四、离开结束工作礼仪

（一）做好客人走前的准备工作

要了解客人离开的日期、时间、所乘交通工具的车次、班次、航次，所有委托代办的项目是否已办妥，账款是否已结清，有无错漏。询问客人还有什么需要帮助的事情。如果有的事情在本部门不能完成，应与有关部门联系，共同协作，做好离开的准备工作。

（二）定时的送别工作

利用客人就餐时间，检查客人有无物品遗留在房间，如有需及时提醒客人。客人离开楼层时，要热情送到电梯口，有礼貌地说："再见""欢迎您再来"。服务员帮助客人提行李，对老弱病残客人要有专人护送下楼。

（三）客人走后的检查工作

客人走后要迅速进入房间，检查有无客人遗忘的物品，如有应立即派人追送，如送不到应交总台登记保管，以便客人寻找时归还。同时，要检查房间小物品，如烟灰缸或其他手工艺品有无丢失，电视机等设备有无损坏，如有应立即报告主管。

项目三　轨道交通服务礼仪

任务一　轨道交通服务人员必备礼仪素养

一、仪容仪表

轨道交通服务人员礼仪素养的基本要求见表4-1。

表4-1　轨道交通服务人员礼仪素养的基本要求

分类	基本要求	常见错误
发型	1. 整齐利落、清洁清爽。 2. 发长过肩的女性必须佩戴有发网的头饰，将头发挽于发网内，且发网的最低位置不得低于衣领，头花端正。 3. 男性要剪短发，具体要求为：前发不附额，侧发不掩耳，后发不及领。 4. 戴帽子时，应将刘海放入帽子内侧，帽徽应朝正前方，不得歪戴	1. 烫发染发过度明显夸张。 2. 留怪异发型或漂染怪异发色。 3. 女员工长发遮挡脸部。 4. 男员工留长发、鬓角遮挡耳部

表4-1(续)

分类	基本要求	常见错误
面容	1. 女性上岗应着淡妆，保持清洁的仪容，避免使用味道浓烈的化妆品。 2. 男性应保持脸面洁净，不可留胡须。 3. 适时保持亲切的笑容	1. 化浓妆或怪异妆；使用味道浓烈的化妆品。 2. 工作时化妆。 3. 男员工留胡须
口腔	1. 保持牙齿、口腔清洁。 2. 定期除掉牙齿上的尼古丁痕迹。 3. 去除吸烟过多而引起的口腔异味	工作前食用葱、蒜、韭菜等带有刺激性气味的食物
指甲	1. 时刻保持指甲干净整齐，经常修剪。 2. 只可涂肉色和透明色指甲油	1. 指甲过长。 2. 使用指甲装饰品
佩饰	1. 可以佩戴的配饰有：风格简约的手表、婚戒（戒指不可过宽）、一对耳钉（女士）。 2. 佩戴纯色镜架和无色镜片眼镜。 3. 饰品应自然大方，不可过度明显夸张	1. 佩戴有色框架眼镜。 2. 男员工佩戴耳部饰物

二、服务用语

轨道交通服务人员服务用语基本要求见表4-2。

表4-2　轨道交通服务人员服务用语基本要求

分类	基本要求	常见错误
问候用语	1. 主动向乘客问好，常用的问候语有“您好”“早上好”“下午好”“晚上好”。 2. 面带微笑，注视乘客	1. 一言不发。 2. 使用“喂”“嘿”等不礼貌的语言
广播用语	1. 必须使用普通话，语速中等，语调平缓，音量适中，不可使乘客受到惊吓。 2. 吐字清晰，内容简洁明了	1. 声音刺耳。 2. 漏播、错播
应答用语	1. 当乘客询问时，应双眼注视乘客，面带微笑：“您好，请讲！” 2. 向乘客致歉时应说：“实在对不起！这是我工作上的失误！”“给您添了许多麻烦，实在抱歉，请多多原谅！”等。 3. 受到乘客表扬时：“这是我们应该做的，请多提宝贵意见。” 4. 当未听清楚顾客的问话时说：“很对不起，我没听清楚，请重复一遍好吗？”	1. 在回答乘客问题时，边走边回答。 2. 冷言冷语，漠不关心
接听电话用语	1. 接听电话时要主动报出站名、岗位及自己的姓名。“××（车站），××（岗位），××（姓名），您好！” 2. 询问对方时应使用敬语：“您好，请问您是哪里？” 3. 在电话转接或中途需要暂时中断时应说：“对不起，请您稍等。” 4. 当对方找的人不在时，应礼貌地询问对方的姓名，是否需要转告，并认真做好记录	1. 语气生硬、漫不经心。 2. 问一句答一句

任务二　城市轨道交通车站服务礼仪

一、乘客服务中心服务

乘客服务中心（简称客服中心）担负整个车站的票务工作，是车站最繁忙的场所之一，其服务水平的高低直接影响着整个车站的服务质量。

（一）乘客服务中心服务的基本职责

（1）执行相关规章制度，做到有令必行，有禁必止。

（2）承担整个车站的售补票工作和一卡通充值服务，保证票款的正确和安全，并在规定的时间开关售票窗口。

（3）帮助乘客换取福利票、兑换零钱，负责处理票务问询的相关工作，热情接待乘客，按规定妥善解决乘客提出的问题。

（4）对无法进出站的乘客票卡进行分析，并按规定处理乘客的无效票和过期票。

（二）乘客服务中心服务礼仪的基本要求

（1）必须佩戴工号牌，做到仪表整洁、仪容端庄。

（2）工作时，精神饱满、思想集中，不与同事闲聊。

（3）售票时，应做到准确无误；对乘客表达不清楚的地方，要仔细询问清楚以免出错，在任何情况下，车票、收据与找赎应同时交给乘客，并提醒乘客当面点清找赎钱款。

（4）仔细聆听顾客的询问，耐心地听取乘客的意见；在乘客说话时，保持眼神接触，并且点头表示明白或给予适当回应。

（5）业务熟练，工作有序，讲求效率。

（6）对于来到客服中心的乘客，应主动问好，耐心及有礼貌地向他们收集信息，了解乘客的需要，解决乘客遇到的问题，如未听清乘客的需要，必须有礼貌地说：“对不起，麻烦您再讲一遍”。

（三）售票服务礼仪

在乘客购买单程票卡时，售票员应该严格执行“一迎、二收、三唱、四操作、五找零、六告别”的程序。面带微笑迎接乘客：“您好，请问您去哪儿?”“需要几张票?”“共××元”。不要面无表情，无精打采；要面带微笑向乘客说：“您好，收您××元”。接过票款后，进行验钞，不要一言不发；重复乘客要求的购票张数和车票类型，重复票款金额，“到××车站单程票××张，共××元”；清楚说出找赎金额和车票张数，将车票和找赎的零钱一起礼貌地交给乘客，提醒乘客当面点清；礼貌告别客人。

拓展阅读：

售票员特殊问题处理

1. 当乘客给付的纸币出现残缺时，应按照以下规定处理：

① 不接受缺损四分之一以上的纸币。

② 不接受辨认不清面值的纸币。

③ 除上述两种情况外，所有人民币都应该按规定收取（再小金额的零钱也要接受，不论数量多少）。

④ 如乘客给付的残钞按规定不能接受时，站务人员应在拒绝收取的同时，礼貌地向乘客解释原因："对不起，根据我们的规定，我们暂时无法接受您这种残损的钞票，麻烦您换一张，谢谢您的理解和配合。"

2. 当发现乘客给付的是假钞时，应尽量避免让乘客感到难堪。

① 不告诉乘客是假钞，只要求乘客更换："不好意思，请您换一张纸币。"

② 如果提醒无效，应向乘客解释原因："不好意思，您给我的纸币不能被设备识别，麻烦您换一张，谢谢配合。"

③ 如果乘客拒绝更换纸币干扰到正常服务可以报告值班站长或请求公安协助。

④ 如遇到数量较多的假币，应立即报告值班站长或请求公安出面处理。

3. 当遇到找不开零钱时，不要直接建议乘客去另外的入口处买票或充值。

① 应礼貌地询问："对不起，请问您有零钱吗?"

② 如果乘客没有零钱，应向乘客表示抱歉："对不起，这里的零钱刚找完，请您稍等，我们马上备好零钱或麻烦您到对面的票亭兑换。"

4. 当发现乘客在客服中心窗口前排起长队时，一定要对乘客做适当的安抚。

① 对等待已久的乘客或感到不耐烦的乘客："对不起，请您稍等，我们会尽快办理。"

② 如果需要较长时间接待某位乘客，可以向其他同事请求帮助。

③ 假如排队的乘客中有投诉时，应先说："不好意思，让您久等，我会尽快帮您处理。"

二、站厅服务礼仪

车站站厅是车站的门面和窗口，其服务水平的高低是乘客对车站服务产生深刻印象和做出评价的重要依据。现阶段，随着客流量的增大，乘客文化层次的差异，给站厅服务增加了新的难度。如何提高站厅服务质量，减少乘客投诉的发生已成为现阶段亟待解决的问题之一。

（一）站厅服务的基本职责

（1）执行相关规章制度，做到有令必行，有禁必止。

（2）密切注意站厅乘客动态，发现有违反车站规定（精神异常、醉酒的乘客等）的要及时制止。

（3）帮助乘客、回答乘客问询，特别注意帮助老、弱、病、残等有困难的乘客。

（4）引导乘客正确操作票务设备，巡视车站自动售检票设备的运行情况，协助票箱、钱箱的更换和清点工作。

（5）负责巡查站厅、出入口，保证设备设施的正常运行。并做好相关巡查记录，发现安全隐患时应及时报修，发现有故意损坏地铁设备的，应及时制止并上报。

（二）站厅服务礼仪的基本要求

（1）必须佩戴工号牌，做到仪表整洁、仪容端庄。

（2）工作时，精神饱满、思想集中，不与同事闲聊。

（3）发现乘客携带超长、超大、超重物品时，应禁止其进站，并做好相应的解释。

（4）遇到乘客不能进出站现象，要礼貌地引导乘客到客服中心进行票卡的分析。

（5）遇到漏票现象，要态度平和地要求乘客去客服中心进行补票，切不可与乘客争吵或讽刺挖苦乘客。

（6）留意地面卫生，发现积水、垃圾、杂物等应及时通知保洁人员处理，同时设置警示牌，防止乘客摔倒。

（三）安检服务礼仪

安检服务要遵循基本流程：

（1）迎接。检查之前，应主动提示："您好，请接受安检，谢谢您的合作。"

（2）操作。检查时，应主动伸手去帮助乘客把包放到检测仪上或抬到桌子上。

（3）告别。检查之后应向乘客表示感谢："给您添麻烦了，请您慢走。"并帮助乘客把行李从检测仪上拿下来。

拓展阅读：

站厅特殊情况处理

1. 发现乘客携带超长、超重物品时

① 提醒乘客："对不起，您不能携带超长（超重）的物品进站。"

② 耐心地解释地铁相关规定，建议乘客改乘其他交通工具。

③ 如遇到态度强硬，固执的乘客，首先让乘客了解车站的规定，如果乘客认为东西太重，不愿意出站，可以寻求其他同事帮助乘客。

2. 发现乘客包内有违禁品时

① 把包拿到一边进行详细检查，避免当着所有乘客的面检查包内违禁品，让乘客感到难堪。

② 耐心地解释车站的相关规定，向乘客详细指出哪些物品属于违禁品。

③ 如遇到态度强硬，固执的乘客，可以寻求其他同事帮助乘客。

3. 出现客流高峰时

① 委婉提醒乘客加快速度，并提醒后一位乘客做好准备，避免出现拥挤忙乱的现象。

② 如果乘客过多可以采用手持检测仪，加快安检的速度。

（四）自助售票服务

（1）耐心指导乘客如何使用自助购票设备，尽量让乘客自己操作，注意避免直接接触乘客财物，以免发生不必要的纠纷。

（2）耐心指导乘客如何刷卡进站，并提醒乘客要妥善保管票卡，出站票卡需要回收。

（五）进出站服务

1. 遇见第一次使用车票的乘客

（1）耐心地告诉并指导乘客："请您在××区域刷卡，出站时票卡需要回收，请妥善保管，谢谢您的合作。"

（2）必要时协助乘客使用票卡。

2. 发现携带大件行李的乘客

（1）礼貌的和乘客沟通，建议其使用直梯或走楼梯：“您好，您的行李较多，为了您的安全，请使用直梯，谢谢您的配合。”

（2）引导其从宽闸机进站。

3. 当遇到成人或超过规定身高的小孩逃票，发现违规使用车票进站的乘客

（1）应立即上前制止，并要求其到售票处买票：“对不起，您的孩子身高超过了1.2米，请您买票，谢谢您的配合！”

（2）若乘客故意为难工作人员，可以找公安配合。

（3）若发现违规使用车票的乘客，可按法制程序执行，必要时找公安配合。

拓展阅读：

可爱的测高墙

在香港地铁站，车站工作人员把测量身高用的简单而又呆板的尺子做成卡通的模样，吸引小朋友的注意力，小朋友可以自觉过来测量身高，为乘客们提供了方便，真正体现了地铁的人性化服务。

4. 当乘客无法刷卡进站时

（1）先了解情况，礼貌地向乘客询问是否已经刷过卡。

（2）如了解情况后，仍不能解决，则指引乘客前往客服中心办理。

（3）礼貌地用手掌指示前往的方向。

（4）若情况许可，最好能陪同乘客前往解决问题，以免乘客重复提出问题和需要。

5. 乘客出站时卡票

（1）查看闸机的状态，发现确实卡票，则按规定办理。

（2）找到车票后，向乘客询问该车票的信息，确认车票是否为该乘客的，并做好相应的解释工作。

（3）若车站计算机没有报警，打开闸机也没有找到车票，请相关维修人员到现场确认，情况属实，对乘客做好解释工作。

（六）特殊乘客（老、幼、病、残乘客）进出站服务

1. 老年乘客乘坐自动扶梯

（1）礼貌地建议年老的乘客搭乘直梯或走楼梯。

（2）如果乘客坚持，则由站务人员陪同老人一起搭乘自动扶梯，并送其至站台。

2. 残疾人进站

（1）如果有直梯，帮助残疾乘客乘坐直梯进出站。

（2）如果没有直梯，则安排并帮助残疾乘客乘坐残疾人专用电梯。

三、站台服务礼仪

站台服务主要包括：乘客候车服务、乘客安全服务、重点乘客服务、乘客广播、乘客秩序维护等。

（一）站台服务的基本职责

（1）执行相关规章制度，做到有令必行，有禁必止。

（2）留意站台乘客的候车动态，没有屏蔽门的站台提示乘客站在黄色安全线以内候车，及时提醒特殊乘客注意安全（如对不便乘坐扶梯的乘客提醒其走楼梯），提醒乘客不要依靠屏蔽门等。车门（或屏蔽门）关闭时，确认其运作情况，发现未关闭好时，及时向综控室报告，并负责处理屏蔽门故障。

（3）帮助乘客，回答乘客问询，特别注意帮助老、弱、病、残等有困难的乘客上下车。

（二）站台服务的基本要求

（1）必须佩戴工号牌，做到仪表整洁、仪容端庄。

（2）工作时，精神饱满、思想集中，不与同事闲聊。

（3）确保站台环境清洁，留意站台设备，如发生故障，要及时维修，以免引起乘客的不便。

（4）留意乘客安全，个别乘客站在安全线以内时，应给予适当提醒，协助乘客安全进出车厢，维持站台秩序，方便开关车门。

（5）留意站台上乘客的需要，如看到乘客有任何困难（身体不适、行动不便等），应主动上前了解情况，并尽量提供帮助，必要时可以向其他同事请求协助。

（6）遇到特殊事件时，能正确及时地进行站台广播。

（三）乘客候车服务礼仪

1. 发现乘客站在黄色安全线以内候车

（1）应及时提醒乘客："为了您的安全，请在黄色安全线以外候车。"

（2）如果乘客没有退后，应立即上前制止该乘客的行为。

2. 发现乘客采用蹲姿候车

（1）应及时上前了解情况，看乘客是否有身体不适。

（2）如没有，应提醒乘客："为了您的安全，请勿蹲姿乘车"。

3. 遇见身体不适的乘客

（1）应主动上前询问情况，并指引他们到候车椅上休息。

（2）如果情况严重，则通知车站综合控制室处理。

4. 发现乘客在站台上吸烟

应立即上前制止，并有礼貌的解释："对不起，为了安全，车站内不允许吸烟，请您灭掉烟头，谢谢您的配合。"

5. 发现有乘客在站台上逗留

若发现有长时间逗留在站台不出站的乘客，应主动上前询问情况，帮助乘客解决问题，避免其他紧急情况的发生。

6. 遇到坐轮椅的乘客上下车

（1）主动上前了解情况。

（2）使用渡板帮助轮椅乘客上下车。

7. 乘客有物品掉下轨道

（1）站务员应立即提醒并安抚乘客："为了您的安全，请勿私自跳下轨道，请您放心，我们工作人员会尽快为您处理。”

（2）告知乘客将于运营结束后下轨道拾回物品，请乘客留下联系方式，第二天到车站领回物品。

（四）乘客广播服务礼仪

1. 语音广播

站务员尽量使用语音广播，使用前应注意事项如下：

（1）广播是否清晰准确。

（2）音量大小是否合适（不能过大或者过小）。

（3）广播是否适时地重复。

（4）广播是否在适当的地点播出。

2. 人工广播

（1）先提醒乘客注意：“乘客请注意，……”。

（2）用简洁的语言告知乘客发生的具体事件。

（3）对给乘客带来的不便表示歉意。

（4）对乘客的配合表示感谢。

（5）语速适中，口齿清楚，语调清晰。

任务三　城际轨道交通客运服务礼仪

一、客运服务人员的基本素质要求

（1）身体健康，五官端正，持有健康证。

（2）上岗前应通过安全、技术业务培训，经理论、实操考试合格，持证上岗。

（3）熟知岗位职责和作业标准，技术业务熟练，并了解其他岗位作业标准，具备与其他岗位联劳协作的能力。

（4）认真执行规章、制度、作业标准，具备妥善处理突发事件的能力。

（5）掌握基本的手语、英语的语言沟通方式，具备为有听力与语言障碍的旅客和外籍乘客服务的能力。

二、迎送乘客服务礼仪

（1）旅客上下车时，需要在车门前立岗接待乘客，并主动点头问好、再见：“您好，欢迎乘车”“期待您下次乘车，再见”。

（2）上下车乘客较拥挤时，应礼貌地提醒乘客：“您好，请您按顺序上/下车，谢谢。”切忌大喊大叫训斥乘客。

（3）当遇到老年乘客、行动不便或行李较多的乘客时，应主动提供帮助。

三、车厢服务礼仪

1. 引导旅客入座

很多乘客乘车经验较少，上了车以后会因为人多拥挤或找不到自己的位置而心情烦躁，乘务员应该进行必要的引导。当遇到找不到自己座位的乘客时：

（1）要主动上前："您好，您的座次号是多少？"

（2）引导乘客对号入座："我带您到座位上好吗？请跟我来。"

（3）如果有乘客坐错位置了，需要礼貌地提醒："您好，麻烦您核实一下车票的座位号，谢谢。"或"您好，我可以看一下您的车票吗？"绝不能直接埋怨乘客。

（4）如果车站售票出现重号，造成一方无座时，首先需要代表企业道歉，请求乘客的原谅，并及时解决乘客的座位问题，必要时可以将乘客引导到餐车。绝不能置之不理，更不能推卸责任："这是车站的问题，你们自己协调，我没法解决。"

2. 售货车倒水服务

目前的铁路客运车厢都配置有开水取水处，但部分车上售货车也提供开水泡面服务。

（1）乘务员倒水时，要注意安全，不要将乘客烫伤。

（2）倒水前，需要征求乘客的意见。

（3）倒水时，切记不要握着杯口，这样会让乘客感觉很不卫生。

（4）给中式茶杯倒水时，杯柄与乘客的右手边成45度角。

（5）不要倒得过满，防止开水溅出烫伤乘客。

（6）倒完水后，要将乘客的杯子放到原来的位置，以防乘客拿错水杯。拿水杯时，应该一手握住水杯把（无把手水杯应拿水杯的下1/3处），一手轻托水杯底部。

（7）如果不小心将水溅到乘客身上或物品时，应立即擦拭干净，并向乘客道歉。

四、保洁服务礼仪

列车的环境能直接反映出列车的服务档次。车厢卫生就是列车服务的脸面，除了列车在出库前要对车厢作彻底的保洁外，在运行途中更需要乘务员付出艰辛的劳动保持车厢的整洁。

（1）需要清扫卫生时，应征得乘客的同意。

（2）需要乘客协助时，要说："请您抬抬脚，我将这里给您擦干净，谢谢。""打扰了，请您把茶杯挪一下，我帮您把餐桌清理干净，谢谢。"

（3）当乘客的行李影响到清洁工作时，要说："您好，我需要清洁一下地面，请把您的行李挪一下，好吗？"

（4）当乘客对车厢内的卫生不满意时，乘务员要立即道歉："对不起，今天列车超员，打扫卫生不方便，请您谅解，我马上清扫干净。"

（5）当见到乘客随地扔果皮等杂物时，要耐心地提醒："请您把杂物放在清洁袋中，我马上帮您清理，谢谢您的配合。"切忌训斥和教育乘客。

（6）清扫厕所和洗面间时，不要敲门催促乘客，要耐心地等待乘客用完后再清扫。

五、提醒服务礼仪

1. 提醒亲友下车

开车之前，乘客总想和送别的亲友在车厢内多说几句，多聚一会儿，这是人之常情，我们需要给予理解。对于亲友，我们可以告知车辆出发的时间，并且在开车之前的几分钟礼貌地提醒亲友下车："对不起，列车马上就要启动了，请您下车，谢谢您的配合。"切忌不耐烦或大喊大叫。

2. 提醒乘客保管好随身物品

乘客在车厢门口上车时容易出现拥挤现象，这个时候最容易发生乘客行李物品丢失或者盗窃。此外，乘客上车忙于找自己的位置，因而也容易对随身物品有所忽视。这时，乘务人员要及时提醒旅客："乘客您好，请注意保管好您的随身物品，以免发生丢失。"同时，也要提醒乘客不要将贵重物品放在车窗的衣帽钩上，以防造成不必要的损失。

3. 提醒乘客下车

乘务员需要提醒乘客及时下车，尤其是在夜间行车时，如果有乘客在中途下车，要提前轻轻唤醒乘客，并提醒乘客的动作要轻，避免打扰其他乘客休息。

4. 提醒乘客不要抽烟

旅客在旅途中都希望有一个良好的车厢环境，特别是在封闭式车厢内需要全列禁烟。如果乘务员对车厢内吸烟的个别旅客提醒不当，会引起不必要的纠纷。在看见有乘客抽烟时，我们可以先巧妙地暗示："您好，这里是无烟车厢。"这样可以让乘客感觉到你维护了他的自尊。如果乘客仍然没有熄灭烟，我们可以礼貌地提醒："对不起，为了你和他人身体健康和旅行安全，请您下车后吸烟，好吗?"切忌训斥和教育旅客。

六、验票补票服务

（1）查验票时，要礼貌当先："请出示您的车票，谢谢。"绝不能使用"查票了，把票都拿出来"等冷漠的语言。

（2）当有旅客睡着时，要轻声地唤醒乘客，或过后检票，切忌推、摇等接触乘客身体的行为。

（3）如遇到不理睬不配合的旅客，要礼貌提醒："请出示您的车票，如果您上车之前没有来得及买票，车上可以为您办理补票，以免在出站时给您带来麻烦。"

（4）在验票补票时，要建立在尊重乘客的基础上，决不能有"终于让我逮着你了"的心态。对于没有票的乘客，绝不能将话题引到乘客的品德、修养上。

七、餐车服务礼仪

（一）餐车服务的基本要求

（1）餐饮服务人员应服饰整洁得体，头发梳理平整，指甲修剪整洁，语言礼貌和气，精神饱满，步态轻盈，手脚利落，观察仔细，及时了解乘客需求，提供满意服务。特别是列车运行到部分线路发生微小晃动时，要求餐饮服务人员走路时脚步要稳、轻、灵、巧，步幅不宜过大。

（2）旅客就餐时，餐饮服务员要热情相迎，主动问候："您好，欢迎您就餐"。按照习惯，要先引导女性入座，如果是一对夫妇或者一对恋人用餐，应该引导到比较安静的位置，对老年或者行动不便的旅客要主动搀扶；男、女独自用餐的乘客，一般不喜欢在中间的位置就餐。重要宾客应该引导到餐车的适当位置就餐，并且要面对列车前行方向。

（3）为乘客递送纸巾等物品时应双手递送。递送东西时，应站在乘客的正面与之成45度角的地方，双手递送；递送东西应到位，待对方接稳后再松手。

（4）乘客落座后应将餐饮单送上征求点餐。乘客点餐时，服务员应站在乘客一侧，与乘客保持一定距离，腰部稍微弯下一点，手持餐饮单，认真倾听乘客点餐名称，并做到神情专注、有问必答、百问不烦、主动推销。

（二）餐车服务各流程中的礼仪

1. 点餐

（1）餐饮单要在客人面前展开，“您好，请您先看下菜单。”

（2）主动介绍饮料和餐食的种类。

（3）回答问询时侧身45度角站立于乘客侧前方，面向乘客，身体微欠，细心聆听。

（4）对饮料和餐食的种类要心中有数，掌握相关的知识、餐食的文化背景知识，妥善回答乘客的问询。

2. 送餐

（1）“您好，这是您点的××，请慢用。”

（2）热饮用具需要事先预热。

（3）杯垫、饮料、小吃、餐巾纸按照乘客右手的方向按顺序依次直线铺开。

（4）注意不要用手碰触餐具的表面。

3. 收餐具

（1）收餐盘时，动作要轻柔，忌急躁，注意乘务人员应具备的姿态和表情。

（2）防止餐盘内的杂物泼洒溅漏。

（3）回收餐巾布时应当将餐桌布由里向外折叠好后再收走。

拓展阅读：

餐饮服务中应注意细节服务

为乘客提供餐饮时还应注意一些细节问题，如为儿童提供热饮时需递给其监护人等；提供餐食服务时，主动介绍餐食品种，汤温度过高时及时提醒乘客；为乘客冲泡食物时，需同时送上餐巾纸或湿纸巾；禁止将餐饮或杂物从乘客头顶上方掠过，旁边乘客协助递送时需及时向乘客致谢等。

任务四　轨道交通服务投诉处理

当乘客乘坐轨道交通时，会对出行的本身和企业的服务抱有良好的愿望和期盼值，如果这些要求和愿望得不到满足，就会失去心理平衡，由此就会产生“讨个说法”的行为，这就是投诉。广义地说，乘客任何不满意的表示都可以看作投诉。

一、乘客投诉的分类

（一）按照投诉表达方式划分

乘客感到不满意后的反应不外乎两种：一是说出来，二是不说。据调查表明：在所有不满意的乘客中，有69%的乘客从不提出投诉，有26%的乘客向身边的服务人员口头抱怨过，而只有5%的乘客会向投诉管理部门（如客服中心）正式投诉。其中说出来的5%的投诉乘客所采取的表达方式可以分为三种：

（1）当面口头投诉（包括向公司的任何一个职员）。

（2）书面投诉（包括意见箱、邮局信件、电子邮件等）。

（3）电话投诉（包括热线电话、投诉电话等）。

（二）按照投诉的内容划分

（1）投诉车站服务。

（2）投诉列车运行。

（3）投诉乘车环境。

（三）按投诉的性质划分可以分为有效投诉和无效投诉

当乘客投诉属于正当权益维护时，则视为有效投诉。如果乘客投诉属于无理取闹型，则视为无效投诉。

二、乘客投诉产生的过程

乘客投诉产生的过程见图4-1。

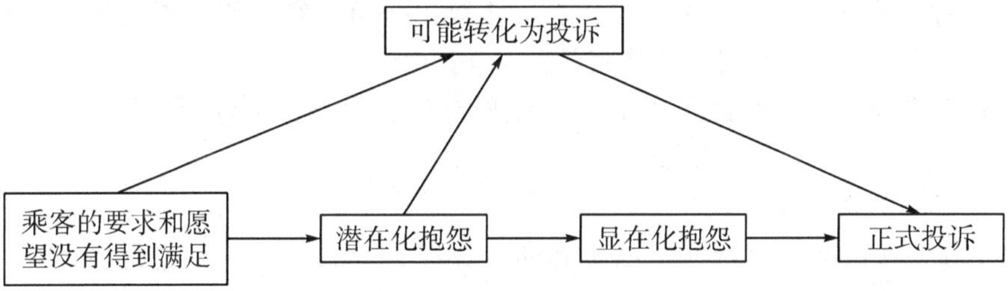

图4-1　乘客投诉产生的过程

三、认识投诉

只要是服务行业，就无法避免消费者的抱怨和投诉，即使是最优秀的服务企业，也不能保证永远不发生失误或引起投诉。作为城市轨道交通的客运服务部门，在服务过程中引起乘客投诉是很正常的，不能一味地恐惧投诉，厌恶投诉。我们需要对投诉有一个清醒的认识，这样才能更好地处理投诉，更有效地改进服务工作并提高服务质量。

1. 重视投诉

乘客的投诉大多是刺耳尖锐的、直接的、不留余地的。许多服务人员把投诉当成一个“烫手山芋”，希望最好不要发生，可是对于一家企业来说，没有投诉的声音却未必是个好消息。因为通过投诉，往往可以暴露服务中的薄弱环节和存在的问题。

2. 欢迎投诉

乘客的投诉能给企业一个以回顾和检查在乘客服务中不合适的方面的机会。在投诉处理过程中，服务人员可以向乘客解释企业的规定和标准，从而使乘客和企业能够更好地理解和沟通。因此，作为服务人员既不需要对投诉感到尴尬，也不需要带有畏惧和抵触的心理。

拓展阅读：

无法刷卡进站

有两位乘客持同一张公交一卡通进站，当一名乘客刷卡进站后，把一卡通给了同行的人，另外一名乘客无法刷卡进站，因客流量较多，该站票务员没有问清原因，直接对一卡通进行了进站更新，另外一名乘客也顺利进站，但出站时被站务员发现，要求补票。乘客不满意，认为已经刷过两次并扣完钱了，坚持不肯补票，站务员则主观臆断他们违规使用车票，故意逃票，发生争执。

1. 投诉原因分析

（1）票务员帮助乘客更新车票时没有了解和确认原因，造成一票多人进站，给后来纠纷的发生埋下了种子。

（2）乘客不清楚票务政策，认为已经扣过两次钱，导致乘客和站务员发生争执。

（3）站务员主观意识过强，认为是乘客故意逃票，导致乘客和站务员的纠纷升级。

2. 投诉处理技巧

（1）发现情况后，站务员不能主观臆断，应该礼貌地先了解原因。

（2）对票务员的工作失误向乘客表示抱歉，并向乘客做好票务政策的解释，注意在和乘客沟通的过程应耐心地使用礼貌用语。

（3）如果乘客同意补票，站务员应向乘客表示感谢。例如：“谢谢您的理解和配合。”

3. 改善措施与建议

员工在处理乘客车票时应加强工作的责任心，当乘客持一卡通无法进站时，应先向乘客确认是否是一票多人进站。

四、乘客投诉处理的原则

（一）安全第一，乘客至上的原则

安全第一，乘客至上是指在保证地铁安全的前提下，站务员应最大限度地满足乘客需求。只有了解了乘客的需求，才能“对症下药”，才能向乘客提供优质的服务。

（二）不推脱责任的原则

很多站务员面对乘客投诉的第一反应是：“是我的责任吗”“如果乘客向上级投诉，我应该怎么解释”。他们常常会说：“如果是我的问题，我一定帮您解决”。这看似十分礼貌，但却是一个十分糟糕的开头。站务员必须清楚地认识到，乘客既然选择投诉就压根没有想到是自己的错，而是想从你这里得到心理安慰，让你重视他的投诉。

面对乘客投诉和不满情绪，站务员首先要反思自己的不足，向乘客道歉，只有表明了这种态度，才能更好地处理乘客投诉。

（三）先处理情感，后处理事件的原则

美国有一家汽车修理厂，它有一条服务宗旨很有意思，叫作“先修理人，后修理车”。什么叫“先修理人，后修理车”呢？一个人的车坏了，他的心情会非常不好，你应该先关注这个人的心情，然后再关注汽车的维修。对于城市轨道交通运营企业来说也是如此：每一位投诉的乘客，心情都不会好，我们在处理时，需要先关注这个人的心情，让乘客先平息怒气，然后再想办法帮助乘客解决问题。

（四）包容乘客的原则

包容乘客是指站务员对乘客的一些错误行为给予理解和宽容。包容乘客的核心是善意的理解。当发现乘客的某些行为违反规定时，只要给予乘客善意的提醒即可。站务员要懂得体谅乘客，避免让乘客处于难堪的状态。虽然乘客的投诉并不都是对的，但是得理不让人的解决方法，必将会造成双方的关系紧张而不利于问题的解决。如果站务员能够包容乘客，那么由此而引发的冲突就能得到及时避免。

五、处理乘客投诉的基本步骤

（一）用心倾听

抱怨的乘客需要有忠实的听众，工作人员喋喋不休的解释只会让乘客感觉在推卸责任，从而使乘客的心情更差。面对乘客的投诉，工作人员需要掌握倾听的技巧，从乘客的抱怨中找出真正的原因以及其所期望的结果。

乘客投诉到车站时，应先请乘客坐下并及时给乘客倒水，表示对乘客的尊重。乘客叙述时要用心倾听，让乘客发泄情绪，在倾听过程中，可以插入“那么，然后呢”“噢，原来是这样”等随顺的话语。不要轻易打断；如果有不明白的地方，要等乘客说完后，以婉转的方式请乘客提供情况，如：“对不起，是不是可以再向您请教……？”适当安抚乘客情绪，如“请您别着急”“您先消消气”等。适时表示赞同，如“我很理解您的感受。”

（二）真诚道歉

当乘客抱怨或投诉时，无论是否是工作人员的原因，我们都要诚心地向乘客道歉，并对乘客提出的问题表示感谢。尤其是在我们的工作确实有过失的情况下，更应该马上道歉，如“对不起，给您添麻烦了”，这样可以让乘客感到自己受到了重视。向乘客道歉的做法见表 4–3。

表 4–3　向乘客道歉的做法

正确做法	不正确的做法
1. 适当的表示歉意，让乘客了解你非常关心他的情况，如“我们非常抱歉听到此事”。 2. 道歉要诚恳，如“对不起，耽误您的时间了”	1. 认为自己的行为没有错误，拒绝道歉。 2. 道歉缺乏诚意，语音语调或肢体语言表现出不乐意或不耐烦

（三）协商解决

在听完乘客投诉之后，工作人员首先要弄清楚乘客投诉和抱怨的原因，了解乘客的想法，切忌在没有了解乘客想法之前就自作主张地提出解决方案。在协商解决时，

不要推卸责任，指责或敷衍乘客。在明白乘客的想法后，要十分有礼貌地告知乘客将要采取的措施，并尽可能让乘客同意。如果乘客不知道或者是不同意这一处理决定，就不要盲目地采取行动。协商解决乘客的投诉见表4-4。

表4-4 协商解决乘客的投诉

正确做法	不正确做法
1. 平复乘客的不满情绪，如“我很能理解您的想法”。 2. 主动提出建议和解决方法。如果是因为票卡（款）等问题，可以根据乘客的意见和表现出来的意思，结合实际情况，提出措施，如果是因为对服务人员的态度不满，则要考虑采取让服务人员本人道歉或由值班站长替代道歉等办法，平息乘客的不满情绪。 3. 耐心地解释地铁的相关规定。 4. 提出解决方案时，应语调平和，态度诚恳，不要再次引起乘客的不满情绪。如“这样处理，您满意吗?”“我们这样办，您看合适吗?”	1. 推卸责任、极力辩解。 2. 指责乘客。 3. 敷衍乘客

（四）行动

乘客同意处理意见后，工作人员需要说到做到，而且是马上做到，速度很关键。如果有些措施无法当场兑现，或遇到一些投诉，被投诉的员工不在现场的情况，可以采取电话道歉、书面道歉等处理方式。

（五）感谢乘客

对待乘客的投诉一定要表示感谢，感谢乘客选择我们的服务并发现服务中的不足。因为这些批评指导意见会帮助企业提高管理水平和服务质量。对乘客投诉表示感谢的做法见表4-5。

表4-5 对乘客投诉表示感谢的做法

正确的做法	不正确的做法
1. 对乘客表示感谢。如“谢谢您的配合”“非常感谢您的建议”。 2. 必要时送乘客出站，让乘客感到自己受到重视	1. 怠慢乘客，自己先行离开。 2. 让乘客自行离开

六、常见问题的解决要点

（一）乘客提出批评或建议

（1）乘客提出的批评是为了改进车站工作的服务质量，应该谦虚谨慎，热情对待。

（2）当自己确实出现工作失误而引起乘客不满时，要虚心接受，诚心诚意地向乘客表示感谢和道歉，并在工作中改进。

（3）如果乘客批评的问题与实际有出入，也应该耐心地听完乘客的批评或建议，抱着“有则改之，无则加勉”的态度，可在表示欢迎和感谢的基础上，适当做出解释。

（4）如乘客提出的批评与自己无关时，要抱着关心的态度对待乘客，切忌态度冷漠、语言生硬，必要时可以交给上级处理。

（二）乘客在车站内发生伤害（如被车门夹伤、在扶梯处摔倒等情况）

（1）安抚乘客情绪，了解伤害状况。

（2）当乘客提出要去医疗机构检查的要求时，应按照地铁相应规定进行处置，必要时应该让工作人员陪同乘客一起去医疗机构就诊。

（3）在处理乘客伤害过程中，切忌推诿或拒绝其就医要求。对未发生伤害的乘客，要耐心地向乘客解释，讲明公司的规定，必要时向上级报告，求得解决办法。

思考与调研

1. 思考。

（1）空乘人员的必备素质。

（2）海乘人员的必备素质。

2. 调研。

分小组，根据自己所学专业，到地铁站观察其工作人员工作期间的礼仪，并撰写调研报告。

案例赏析

2010 年 2 月，有一名乘客来到乘客服务中心，认为大概半小时以前售票员少找给他五十元钱，售票员在听取情况后，个人认为不会少找钱给乘客，直接就和乘客说："我都售票这么长时间了，不可能出现少找给您钱的情况。"乘客很激动，开始指责售票员的不是，并要求找值班站长投诉……

【分析】本案例售票员在售票过程中，没有严格按照售票作业程序，导致乘客怀疑售票员少找钱给他，是和乘客发生纠纷的主要原因。当乘客回来说少找钱的时候，售票员没有认真做好乘客安抚工作，而是一口咬定自己没有少找钱，导致乘客情绪激动。

当乘客认为票款不符时，应耐心地向乘客解释："对不起，我们的票款是当面点清的，请您再确认一下，您的票款是否正确，多谢。"如果乘客坚持认为少找钱，先安抚乘客，平息乘客的情绪，然后提出解决方案：将请求上报车站控制室进行查账，最终确定乘客的反映是否属实。如果属实，需要向乘客道歉，并退还少找的钱款；如果不属实，应该耐心地向乘客解释，做好安抚工作："对不起，经我们查实，我们的票款没有差错，请您谅解。"如果乘客为难工作人员，可以请求公安的配合。

模块五　礼仪项目实训

■学习目标

通过本模块的学习，理解礼仪的内涵，掌握礼仪项目的基本内容，自觉提升礼仪修养，从行动上落实服务礼仪，践行服务礼仪。

■学习重点

各项服务礼仪技能流程

■学习难点

礼仪技能的实践运用

项目一　简妆实训

一、实训准备

准备一间形体训练室，按 2~3 人分成一组，每组准备一面镜子。实训目的和要求见表 5-1。

表 5-1　实训目的和要求

实训目的	为各项服务工作打下基础
实训要求	掌握基本的表情操作规范，能自纠错误，能指出他人的不足之处，实训小组内的成员互相评议打分

二、操作规范

实训操作标准见表 5-2。

表 5-2　实训操作标准

实训内容	操作标准	基本要求
基本化妆	1. 涂画妆水，用棉球蘸取向脸面叩拍。 2. 涂粉底霜，用手指或手掌在脸上点染抹匀。 3. 上粉底，用手指或手掌在脸上抹匀，不宜过厚。 4. 扑化妆粉，用粉扑自下而上，扑均匀	1. 眼要自然不着痕，颊宜轻匀。 2. 内容可酌情舍弃或变动次序。 3. 此操作仅适合简单快速淡妆或工作妆，用时 10 分钟左右。 4. 不在男士面前化妆
眼部化妆	1. 涂眼影：用棉花棒沾眼影在眼周、眼尾、上下眼皮、眼窝处点抹定型。 2. 描眉：蓝灰色打底，棕色或黑色描出适合的眉型。直线型使脸显短，弯型使人显得温柔。 3. 描眼线：用眼线笔沿眼睫毛底线描画	
抹颊红	用脸颊红轻染轻扫两颊，以颧骨为中心向四周涂匀；长脸型横打胭脂，圆脸型和方脸型竖打胭脂	
画口红	1. 用唇笔描上下唇轮廓，起调整色泽、改变唇型作用。 2. 涂口红填满	
检查	发际和眉毛是否沾上粉底霜；双眉是否对称；胭脂是否涂匀；妆面是否平衡；与穿着是否协调；适当调整修改	

项目二　表情实训

一、实训准备

准备一间形体训练室，每人准备一面镜子。实训目的和要求见表 5-3。

表 5-3　实训目的和要求

实训目的	为各项服务工作打下基础
实训要求	掌握基本的表情操作规范，能自纠错误，直至形成习惯

二、操作规范

（1）眼神操作规范。眼神训练操作标准见表 5-4。

表 5-4　眼神训练操作标准

实训内容	操作标准	基本要求
注视的部位训练	1. 注意对方的眼神。表示自己对对方全神贯注，在问候对方、听取诉说、征求意见、强调要点、表示诚意、向人道歉与人道别时，都应注意对方的双眼。 2. 注视对方的面部，最好是对方的眼鼻三角区，而不要聚集于一处，以散点柔视为宜。 3. 注意对方的全身，同服务对象距离较远时，服务人员一般应当以对方的全身为注意点，尤其是站立服务时，往往如此。 4. 注意对方的局部，须根据时间需要，多加注视客人的某一部分，如在递送物品时，应注视对方手臂	注视时间不宜过长，一般以 3～5 秒时间为宜
注视的角度训练	1. 正视对方。在注视他人时，与之正面相对，同时还须将上身向前倾向对方，其含义表示尊重对方。 2. 平视对方。即在注视他人时，身体与对方处于相似的高度，表示出双方地位平等，与本人的不卑不亢。 3. 仰视对方。即在注视他人时，本人所处位置比对方低，则需抬头仰望对方，可给对方重视和信任之感	

（2）微笑的操作规范。微笑训练的操作标准见表 5-5。

表 5-5　微笑训练的操作标准

实训内容	操作标准	基本要求
微笑	嘴角微微向上翘起，让嘴唇略呈弧形，在不牵动鼻子、不发出笑声、不露牙齿的前提下轻轻一笑，默念英文单词 cheest，英文字母 G，普通话“茄子”或“一”	

（3）眉语的操作规范。眉语训练的操作标准见表 5-6。

表 5-6　眉语训练的操作标准

实训内容	操作标准	基本要求
眉语	服务人员的眼睛，眉毛要保持自然而舒展，要给人以庄重、自然、典雅之感	说话时不宜过多牵动眉毛

项目三　站姿实训

一、实训准备

准备一间形体训练室，四面墙安装长度及地的镜子，能从头到脚照到训练人员。实训的目的和要求见表 5-7。

表 5-7 实训的目的和要求

实训目的	为各项礼仪工作打下基础
实训要求	掌握规范的站姿，能自纠错误直至形成习惯

二、操作规范

站姿训练的操作标准见表 5-8。

表 5-8 站姿训练的操作标准

实训内容	操作标准	基本要求
侧立式站姿	1. 抬头，面朝正前方，双眼平视，下颚微微内收，颈部挺直，双肩放松，呼吸自然，腰部直立。 2. 脚掌分开呈“V”字形，脚跟靠拢双膝并严，双手放在脚部两侧，手指稍弯曲，呈半握拳状	站的端正、自然、亲切、稳重，即要做到“立如松”，按照标准训练站姿，可以靠墙训练，后脑勺、双肩、臀部、小腿及脚后跟都紧贴墙壁立；也可两人一组，背靠背站立
前腹式站姿	1. 同“侧立式站姿”操作标准第一条。 2. 脚掌分开呈“V”字形，脚跟靠拢双膝并严，双手相交轻握放在小腹处	
后背式站姿	1. 同“侧立式站姿”操作标准第一条。 2. 两脚分开呈“V”字形，两脚平行，比肩宽略窄些，双手在后背轻握放在腰处	
“丁”字式站姿	1. 同侧立式站姿操作标准第一条。 2. 一脚在前，将脚尖向外略展开，形成斜写的一个“丁”字，双手在腹前相交，身体重心在两脚之间，此式限于女性使用	
站得太累时自行调节	两腿微微分开，将身体重心移向左脚或右脚	可配轻音乐

项目四 坐姿实训

一、实训准备

准备一间形体训练室，四面墙安装长度及地的镜子，能从头到脚照到训练人员。实训的目的和要求见表 5-9。

表 5-9 实训的目的和要求

实训目的	为各项服务工作打下基础
实训要求	掌握规范的坐姿，能自纠错误，直至形成习惯

二、操作规范

坐姿训练的操作标准见表 5-10。

表 5-10　坐姿训练的操作标准

实训内容	操作标准	基本要求
基本坐姿	1. 入座时，要轻而缓，走到座位前面转身，右脚后退半步，左脚跟上，然后轻轻地坐下。 2. 女性穿裙时需要用手将裙子向前拢一下。 3. 坐下后，上身直正，头正目平嘴巴微闭，脸带微笑，腰背稍靠椅背，两手相交放在腹部或两腿上，两脚平落在地面。男子两膝间的距离以一拳为宜，女子则以不分开为好	坐姿的基本要求是“坐如钟”。具体要求是：坐得端正、稳重、自然、亲切，给人一种舒适感
两手摆法	1. 有扶手时，双手轻搭或一搭一放。 2. 无扶手时两手相交或轻握放于腹部；左手放在左腿上，右手搭在左手背上，两手呈“八”字形放于腿上	
两腿摆法	1. 凳高适中时，两腿相靠或稍分，但不能超过肩宽。 2. 凳面底时，两腿并拢，自然倾斜于一方。 3. 凳面高时，一腿略搁于另一腿上，脚尖向下	
两脚摆法	1. 脚跟与脚尖全靠或一靠一分。 2. 也可以一前一后或右脚放在左外侧	
“S”型坐姿	上体与腿同时转向一侧，面向对方，形成一个优美的“S”型坐姿	
叠膝式坐姿	1. 两腿膝部交叉，以腿内收与前腿膝下交叉，两腿一前一后。 2. 双手稍微交叉于腿上。 3. 起立时，右脚向后收半步，而后站立。 4. 离开时，先向前走一步，自然转身退出房间	

三、坐姿训练的方法

（1）对所学的几种坐姿，每次训练坚持20分钟左右，配以轻松优美的音乐，以减轻疲劳。

（2）在日常生活中训练。如在乘车时、上课时、伏案看书采用坐姿时，都可以按照以上标准坐姿要求进行训练，不放过每一次时机，久而久之，优美的坐姿便形成了习惯。

项目五　走姿实训

一、实训准备

准备一间形体训练室，四面墙安装长度及地的镜子，能从头到脚照到训练人员。实训的目的和要求见表 5-11。

表 5-11　实训的目的和要求

实训目的	为各项服务工作打下基础
实训要求	掌握规范的坐姿，能自纠错误，直至形成习惯

二、操作规范

走姿训练的操作标准见表 5-12。

表 5-12　走姿训练的操作标准

实训内容	操作标准	基本要求
一般走姿	1. 方向明确，在行走时，必须保持明确的行进方向，尽可能地使自己犹如在直线上行走，不突然转向，更忌讳突然大转身。 2. 步幅适中。就一般而言，行进时迈出的步幅与本人一只脚的长度相近，即男子每步约 40 厘米，女子每步 36 厘米。 3. 速度均匀。在正常情况下，男子每分钟 108～118 步，不突然加速或减速。 4. 重心放准，行进时身体向前微倾，重心落在前脚掌上。 5. 身体协调，走动时要以脚跟首先着地，膝盖在脚步落地时应当伸直，腰部要成为重心移动的轴线，双臂在身体两侧一前一后地自然摆动。 6. 体态优美。做到昂首挺胸，步伐轻松而矫健，最重要的是：行走时两眼平视前方，挺胸收腹，直起腰背，伸直腿部	“行如风”即走起来要像风一样轻盈。方向明确、抬头、不晃肩，两臂摆动自然，两腿直而不僵，步伐从容，步态平衡，步幅适中均匀，两脚落地成两条直线
陪同客人的走姿	1. 同“一般走姿”。 2. 引领客人时，位于客人侧前 2～3 步，按客人的速度行进，不时用手势指引方向，招呼客人	
与客人相对而行走姿	1. 同“一般走姿”。 2. 接近客人时，应放慢速度，与客人交会时，应暂停行进，与客人点头示意，让客人先行	
与客人同向而行走姿	1. 同“一般走姿”。 2. 尽量不超过客人，必须超过时，要先道歉后超越	
与服务人员同行走姿	1. 同“一般走姿”。 2. 不可并肩同行，不可嬉戏打闹，不可闲聊	

三、走姿训练的方法

（1）配乐（进行曲）进行走姿训练；前行步，后退步，侧行步，前行转身步，后退转身步。

（2）在地上画直线，头顶书本，脚穿高跟鞋或半高跟鞋（女生）踩线行走练习。

项目六　蹲姿实训

一、实训准备

准备一间形体训练室，四面墙安装长度及地的镜子，能从头到脚照到训练人员。实训的目的和要求见表 5-13。

表 5-13　实训的目的和要求

实训目的	为各项服务工作打下基础
实训要求	掌握规范的蹲姿，能自纠错误，直至形成习惯

二、操作规范

蹲姿训练的操作标准见表 5-14。

表 5-14　蹲姿训练的操作标准

实训内容	操作标准	基本要求
高低式蹲姿	下蹲时，应左脚在前，左脚完全着地，右脚跟提起，右膝低于左膝，右腿左侧可靠于左小腿内侧，形成左膝高右膝低姿势；臀部向下，上身微前倾，基本上用左腿支撑身体。采用此式时，女性应并紧双腿	1. 在服务行业，一般只有在以下情况下，才允许服务人员在其工作中酌情采用蹲姿：①整理工作环境；②给予客人帮助；③提供必要服务；④捡拾地面物品等几种比较特殊的情况。 2. 采用蹲式时要注意：不要采用突然下蹲，不要距人过近，不要方位失当，不要随意滥用
交叉式蹲姿	交叉式蹲式主要适用于女士，尤其是适合身穿短裙的女性在公共场合采用，它虽然造型优美，但操作难度较大，这种蹲式要求在下蹲时，右脚在前，左脚在后，右小腿垂直于地面，全脚着地；右脚在上，左腿在下交叉重叠；左膝从后下方伸向右侧，左脚跟抬起脚尖着地。两腿前后靠紧，合力支撑身体；上体微向前倾，臀部向下	
半蹲式蹲姿	半蹲式蹲姿多为人们行进之中临时采用。它的基本特征是身体半立半蹲式，其主要要求是在蹲下之时，上身稍许下弯，但不宜与下肢构成直角或锐角，臀部务必向下，双膝可微微弯曲，其角度可根据实际需要有所变化，但一般应为钝角。身体的中心应当放在一条腿上，而双腿之间都不宜过度地分开	
半跪式蹲姿	半跪式蹲姿有简单蹲姿，它与半蹲式蹲姿是时间较长或为了用力方便之时采用。它的基本特征：双腿一蹲一跪，其主要要求是下蹲以后，改用一腿单膝点地，以其脚尖着地。而令臀部坐在脚跟上；另外一条腿应当全脚着地，小腿垂直于地面；双膝必须同时向外，双腿则宜尽力靠拢	

项目七　手势实训

一、实训准备

准备一间形体训练室，四面墙安装长度及地的镜子，能从头到脚照到训练人员。实训的目的和要求见表 5-15。

表 5-15　实训的目的和要求

实训目的	为各项服务工作打下基础
实训要求	掌握规范的坐姿，能自纠错误，直至形成习惯

二、操作规范

手势训练的操作标准见表 5-16。

表 5-16　手势训练的操作标准

实训内容	操作标准	基本要求
正常垂放	具体做法有以下 6 种： 1. 双手指尖朝下，掌心向内，手臂伸直后分别紧贴两腿裤线处。 2. 双手伸直后自然相交于小腹之处，掌心向内，一只手在上，一只手在下叠放在一起。 3. 双手伸直后自然相交于手背后，掌心向外，两只手相握。 4. 一只手紧贴裤线自然垂放，另一只手略弯曲向内搭在腹前。 5. 一只手掌心向外背在背后，另一只手略弯曲，掌心向内搭在腹前。 6. 一只手紧贴裤线自然垂放，另一只手掌心向外背在背后	自然优雅，规范适度，五指伸直并合拢，掌心斜向上，腕关节伸直，手与前臂成直线，以肘关节为轴弯曲 140 度左右为宜，手掌与地面形成 45 度
自然搭放	在站立服务时，身体应尽量靠近桌面或柜台，上身挺直；两臂稍微弯曲，肘部朝外，两手以手指部分放在桌面或柜台，指尖朝前，拇指与其他四指稍有分离，并轻搭在桌子或柜台边缘。应注意不要距离桌子或柜台过远，同时还要根据桌面高矮调整手臂弯曲程度，尽量避免将上半身趴伏在桌子或柜台上，将整个手掌支撑在桌子或柜台上；以坐姿服务时，将手部自然搭放在桌子上，身体趋近桌子或柜台，尽量挺直，稍躬身；除采取书写、计算、调试等必要动作时，手臂可摆放于桌子或柜台之上外，最好仅以双手手掌平放于其上；将双手放在桌子或柜台上时，双手可以分开、叠放或相握，但不要将胳膊支起来，或是将手放在桌子或柜台之下	不可将坐子或柜台作为支撑身体的用途
手持物品	稳妥；自然；到位；卫生	身体其他部位姿势规范
递送物品	双手为宜；递到手中；主动上前；方便接拿；尖、刃向内	
展示物品	便于观看；手位正确	
打招呼	要使用手掌；要掌心向上，而不宜掌心向下	
举手致意	1. 面向对方。举手致意时，应全身直立，面向对方，至少上身与头部要朝向对方，在目视对方的同时，应面带笑容。 2. 手臂上伸。致意时应手臂自下而上向侧上方伸出，手臂既可略有弯曲，也可全部伸直。 3. 掌心向外。致意时必须掌心向外，即面向对方，指向朝向上方；同时，切忌伸开手指	

表5-16(续)

实训内容	操作标准	基本要求
握手	注意先后顺序；注意用力大小；注意时间长度；注意相握方式	
挥手道别	1. 身体站直。尽量不要走动、乱跑，更不要摇晃身体。 2. 目视对方。目送对方远去直至离开，若不看道别对象，便会被对方理解为“目中无人”或敷衍了事。 3. 手臂前伸。道别时，可用右手，也可用双手并用，但手臂应尽力向前伸出，注意手臂不要延伸得太低或过分弯曲。 4. 掌心朝外。挥手道别时要保持掌心向外，否则是不礼貌的。 5. 左右挥动。挥手道别时，要将手臂向左右两侧轻轻地来回挥动，尽量不要上下摆动	
引导手势	1. 横摆式：手位高度齐腰高，用于引导表示“请”时的手势。 2. 斜摆式：请对方落座。座位在哪，手位指到哪。 3. 直臂式：（专业引导手势）适合于给对方指引方向。手臂伸直与肩同高。 4. 曲臂式：适用于单手持物或扶门时，须向对方做“请”的手势。 5. 双臂式：适用于面对众人做“请”的手势	

项目八　着装实训

一、实训准备

实训准备：职业装、西装、女士套装、数码照相机、大屏幕教室。实训的要求和方法见表5-17。

表5-17　实训的要求和方法

实训要求	掌握正装穿着的基本要求；掌握西装的穿着方法；掌握女士套装的穿着方法
实训方法	1. 将学生分组，每组5~6人。 2. 由学生分组练习，教师指导。 3. 学生分组考核，用摄像机等记录学生考核过程。 4. 回放考核过程，学生自我评价，教师总结点评学生存在的个性与共性问题

二、操作规范

着装训练的操作规范见表5-18。

表 5-18　着装训练的操作规范

实训项目	实训要求		操作规范
正装的穿着	外观整洁		（1）保证正装无褶皱；（2）保证正装无残破； （3）保证正装无脏物；（4）保证正装无污染； （5）保证正装无异味
	文明着装		正装穿着雅观，避免出现 4 个方面的禁忌： 忌过分裸露、忌过分薄透、忌过分瘦小、忌过分艳丽
	穿着得当		严格按照各单位的规范要求
西装的穿着	西装的选择	1. 西装的外套必须合体	（1）上衣：过臀部。 （2）手臂伸直时，袖子的长度应达到手腕处
		2. 西裤要合体	（1）西裤的腰围应是裤子穿好拉上拉链后或扣好裤扣后，裤腰处能正好伸进一只五指并拢的手掌。 （2）西裤穿好后，裤腿的下沿正好接触脚面，并确保裤线的笔直（注意鞋跟的高度）
		3. 衬衫要合适	（1）衬衫正规的是白色无花纹衬衫。 （2）衬衫领子应是扣上衬衫领子扣以后还能自由插进自己的一个食指为标准。 （3）袖子的长度与领子的高度都应比西装上衣的袖子稍长、稍高
		4. 领带要与西装相协调	（1）领带应为素色无花纹的。 （2）西装里若穿羊毛背心，则应将领带放进背心里面。 （3）服务人员在穿着西装时最好夹上领带夹
		5. 鞋与袜要与西装相协调	（1）皮鞋的颜色一般应与西装的颜色相近，深色的西装配以黑色皮鞋为最好。 （2）袜子的颜色应与皮鞋的颜色相近，或者是西装颜色与皮鞋颜色的过渡色
	西装的穿着要领	西装的穿着要符合规范要求，服务人员切忌触犯禁忌	（1）西装要干净、平整，裤子要熨出裤线。 （2）衬衫领头要硬扎挺阔，要保证七八成新。 （3）衬衫更要十分清洁，内衣要单薄，衬衫里一般不要穿棉毛衣，如果穿了，不宜把领圈和袖口露在外面，天气较冷时，也只可穿一件。 （4）衬衫的下摆要均匀地塞在裤内。 （5）穿西装可以不系扣，但服务人员在正规场合需系扣。裤兜与上衣袋一样，不可装物，以保证裤形美观 （6）为保证西装不变形，上衣袋只作为装饰，包括必要时装折好花式的手帕，裤兜与上衣袋只作为装饰，以保证裤形美观。 （7）无论衣袖还是裤边，皆不可卷起。 （8）皮鞋一定要上油擦亮

表5-18（续）

实训项目	实训要求		操作规范
女士套裙的穿着	女士套裙的选择	1. 上衣与裙子要选择适当	（1）上衣和裙子的面料和颜色应相同。 （2）套裙的面料应以素色、无光泽为好。 （3）上衣袖子一般应到手腕，裙子长度应触及小腿。即使是比较随便的套裙，其上衣也应有袖子（至少是短袖，而不应是无袖），裙子长度应到膝盖以下
		2. 衬衫及内衣的选择也很重要	（1）衬衫的颜色以白色为主。 （2）内衣应当柔软贴身，并且要使之大小适当。 （3）穿上内衣以后，不应当使它的轮廓一目了然地在套裙之外展现出来
		3. 衬裙的选择	穿套裙时，尤其是穿丝、棉、麻等薄型面料或浅色面料的套裙时应当穿衬裙
		4. 鞋袜要与套裙相配	（1）与套裙配套的鞋子，宜为高跟、半高跟的船式皮鞋或盖式皮鞋。 （2）袜子最好是肉色的高筒袜或连裤袜
	女士套裙的穿着规范	1. 上衣与裙子要选择适当	（1）上衣的领子要完全翻好，衣袋的盖子要拉出来盖住衣袋。 （2）裙子要穿着端正，上下对齐，上衣的衣扣必须一律全部系上。不允许将其部分或全部解开，更不允许当着别人的面随便将上衣脱下
		2. 衬衫的穿着要符合规范	（1）衬衫的下摆必须掖入裙腰之内，不得任其悬垂于外，或是在腰间打结。 （2）衬衫的纽扣要一一系好。除最上端的一粒纽扣按惯例允许不系外，其他纽扣均不得随意解开。 （3）衬衫在公共场合不宜直接外穿
		3. 衬裙的穿着要符合规范	（1）衬裙的裙腰切不可以高于套裙的裙腰，从而暴露在外。 （2）应将衬衫下摆掖入衬裙腰与套裙的腰两者之间，切不可将其掖入衬裙腰之内
		4. 鞋袜要穿好	（1）鞋袜应当完好无损。鞋子如果开线、裂缝、掉漆、破损，袜子如果有洞、跳丝，均应立即换掉，不要打了补丁再穿。 （2）鞋袜不可当众脱下。 （3）袜子不可随意乱穿。不允许同时穿两双袜子，也不许将健美裤、九分裤当成袜子来穿。 （4）袜口不可暴露于外，在任何时候的任何姿势（无论是站着、坐着或蹲着）都应确保袜口始终在裙子下摆里

项目九　电话礼仪实训

一、实训准备

实训准备：职业装、电话、数码照相机、大屏幕教室。实训的要求和方法见表5-19。

表 5-19 实训的要求和方法

实训要求	掌握电话用语的规范要求；正确地使用电话用语
实训方法	1. 将学生分组，每组 5~6 人；由学生分组练习，教师指导。 2. 学生分组考核，用摄像机等记录学生考核过程。 3. 回访考核过程，学生自我评价，教师总结点评学生存在的个性与共性问题

二、操作规范

电话礼仪训练操作规范见表 5-20。

表 5-20 电话礼仪训练操作规范

实训项目	实训要求		操作规范
电话用语	通话前的准备	打电话的准备要求	慎选通话时间；备好通话内容； 挑准通话地点；做好心理准备
		接听电话的准备要求	确保畅通；专人值守；预备记录
	通话初始	打电话开始时的要求：问好，自报家门，进行确认	（1）问好。问候对方的用语通常是“您好”或是“喂，您好”如果通话对方已率先向自己问好，应立即以相同的问候语回上对方一句。 （2）自报家门： ①报出本单位的全称与所在具体部门的全称； ②报出通话人的全名； ③报出通话人的全名与所在具体部门的全称； ④报出通话人的全名与所在单位的全称以及所在具体部门的全称。 （3）进行确认
		接电话时的开始主要包括三部分：问候、自报家门、询问对方具体事务	当你拿起电话后，首先问候对方，然后自报家门；或是先自报家门再问候对方。如“您好！×××公司，请问您想找哪个部门?”
	通话中	1. 声音清晰	（1）咬字准确；（2）音量适中；（3）速度适中； （4）语句简短；（5）姿势正确
		2. 态度平和	（1）不卑不亢；（2）不骄不躁
		3. 不忘职责	（1）接听及时：电话铃响三次左右及时予以接听。 （2）如因特殊原因不能及时接听电话，就应在拿起听筒后首先向对方表示歉意：“对不起，让您久等”
		4. 内容紧凑	每次通话的具体时间，以 3~5 分钟以内为宜
		5. 主次分明	在相互问好之后，通话双方即转入主题

实训项目	实训要求		操作规范
电话用语	通话结束	1. 再次重复重点	通话即将结束时，拨打电话的一方应将重复的内容简单复述一下，以便确认双方沟通无误；为避免给对方以烦闷之感，在重复时应多多采用礼貌用语
		2. 暗示通话结束	在挂断电话前，应先向通话对象暗示此意
		3. 感谢对方帮助	在通话之中，如果对方给予了自己一定程度的帮助，则在即将结束通话时，勿忘向对方正式地进行一次道谢
		4. 代向他人问候	如果通话双方是旧交，那么双方在通话结束之前，不妨相互问候一下对方的同事或家人
		5. 互相进行道别	结束通话的最后一句话，应当是通话双方互道“再见”
		6. 话筒要轻轻挂上	挂机时还应小心轻放，别让对方听到很响的挂机声
电话用语	代接电话	代接电话时，服务人员应一如既往地保持友好的态度去帮助对方。不要语气大变，立即挂断电话，更不要对对方的其他请求一概拒绝	（1）如果对方要找的人就在附近，应告知对方稍候片刻，然后立即去找，需要注意的是，不要立即大声喊人，不要让对方等候过久，也不要直接询问对方与所找之人是何关系，找他到底有何事情。 （2）如果对方要找的人已经外出，应首先告知对方他要找的人已经外出，然后再去询问对方：来系何人，是否有事需要转达，如有事需要转达，应认真记录下来，并尽快予以转交。如果事关重大，则最好不要委托他人代劳，以防泄密。 （3）如果对方要找的人正在忙于他事，不便立即接听，此刻代接电话的人可以以实相告对方，或者告之以他要找的人已暂时外出。随后可咨询一下对方要不要自己代劳，或者要不要代替双方预约个方便的通话时间
	做好电话记录	在进行电话记录时，除了要选择适当的记录工具之外，最重要的，是要力求记好要点内容，并在记完要点之后进行核实	（1）电话记录的内容大致应当包括：来电时间、通话地点、来电人的情况、来电的主要内容及处理方式等。 （2）做好电话记录之后，一定要将其精心加以保管。 （3）对于重要的电话记录，尤其是当其涉及行业秘密之时，务必要严格地进行保密。 （4）进行电话记录后，有关人员应及时对其进行必要的处理

项目十　商务礼仪综合情景模拟实训

【实训目的】运用所学知识，分小组自编、自导、自演礼仪知识情景剧，以巩固所学的知识，并提高学生的兴趣及检验教学成果。

【实训内容】自编，自导，自演情景剧。内容包括：握手、介绍、递名片、服饰、站姿、坐姿、走姿、语言礼仪等。

【实训要求】

（1）每四人一组，如需要可另请同学客串，但客串同学不记分。

（2）自己设定一情景，内容包括：介绍、握手、递名片、站姿、坐姿、走姿、服饰、打扮、语言礼仪等内容。少一项扣 10 分。

（3）出场后先有同学介绍剧情、人物。

【实训过程】先分小组进行表演，然后由老师，学生点评，最后进行评分。

【项目评分】实训项目评分表格见表 5-21。

表 5-21　实训项目评分表格

内容	介绍	握手	递名片	走姿	坐姿	站姿	服饰	语言礼仪	编排	总体印象	总分
分数	10	10	10	10	10	10	10	10	10	10	100
小组 1											
小组 2											
小组 3											
小组 4											
小组 5											
小组 6											

【实训总结】对同学表演中所出现的问题进行归纳。

附录 A 酒店日常英语口语

1. Welcome to our hotel!
欢迎光临我们酒店。
2. Welcome, sir/madam!
欢迎光临。
3. Good morning/afternoon/evening.
早上/下午/晚上好!
4. Front Office/Restaurant/Recreational Meeting Room/Guestroom/Operator, May I help you?
您好，总台/餐厅/康乐中心/客房/总机，我能为您做些什么?
5. Tarime Petroleum Hotel, Can I help you?
您好，塔里木石油酒店，我能为您做些什么?
6. May I have your name/room number, please?
请问您可以告诉我您的姓名/房号吗?
7. One moment, please.
请您稍候。
8. Thanks!
谢谢您!
9. My pleasure!
不用客气!
10. Thank you for waiting.
您久等了。
11. Sorry to keep you waiting.
对不起让您久等了。
12. Can you speak Chinese/English?
请问您可以讲中文/英文吗?
13. Do you have a reservation?
请问您有预订吗?

14. Show me your passport or identification, please.
请出示一下您的护照或证件。
15. How would you like to pay? In cash or by credit card?
您用什么方式付款，是用现金还是信用卡?
16. Please show me your credit card.
请出示您的信用卡。
17. Please sign here.
请在这儿签字。
18. Here is your change, please.
这是找您的零钱。
19. This way, please.
这边请。
20. Follow me, please.
请跟我来。
21. After you, please.
您先请。
22. Hope you enjoy your stay!
希望您在这里过得愉快!
23. Hope you have a good trip!
祝您旅途愉快!
24. Good luck!
祝您好运!
25. Have a nice day!
祝您一天愉快!
26. Here you are.
给您。
27. Sorry.
对不起。
28. Not at all.
没关系。
29. Of course.
当然可以。
30. Pardon?
请您再重复一遍，好吗?
31. No problem.
没问题。
32. Excuse me.
对不起，打扰一下。

33. Hold on, please.
请别挂电话。
34. Goodbye/Bye-bye!
再见!
35. The lift/toilet is over there.
电梯/洗手间在那边。
36. Banquet Hall is on the second floor.
宴会厅在二楼。
37. The Conference Center is just cross the street.
会议中心在马路对面。
38. Do you have a reservation?
请问您有预订吗?
39. How many people, please?
请问您是几位?
40. What kind of room do you want?
请问您需要哪种房间?
41. A single/twin room/suite is ¥1 200 per day.
单间/标准间/套间每天是 1 200 元。
42. Breakfast is included in the price.
早餐已包含在房费中。
43. The local call is free, please press 9 before dialing.
市话是免费的，请先拨 9。
44. Check-out time is before 2：00pm.
退房时间是下午 2 点以前。
45. Do you need a morning call?
请问您需要叫早服务吗?
46. Check out, please?
请问是结账吗?
47. Please show me your room card and your receipt.
请出示您的房卡和收据。
48. Housekeeping, may I come in?
(客房) 服务员，我可以进来吗?
49. May I clean your room now?
我可以现在打扫房间吗?
50. This is the hair-dryer you need.
这是您需要的吹风机。
51. If you need any help, please dial four ones (1111).
如果您需要帮助，请拨 1111。

52. Good night!

晚安!

53. Here's your table.

这是您的座位。

54. What would you like to drink?

请问您喝点什么饮料?

55. Small or large?

您需要大份还是小份?

56. Anything else?

您还需要别的吗?

57. Let me repeat your order, please.

我给您重复一下您点的菜单吧。

58. Hope you enjoy your meal.

祝您用餐愉快!

59. The total is ¥468.

总消费是 468 元。

60. Please write down the invoice payer.

请写一下您的发票付款单位。

61. Please keep your change and invoice.

请收好您的零钱和发票。

62. Do you need a taxi?

请问您需要出租车吗?

63. May I take your luggage, please?

我帮您拿行李好吗?

64. Where are you going, please?

请问您要去哪里?

65. Welcome to our hotel next time.

希望您再次光临我们的酒店。

附录 B 旅游常用英语口语

1. Could you please speak more slowly?
麻烦您讲慢一点好吗？
2. I can not express myself well in English.
我不能用英语很好地表达自己。
3. Is this your first visit to Beijing?
这是您第一次来北京吗？
4. Beijing is the capital of the People's Republic of China.
北京是中华人民共和国的首都。
5. How do you like Beijing?
您对北京的印象如何？
6. Beijing has a history of over 3 000 years.
北京有三千多年的历史。
7. Beijing has a continental climate.
北京属于大陆性气候。
8. This is the best time to visit Beijing.
现在正是游览北京的最好时候。
9. There are many foreign tourists in Beijing.
北京有很多外国的游客。
10. Hope you enjoy your stay in Beijing.
祝愿你们在北京过得愉快。
11. May I introduce myself to you?
我可以做一下自我介绍吗？
12. The temperature today is about 20 degrees Celsius.
今天的气温大约是 20 摄氏度。
13. Would you mind waiting for a moment?
你不介意稍等一下吧？

14. I will try my best to help you.
我会尽力帮助您。
15. Let us not go so early.
我们别走这么早。
16. Let me think about it.
让我考虑一下。
17. Sorry to keep you waiting.
对不起，让您久等了。
18. May I help you with your luggage.
我帮您提行李好吗?
19. How would you like your payment?
您用哪种方式结账?
20. May I take an imprint of your credit card?
我来拿一下您的信用卡好吗?
21. What kind of room do you want?
您想要哪种房间?
22. Checkout time is before noon.
退房时间是中午 12 点以前。
23. Here is your room card and breakfast coupon.
这是您的房卡和早餐券。
24. The hotel brochure is in the drawer.
酒店宣传册在您的抽屉里。
25. We will send someone to repair it right now.
我们马上派人去修理。
26. I will pick up your laundry right now.
我马上去取您要洗的衣服。
27. I will put you through.
我给您转接过去。
28. Can you call again later?
您能过会再打来吗?
29. The exchange rate today is 8.00 yuan RMB to one US dollar.
今天的汇率是一美元兑换人民币八元。
30. Please keep the exchange receipt.
请您保存好兑换单。
31. We provide fax and internet service.
我们提供传真和上网服务。
32. We have several conference rooms for you to choose from.
我们有好几间会议室可供您选择。

33. How about the flight leaving at 7 am?
早上 7 点的航班可以吗?
34. Here is your change and receipt.
这是您的钱和收据。
35. The airport shuttle is right there.
机场大巴就在那边。
36. You can go there by subway.
你可以乘地铁去。
37. Go along the street and turn left at the crossing.
沿这条街向前走，十字路口处向左转。
38. Is there anything you want to see?
您想看点什么?
39. We give a 20 percent discount.
我们给打八折。
40. The price is fixed.
不讲价。
41. This style is on display over there.
这种款式在那边有展示。
42. These are traditional Chinese products.
这些是中国的传统产品。

附录 C 会展常用英语口语

1. I've come to ensure that your stay in Beijing is pleasant.

我特地为你们安排使你们在北京的逗留愉快。

2. You're going out of your way for us, I believe.

我相信这是对我们的特殊照顾了。

3. It's just the matter of the schedule, that is, if it is convenient for you right now.

如果你们感到方便的话，我想现在讨论一下日程安排的问题。

4. I think we can draw up a tentative plan now.

我认为现在可以先草拟一个临时方案。

5. If he wants to make any changes, minor alternations can be made then.

如果他有任何修改意见的话，我们还可以对计划稍加修改。

6. Is there any way of ensuring we'll have enough time for our talks? 我们是否能保证有充足的时间来谈判?

7. So our evenings will be quite full then? 那么我们的活动在晚上也安排满了吗?

8. We'll leave some evenings free, that is, if it is all right with you.

如果你们愿意的话，我们想留几个晚上供你们自由支配。

9 We'd have to compare notes on what we've discussed during the day.

我们想用点时间来研究讨论一下白天谈判的情况。

10. That'll put us both in the picture.

这样双方都能了解全面的情况。

11. Then we'd have some ideas of what you'll be needing.

那么我们就会对你们的需求有所了解。

12. I can't say for certain off-hand.

我还不能马上确定。

13. Better have something we can get our hands on rather than just spend all our time talking.

有些实际材料拿到手总比坐着闲聊强。

14. It'll be easier for us to get down to facts then.

这样我们就更容易进行实质性的谈判了。

15. But wouldn't you like to spend an extra day or two here?

难道你们不愿意在北京多待一两天吗?

16. I'm afraid that won't be possible, much as we'd like to.

尽管我们很想这样做,但恐怕不行了。

17. We've got to report back to the head office.

我们还要回去向总部汇报情况。

18. Thank you for your cooperation.

谢谢你们的合作。

19. We've arranged our schedule without any trouble.

我们已经很顺利地把活动日程安排好了。

20. Here is a copy of itinerary we have worked out for you and your friends. Would you please have a look at it?

这是我们为你和你的朋友拟定的活动日程安排。请过目一下,好吗?

21. If you have any questions about the details, feel free to ask.

如果对某些细节有意见的话,请提出来。

22. I can see you have put a lot of time into it.

我相信您在制订这个计划上一定花了不少精力吧。

23. We really wish you have a pleasant stay here.

我们真诚地希望你们在这里过得愉快。

24. I wonder if it is possible to arrange shopping for us.

我想能否在我们访问结束时为我们安排一点时间购物。

25. Welcome to our factory.

欢迎到我们工厂来。

26. I've been looking forward to visiting your factory.

我一直都盼望着参观贵厂。

27. You'll know our products better after this visit.

参观后您会对我们的产品有更深的了解。

28. Maybe we could start with the Design Department.

也许我们可以先参观一下设计部门。

29. Then we could look at the production line.

然后我们再去看看生产线。

30. These drawings on the wall are process sheets.

墙上的图表是工艺流程表。

31. They describe how each process goes on to the next.

表述着每道工艺间的衔接情况。

32. We are running on two shifts.

我们实行的工作是两班倒。

33. Almost every process is computerized.
几乎每一道工艺都是由电脑控制的。
34. The efficiency is greatly improved, and the intensity of labor is decreased.
工作效率大大地提高了，而劳动强度却降低了。
35. All produets have to go through five checks in the whole process.
所有产品在整个生产过程中得通过五道质量检查关。
36. We believe that the quality is the soul of an enterprise.
我们认为质量是一个企业的灵魂。
37. Therefore, we always put quality as the first consideration.
因而，我们总是把质量放在第一位来考虑。
38. Quality is even more important than quantity.
质量比数量更为重要。
39. I hope my visit does not cause you too much trouble.
我希望这次来参观没有给你们增添太多的麻烦。
40. Do we have to wear the helmets? 我们得戴上防护帽吗?
41. Is the production line fully automatic? 生产线是全自动的吗?
42. What kind of quality control do you have? 你们用什么办法来控制质量呢?
43. All products have to pass strict inspection before they go out.
所有产品出厂前必须要经过严格检查。
44. What's your general impression, may I ask? 不知您对我们厂总的印象如何?
45. I'm impressed by your approach to business.
你们经营业务的方法给我留下了很深的印象。
46. The product gives you an edge over your competitors, I guess.
我认为你们的产品可以使你们胜过竞争对手。
47. No one can match us so far as quality is concerned.
就质量而言，没有任何厂家能和我们相比。
48. I think we may be able to work together in the future.
我想也许将来我们可以合作。
49. We are thinking of expanding into the Chinese market.
我们想把生意扩大到中国市场。
50. The purpose of my coming here is to inquire about possibilities of establishing trade relations with your company.
我此行的目的正是想探询与贵公司建立贸易关系的可能性。
51. We would be glad to start business with you.
我们很高兴能与贵公司建立贸易往来。
52. I'd appreciate your kind consideration in the coming negotiation.
洽谈中请你们多加关照。
53. We are happy to be of help.
我们十分乐意帮助。

54. I can assure you of our close cooperation.

我保证通力合作。

55. Would it be possible for me to have a closer look at your samples? 可以让我参观一下你们的样品陈列室吗?

56. It will take me several hours if I really look at everything.

如果全部参观的话，那得需要好几个小时。

57. You may be interested in only some of the items.

你也许对某些产品感兴趣。

58. I can just have a glance at the rest.

剩下的部分我粗略地看一下就可以了。

59. They've met with great favor home and abroad.

这些产品在国内外很受欢迎。

60. All these articles are best-selling products.

所有这些产品都是我们的畅销货。

61. Your desire coincides with ours.

我们双方的愿望都是一致的。

62. No wonder you're so experienced.

怪不得你这么有经验。

63. Textile business has become more and more difficult since the competition grew.

随着竞争的加剧，纺织品贸易越来越难做了。

64. Could I have your latest catalogues or something that tells me about your company? 可以给我一些贵公司最近的商品目录表或者一些有关说明资料吗?

65. At what time can we work out a deal? 我们什么时候洽谈生意?

66. I hope to establish trade relations with you.

我希望能与贵公司建立贸易关系。

67. We also hope to expand our business with you.

我们也希望与贵公司扩大贸易往来。

68. This is our common desire.

这是我们的共同愿望。

69. I think you probably already know that China has adopted a flexible policy in her foreign trade.

我想你也许已经了解到中国在对外贸易中采取了灵活的政策。

70. I've read about it, but I'd like to know more about it.

我已经知道了一点儿，但我还想多了解一些。

71. Seeing is believing.

百闻不如一见。

72. I would like to present our comments in the following order.

我希望能依照以下的顺序提出我们的看法。

73. First of all, I will outline the characteristics of our product.

首先，我将简略说明我们商品的特性。

74. When I present my views on the competitive products, I will refer to the patent situation.

专利的情况会在说明竞争产品时一并提出。

75. Please proceed with your presentation.

请开始您的简报。

76. Yes, we have been interested in new system.

是的，我们对新系统很感兴趣。

77. Has your company conducted any research in this field? 请问贵公司对此范畴做了任何研究吗？

78. Yes, we have done a little. But we have just started and have nothing to show you.

有，我们做了一些，但是因为我们才刚起步，并没有任何资料可以提供给你们。

79. If you are interested, I will prepare a list of them.

如果您感兴趣的话，我可以列表让您参考。

80. By the way, before leaving this subject, I would like to add a few comments.

在结束这个问题之前顺便一提，我希望能再提出一些看法。

81. I would like to ask you a favor.

我可以提出一个要求吗？

82. Would you let me know your fax number? 可以告诉我您的传真机号码吗？

83. Would it be too much to ask you to respond to my question by tomorrow? 可以请你在明天以前回复吗？

84. Could you consider accepting our counterproposal? 你能考虑接受我们的反对案吗？

85. I would really appreciate your persuading your management.

如果你能说服经营团队，我会很感激。

86. I would like to suggest that we take a coffee break.

我建议我们休息一下喝杯咖啡。

87. Maybe we should hold off until we have covered item B on our agenda.

也许我们应该先谈论完 B 项议题。

88. As a matter of fact, we would like to discuss internally regarding item B.

事实上，我们希望可以先内部讨论 B 项议题。

89. May I propose that we break for coffee now? 我可以提议休息一下，喝杯咖啡吗？

90. If you insist, I will comply with your request.

如果你坚持，我们会遵照你的要求。

91. We must stress that these payment terms are very important to us.

我们必须强调这些付款条件对我们很重要。

92. Please be aware that this is a crucial issue to us.

请了解这一点对我们至关重要。

93. I 'm not sure if you're aware, but this condition is essential to us.

我不知道你是否了解，但是，这个条件对我们是必要的。

94. Our policy is not to grant exclusivity.

我们的方针是不授予专卖权。

95. There should always be exceptions to the rule.

凡事总有例外。

96. I would not waste my time pursuing that.

如果是我的话，不会将时间浪费在这里。

97. Would you care to answer my question on the warranty? 你可以回答我有关保证的问题吗?

98. I'm not sure if you'd like to answer right away.

我不知道你是否愿意立即回答。

99. I have to raise some issues which may be embarrassing.

我必须提出一些比较尴尬的问题。

100. Sorry, but could you kindly repeat what you just said? 抱歉，你可以重复刚刚所说的吗?

附录 D 乘务常用英语口语

一、Before Take-Off（起飞前）

1. Morning, madam (Sir). Welcome aboard!
早上好，女士（先生）。欢迎登机！
2. May I introduce myself, I'm ____, the chief purser of this flight.
请允许自我介绍。我叫____，本次航班的乘务长。
3. Morning, sir. Welcome aboard. Business class or economy?
早上好，先生。欢迎登机。坐公务还是经济舱？
4. Follow me, please. Your seat is in the middle of the cabin.
请跟我来，您的座位在客舱中部。
5. An aisle seat on the left side, Here you are, sir.
是左边靠走廊座位，这是您的座位。
6. I'm afraid you are in the wrong seat. 20C is just two rows behind on the other aisle.
恐怕您坐错位子了，20C 正好在那边走廊的后二排。
7. Excuse me for a second, I'll check.
请稍等，我查一下。
8. The plane is about to take off. Please don't walk about in the cabin.
飞机马上要起飞了，请不要在客舱内走动。
9. You know, the weather in Hongkong is not so good. It has been delayed.
你知道香港的天气不太好，飞机延误了。
10. Air China Flight CA937 leaves at 7 : 30 in the morning.
中国国际航空公司 CA937 航班，上午 7：30 起飞。
11. Flight No. 926, leaving Tokyo at 17：40, flies nonstop back to Beijing.
CA926 航班 17：40 离开东京直飞回北京。
12. You're flying economy class. Is that right?
您是坐经济舱，对吗？

二、In fly（飞行中）

1. Would you like to read these news papers or magazines?
您想看这些报纸或杂志吗？
2. Would you like anything to drink first?
您想先喝点什么？
3. Here is today's menu. what would you like to have?
这是今天的菜单，您想吃些什么？
4. Thank you for waiting, sir. Here your meal and coffee. Anything more?
谢谢，让您久等了。这是您的饭和咖啡，还要点什么？
5. How about the sweet?
甜食要不要？
6. May I clear up your table now?
现在可以收拾您的桌子吗？
7. Are you going to study there or just for sightseeing?
你是去学习还是只去旅游？
8. The flight has been delayed because of bad weather.
由于天气恶劣，航班已经延误。
9. We can't take off because the airport is closed due to poor visibility.
由于低能见度，机场关闭，我们不能起飞。
10. Our plane is bumping hard. please keep your seatbelt fastened。
我们的飞机颠簸得厉害，请系好安全带。

三、Emergency Situation（紧急情况）

1. Fasten your seat belts immediately. The plane will make an emergency landing because of the sudden breakdown of an engine.

马上系好安全带。由于飞机发动机出现故障，将做紧急迫降。

2. Don't panic!

不要惊慌！

3. Our captain has confidence to land safely. All the crew members of this flight are well trained for this kind of situation. So please obey instructions from us.

我们的机长完全有信心安全着陆。我们所有的机组人员在这方面都受过良好的训练，请听从我们的指挥。

4. Take out the life vest under your seat and put it on!

从座椅下拿出救生衣，穿上它！

5. Don't inflate the life vest in the cabin and as soon as you leave the aircraft, inflate it by pulling down the red tab.

请不要在客舱内将救生衣充气！一离开飞机立即拉下小红头充气。

6. Put the oxygen mask over your face!

戴上氧气面罩!

7. Bend your head between your knees!

把你的头弯下来放在两膝之间!

8. Bend down and grab your ankles.

弯下身来，抓住脚踝。

9. Get the extinguisher.

拿灭火器来!

10. Open seat belts. Leave everything behind and come this way!

解开安全带，别拿行李，朝这边走!

11. This plane has eight emergency exits. Please locate the exit nearest to you.

本架飞机有八个安全门，请找到离你最近的那个门。

12. Jump and slide down!

跳滑下来!

参考文献

[1] 金正昆. 服务礼仪［M］. 北京：中国人民大学出版社，2005.

[2] 刘小清. 现代营销礼仪［M］. 大连：东北财经大学出版社，2002.

[3] 曹浩文. 如何掌握商务礼仪［M］. 北京：北京大学出版社，2004.

[4] 李荣建，宋和平. 礼仪训练［M］. 武汉：华中理工大学出版社，2005.

[5] 徐觅. 现代商务礼仪教程［M］. 北京：北京邮电大学出版社，2008.

[6] 庄铭国. 国际礼仪［M］. 北京：中共中央党校出版社，2006.

[7] 杨狄. 社交礼仪［M］. 北京：高等教育出版社，2005.

[8] 陈柳. 职业人形象设计与修炼［M］. 上海：上海远东出版社，2004.

[9] 刘江海. 商务礼仪［M］. 成都：西南财经大学出版社，2016.

[10] 李莉. 实用礼仪教程［M］. 北京：中国人民大学出版社，2002.

[11] 彭蝶飞，李蓉. 酒店服务礼仪［M］. 上海：上海交通大学出版社，2011.

[12] 胡碧芳，姜倩. 旅游服务礼仪［M］. 北京：中国林业出版社，2008.

[13] 孙东亮. 旅游服务礼仪［M］. 北京：中国传媒大学出版社，2010.

[14] 喻培元. 会展礼仪［M］. 北京：旅游教育出版社，2007.

[15] 林莉. 会展服务礼仪［M］. 北京：清华大学出版社，2011.

[16] 宏阔，刘小红. 航空服务礼仪概论［M］. 北京：中国民航出版社，2008.

[17] 刘科，刘博. 空乘人员的形体与礼仪姿态塑造［M］. 上海：上海交通大学出版社，2012.

[18] 崔鸿嵘. 铁路客运服务礼仪［M］. 北京：中国铁道出版社，2013.

[19] 金正昆. 服务礼仪［M］. 北京：北京联合出版公司，2019.

[20] 靳斓著. 服务礼仪与服务技巧［M］. 北京：中国经济出版社，2018.

[21] 王淑华，孙岚，温蓝. 服务礼仪［M］. 北京：首都经济贸易大学出版社，2019.

[22] 禹翔，任娜，卫家希. 城市轨道交通服务礼仪［M］. 武汉：华中科技大学出版社，2022.